JN011667

365DAYS The BEATLES
365日ビートルズ　藤本国彦

扶桑社

365DAYS The BEATLES
365日ビートルズ 藤本国彦

はじめに

　ジョン・レノンやポール・マッカートニーやジョージ・ハリスンやリンゴ・スターと誕生日が同じだったらよかったのに──。

　そう思うビートルズ・ファンは世の中にたくさんいるに違いない。もちろん、実際に「同じ日」に生まれた人もたくさんいるだろうし、メンバーじゃなくても、妻やプロデューサーやマネージャーと同じ、という人もいるはずだ。

　それだけではなく、ビートルズがレコード・デビューした1962年10月5日に生まれた人や、『ザ・ビートルズ 1』が発売された2000年11月13日に生まれた人もいるだろう。

　本書は、現役時代を中心に"ビートルズ暦"を総ざらいし、1年＝365日（2月29日を入れると366日）の中から、このような特記すべき「ネタ」について、日ごとにまとめたものだ。いわばビートルズ記念日を網羅した一冊である。

もちろん、どうしても外せない出来事がやたらと多い日もあれば、たいしたネタがない日もある。ネタのない日に関しては、今後、より大きな出来事が「その日」に生まれるのを期待するしかない。…と書いているうちに、新たな記念日が生まれていくわけでもあるが。

　また、重要度という点で、現役時代よりも4人のソロ時代を優先した日にちも中にはある。とはいえ、それにしたって、ビートルズが残した213曲のレコーディング開始日や終了日を辿れば、すべて埋め尽くすことができる。「ビートルズの365日」には、"空白の1日"は存在しないのだ。

　あなたの誕生日に、ビートルズにはどんな出来事があったのか？　それを楽しみに、「365日のビートルズ」を読み進めていただければ、と思う。

凡例

出来事についての解説文

ビートルズにまつわる出来事があった日

ビートルズにまつわる出来事があった年

7.7 1940年:
リンゴ・スター (リチャード・スターキー) 誕生

1940年7月7日、リチャード・スターキー（息子と同じ名前）とエルシー・グリーヴの長男としてリヴァプールに誕生。両親が3歳の時に離婚。53年にエルシーはハリー・グレイヴスと再婚。幼少の頃から病弱で入退院を繰り返していたが、叔父にドラムを買ってもらい、音楽に目覚めた。ローリー・ストームズ・ハリケーンズのメンバーとしてビートルズよりも早くリヴァプールやハンブルクで人気を得ていた。62年にビートルズに加入。65年にモーリン・コックスと結婚、同年に長男ザックが誕生。70年の『センチメンタル・ジャーニー』の発表を機に、ソロ活動を開始。映画俳優としても活躍し、『キャンディ』（68年）、『マジック・クリスチャン』（69年）などに出演作も数多い。75年にモーリンと離婚し、81年に女優バーバラ・バックと再婚。代表作は「リンゴ」（73年）、「バラの香りを」（81年）、「タイム・テイクス・タイム」（92年）、「ヴァーティカル・マン」（98年）など。

7.7 1967年:
15枚目のシングル「愛こそはすべて」発売

ビートルズ「愛こそはすべて」
（1967年、シングル）

15枚目のシングルとなる「愛こそはすべて」は7月7日に発売され、イギリス・アメリカともに1位を記録した。6月25日に生中継番組「アワ・ワールド」用にジョンが書いた曲だが、臨時発売が決まったのは放送前日の24日だった。そのため4人は、生放送後、テレビ局のクルーやゲストが帰ってから急遽追加録音を行ない、その日のうちにすべての作業を終えた。翌日、モノ・ミックスの完成後、音源はすぐにプレス工場に送られ、通常は2週間以上かかる工程をわずか8日で済ませ、EMIは見本のプレスを放送から4日で完了させたという。

7.8 1968年:
映画「イエロー・サブマリン」のプレス向け試写会開催

68年7月8日、ロンドンのナイツブリッジにあるポウォーター・ハウ

ス・シネマで映画「イエロー・サブマリン」のプレス向け試写会が開催され、ジョンを除く3人が顔を揃えた。17日にはワールド・プレミアがロンドン・パヴィリオンで行なわれたが、イギリスでの評判は芳しくなく、配給会社は当初予定していた映画館の3分の1でしか公開しないことを決めた。だが、4ヵ月後の11月13日にアメリカで公開されると、アメリカのメディアは絶賛。監督のジョージ・ダニングは、翌69年、第3回全米批評家協会賞の特別賞を受賞した。

「イエロー・サブマリン」を抱えて笑顔の
©Popperfoto/Getty Images

記事の該当写真と説明

シングル、アルバム、
書籍の写真と作品名

4人の発言（カッコ内は発言したメンバーと発言した年）

誰でも作れるものをビートルズが作る必要はない。ビートルズにしか作れないものを作るのだ。（ジョン／67年）

365日ビートルズ　365DAYS The BEATLES

1 January

1
★デッカ・レコードのオーディションを受ける (1962)
●リンゴ、トニー・シェリダンのバック・バンドとしてハンブルクのトップ・テン・クラブに2月下旬まで出演 (1962)

2
★"ゲット・バック・セッション"開始 (1969)

3
●短期スコットランド・ツアー開始 (1963)
★最後のオフィシャル曲「アイ・ミー・マイン」をレコーディング (1970)

4
★「レット・イット・ビー」にリンダ・マッカートニーとメリー・ホプキン参加 (1970)

5
●65年のシェイ・スタジアムのライヴ音源を、テレビ放送用に一部再録音 (1966)
●ポール、"カーニヴァル・オブ・ライト・レイヴ"用に前衛テープ作成 (1967)
★グリン・ジョンズ、『ゲット・バック』を再編集 (1970)

6
★ジョンとヨーコ、ジョコ・フィルムズ設立 (1972)

7
★"ポール死亡説"がロンドンで広まる (1967)

8
★ポールの支援によりリヴァプール総合芸術大学"LIPA"開校 (1996)

9
●ジョージ、インドで映画『不思議の壁』用のサウンドトラックをレコーディング (1968)
★ビートルズ、法的に解散 (1975)

10
★ジョージ、ビートルズを一時脱退 (1969)
●ビートルズとアップル、アラン・クラインとの訴訟問題で、ビートルズ側がアラン・クラインに500万200ドルを支払うことで示談が成立 (1977)

11
★セカンド・シングル「プリーズ・プリーズ・ミー」発売 (1963)

12
●ジョージとリンゴがトリニダード島へ (1966)
★ジョージが音楽を手掛けた映画『不思議の壁』公開 (1969)

13
●テレビ番組『サンク・ユア・ラッキー・スターズ』に初出演。イギリスの全国放送に初めて登場 (1963)
★ジョンとヨーコ、おしのびで来日 (1971)

14
★ウイングスのシングル「夢の旅人」、売上記録を更新 (1978)

15
★初のフランス・ツアー開始 (1964)

16
★ポール、大麻不法所持により成田空港で逮捕 (1980)
●ポールとリンダ、休暇で滞在中の西インド諸島バルバドスの別荘を家宅捜査され、マリファナ不法所持で逮捕 (1984)

17
★10枚目のオリジナル・アルバム『イエロー・サブマリン』発売 (1969)

25
★アニメ映画『イエロー・サブマリン』の実写シーン撮影 (1968)
●ポール、MTVの"アンプラグド・ショー"に出演 (1991)

18
★ラジオ番組『ザ・ロスト・レノン・テープス』、放送開始 (1988)

26
★EMIレコードとの9年間の契約満了 (1976)

19
★ジョンとヨーコ、エジプト旅行 (1979)

27
★ジョンとポール、ヘレン・シャピロのために「ミズリー」を作曲 (1963)
●EMIと新たに9年間の契約を結ぶ (1967)
★ジョン、「インスタント・カーマ」を1日で制作 (1970)

20
●アメリカのキャピトルからのデビュー・アルバム『ミート・ザ・ビートルズ』発売 (1964)
★ジョン、歌舞伎「隅田川」を見て涙を流す (1971)
●ビートルズ、ロックの殿堂入り (1988)

28
★ポールとヨーコ、「ヒロシマ・スカイ・イズ・オールウェイズ・ブルー」を録音 (1995)

21
★スチュアート・サトクリフ、クォリー・メンに加入 (1960)
★ジョージ、パティ・ボイドと結婚 (1966)
●アップル・スタジオで"ゲット・バック・セッション"を続行 (1969)

29
●ブライアン・エプスタインの要請で、新たなステージ衣装としてスーツを仕立てる (1962)
★「シー・ラヴズ・ユー」と「抱きしめたい」のドイツ語版を録音 (1964)

22
●リンゴ・スターの名前がリヴァプールで初めて活字に (1960)
★BBCラジオの『サタデイ・クラブ』に初出演 (1963)
●リンゴの息子ザックがサラ・メニキデスと結婚 (1985)

30
★「ストロベリー・フィールズ・フォーエバー」のMVを撮影 (1967)
★アップル・ビル屋上で最後のライヴ (1969)
★ジョン、デヴィッド・ボウイと「フェイム」をレコーディング (1975)

23
★車中の"事件"が「ワーズ・オブ・ラヴ」のヴィデオの題材に (1963)
●ジョージ、カール・パーキンス (1月19日逝去)の葬儀に参列し、追悼演奏も行なう (1998)

31
★"ゲット・バック・セッション"終了 (1969)

24
★ブライアン・エプスタイン、ビートルズと正式に契約 (1962)

※カッコ内の数字は西暦
★は本文で詳述した出来事

1.1（1962年）
デッカ・レコードのオーディションを受ける

　1962年1月1日、ロンドンのウェスト・ハムステッドにあるデッカ・スタジオで、レコード契約のためのオーディションが行なわれた。このオーディションは、1961年12月13日にキャヴァーン・クラブの夜のステージを観たデッカのマイク・スミスからの依頼で実現したものだった。そして、元日の朝、ジョン・レノン、ポール・マッカートニー、ジョージ・ハリスン、ピート・ベスト（リンゴ・スターの前任ドラマー）の4人は、ローディーのニール・アスピノールが運転するバンでリヴァプールからロンドンへと向かった（マネージャーのブライアン・エプスタインは列車で移動）。だが、吹雪のための交通渋滞などで到着が遅れ、スタジオに着いたのは、開始予定の11時ぎりぎりだったという。

　演奏に臨むにあたって、エプスタインは、幅広い音楽性を持ったバンドとしての魅力を伝える15曲を選んだ。中にはジョンとポールのオリジナル曲も含まれており、ジョンの「ハロー・リトル・ガール」とポールの「ライク・ドリーマーズ・ドゥ」は、のちに未発表音源集『アンソロジー 1』（95年）に収められた（ポールの自作曲「ラヴ・オブ・ザ・ラヴド」は未収録）。「サーチン」や「セプテンバー・イン・ザ・レイン」などここでしか聴けない曲もあるが、ジョンもポールも声が上ずっていて、本調子とは程遠い仕上がりだ。むしろジョージの溌剌とした歌声が聴ける4曲（「スリー・クール・キャッツ」「クライング、ウェイティング、ホーピング」「アラビアの酋長」「さよならベイビー」）が白眉である。

　オーディションに立ち会ったマイク・スミスの感触は良かったものの、数週間経ってもデッカからは何の知らせもない。そしてエプスタインは1ヵ月後の2月6日にロンドンに向かい、デッカのディック・ロウとビーチャー・スティーヴンスから不合格の知らせを耳にする結果となった。ギター中心のバンドは流行らないし、クリフ・リチャード＆ザ・シャドウズのようにヴォーカリスト一人を中心としたバンドがこれからの主流になるだろうという判断からである。一緒にオーディションを受けたブライアン・プール＆ザ・トレメローズが、デッカの本社があるロンドンのバンドだということもビートルズには不利に働いたという。

　その場でエプスタインは「ビートルズはプレスリーを凌ぐ大物になると確信しています」と涙ながらに告げたそうだ。また、その後に、契約したらビートルズのシングル3000枚をすべて買い取るという提案をデッカ

ロンドンのデッカ・スタジオ（現在は英国国立オペラ劇場の練習用スペース）（2019年10月6日撮影）

の販売部にしたという話も伝わっている。ただし、信頼に足るマーク・ルイソンの『ザ・ビートルズ史』(河出書房新社／2016年) によると、このオーディションが実際にはテスト・レコーディングを兼ねたものだったことが判明している。「不合格」というのも不正確で、実際は「金を出せばレコードは作ってやる」というデッカの申し出に対してエプスタインが激怒して断った、という流れだった。とはいえ、幸運にもエプスタインはこのオーディション・テープを手にすることができたため、ロンドンのHMVでレコード化し、レコード会社各社へ売り込む格好の素材として役に立てることができた。ちなみにジョージはデビュー後、バンド・コンテストの審査員として同席したディック・ロウにローリング・ストーンズを推薦した。ジョージの人柄の良さが窺えるエピソードだ。

1.2 (1969年)
"ゲット・バック・セッション" 開始

69年1月2日、ロンドンのトゥイッケナム・フィルム・スタジオで、

当初はテレビ・コンサートのリハーサルを目的としたセッションが開始された。バンド存続に危機感を覚えたポールが"原点回帰＝ライヴ活動再開"を訴えたのが、そもそもの始まりだった。"ゲット・バック・セッション"といわれるのはそのためだ。そして69年1月2日、曲作りやリハーサル、レコーディングの模様をドキュメンタリーとしてまず撮影をし、出来上がった新曲などをライヴ・ショーで披露して全世界で放送する――そうした計画の元に、この日からセッションは始まった。

1.3 (1970年)
最後のオフィシャル曲「アイ・ミー・マイン」をレコーディング

69年9月20日のジョンの内輪での"脱退宣言"後、映画『レット・イット・ビー』に「アイ・ミー・マイン」が使われることになったため、70年1月3日、ジョンを除く3人――ポール、ジョージ、リンゴの俗称"スリートルズ"がEMIスタジオに集まり、ビートルズの現役活動時代の最後（213番目）のオフィシャル曲「アイ・ミー・マイン」をレコーディングした。実際、どんな感じで3人は顔を合わせ、セッションに臨んだのか？『レット・イット・ビー』の記念盤（2021年）で「テイク11」が公表されたが、2020年6月19日、ジョージの公式Twitterに、前日のポールの誕生日を祝う1枚の写真が"Happy Birthday@PaulMcCartney!"のメッセージとともに掲載され、ビートルズ・オタク界隈は賑わった。なぜなら、まるで『オール・シングス・マスト・パス』（70年）制作時のジョージと『マッカートニー』（70年）制作時のポールが二人で一緒に写っていたからだ。これは、「アイ・ミー・マイン」のレコーディング中の二人をとらえた、初めて公表された写真だったのである。メッセージを送ったのはジョージの息子ダニーか、それとも妻オリヴィアか？　どちらにしても、粋なことをやるものだ。

ジョージのTwitterに掲載された"Happy Birthday@PaulMcCartney!"のメッセージと写真

1.4 (1970年)
「レット・イット・ビー」にリンダ・マッカートニーと
メリー・ホプキン参加

　70年1月4日、棚上げになったままのアルバム『ゲット・バック』用の最終仕上げとして、EMIの第2スタジオで「レット・イット・ビー」のオーヴァーダビング作業が行なわれた。参加メンバーは、すでに脱退したジョンを除く“スリートルズ”だけでなく、ポールの妻リンダ・イーストマンと、アップルから68年にポールのプロデュースによる「悲しき天使」でデビューしたメリー・ホプキンの計5人。ここでは、69年1月31日に録音したテイクにジョージ、ポール、リンダ、メリーのハーモニー・ヴォーカルやジョージ・マーティンのアレンジによるホーン・セクション、さらにジョージのギター・ソロやリンゴのマラカスなどを重ねた（メリー不参加説もあり）。70年1月4日は、ビートルズがバンドとして（複数のメンバーで）レコーディングを行なった最後の日となった。

1.5 (1970年)
グリン・ジョンズ、『ゲット・バック』を再編集

　「レット・イット・ビー」のオーヴァーダビング作業の翌日となる70年1月5日、オリンピック・スタジオで未発表アルバム『ゲット・バック』用にグリン・ジョンズが「アクロス・ザ・ユニバース」と最新録音曲「アイ・ミー・マイン」のミックス作業を行ない、改訂版を完成させた（作業は1月8日にも行なわれた）。収録が予定されていた「テディ・ボーイ」が外されたのは、映画に登場しないし、ポールから自分の最初のソロ・アルバム『マッカートニー』用に再録音するという話を聞かされていたからかもしれない。この日になってようやくジョンズは、制作中のアルバムが『レット・イット・ビー』というタイトルになると伝えられたという。

1.6 (1972年)
ジョンとヨーコ、ジョコ・フィルムズ設立

　映像作品にも関心の強いヨーコに引っ張られたのか、オノ・ヨーコと出会ってからのジョンは、ヨーコとの映像作品も数多く手掛けるように

なる。それらの共同作品を生み出すための会社として、二人は72年1月6日に「ジョコ・フィルムズ (Joko Films)」を設立した。"Joko"とはもちろん、"John"と"Yoko"の名前の合わせ技、である。

1.7 (1967年)
"ポール死亡説"がロンドンで広まる

　"ポール死亡説"というと、69年9月17日のドレイク大学の学生新聞や9月23日のイリノイ大学の学生新聞で大々的に取り上げられ、世界中を席捲した話題のほうが幅広く知られている。だが、それ以前の67年1月7日も、ロンドンでポール死亡説が広まっていた。曰く「66年11月9日にポールは自動車事故でこの世を去り、以後は"そっくりさんコンテスト"で優勝したウィリアム・キャンベルが代役を務めた」と。だとしたら、代役は「ヘイ・ジュード」や「レット・イット・ビー」などを書いた凄い作曲家ということになる。

1.8 (1996年)
ポールの支援によりリヴァプール総合芸術大学
"LIPA" 開校

　ポール や ジョージ・マーティンがさまざまな企業とともに資金援助をした音楽学校"LIPA"が、ポールやジョージが卒業したリヴァプール・インスティテュートを保護する意味合いも兼ねて96年1月8日に創立された。"LIPA"の正式名称は、リヴァプール・インスティテュート・フォー・パフォーミング・アーツ。卒業式などにポールはたまに顔を出すそうだ。

リヴァプールの"LIPA" (2019年10月8日撮影)

1.9 （1975年）
ビートルズ、法的に解散

　70年12月31日、ポールはジョン、リンゴ、ジョージの3人を相手どって、アップル・コアにおける彼らの共同経営者の関係およびグループとしてのビートルズを解消する訴えをロンドン高裁に起こした。71年4月25日にポールの「ビートルズ解散」の要求が認められ、他の3人は上告を断念。75年1月9日に判決が下り、裁判の結果はポールの勝訴。ビートルズの法的解散が認められた。この訴訟に対するポールの真意は、アラン・クラインの解職を求めることにあったが、法律上、それはかなわず、やむなく「他の3人」を訴えたのだった。

1.10 （1969年）
ジョージ、ビートルズを一時脱退

　69年1月2日に“ゲット・バック・セッション”のリハーサルが始まってからわずか1週間後に、ジョージがビートルズを一時脱退した。映画『レット・イット・ビー』にジョージとポールがやりあう場面が出てくるので、ポールとの衝突が原因とみられることが多いが、事はそれほど単純じゃない。ビートルズのデビュー後、長年“三番手”に甘んじていた──ジョンとポールが「上」にいるのだから、それはそれで仕方のないことではあるが──ジョージは、自作曲「ホワイル・マイ・ギター・ジェントリー・ウィープス」やジャッキー・ロマックスに提供してプロデュースした「サワー・ミルク・シー」、初のソロ作ともなった映画のサウンドトラック盤『不思議の壁』など、68年以降、作曲能力の向上や独自の活動を通して自信を深めていた。

　そうした中で行なわれた69年1月の“ゲット・バック・セッション”に、ジョージはジョンよりも新曲を多数準備して臨んでいた。だが、ジョンとポールからも“三番手”とみなされていたジョージの新曲に、二人はほとんど興味を示さない。しかもジョージは、ポールほど器用にギターが弾けるわけでもない。時間をかけてじっくりと音に向き合うのが性に合っているジョージに対し、瞬発力のあるジョンとポールはジョージを「下」に見続けてもいた。一言でいえば、ビートルズの一員としてこのまま続けていくことに嫌気がさしたということになるだろう。その後、話し合いの場が持たれ、撮影場所をトゥイッケナム・フィルム・ス

タジオから本拠地でもあるアップル・ビルの地下スタジオに移すこと、ライヴ・ショーは延期し、無観客・無告知で開催することを条件に、ジョージは5日後の15日にバンドへの復帰を受け入れた。

1.11 （1963年）
セカンド・シングル「プリーズ・プリーズ・ミー」発売

ビートルズ「プリーズ・プリーズ・ミー」（1963年／写真は日本盤）

デビュー・シングル発売から3ヵ月後となる63年1月11日に、セカンド・シングル「プリーズ・プリーズ・ミー」が発売された。ジョンがロイ・オービソンを意識して書いたスロー・テンポの曲だったが、ジョージ・マーティンのアイディアによりテンポを上げ、それが大ヒットへと結び付く大きな要因となった。ジョンのヴォーカルに併走するポールのハーモニー、ジョンの“カモン”の掛け声に奮い立つポールとジョージの後追いコーラス、疾走感たっぷりなバンド・サウンドなど、初期ビートルズの魅力がすべて詰め込まれている。イギリスのほとんどのチャートで1位を記録したが、のちにオフィシャル扱いとなった『レコード・リテイラー』では2位止まりだったため、そのデータを元にしてまとめられた「英米1位の曲だけを収めた」ベスト盤『ザ・ビートルズ 1』（2000年）には収録されていない。ちなみに、エンジニアのノーマン・スミスは、この曲のテープをデッカのディック・ロウに送りつけたらしい。アメリカでは63年2月25日にヴィー・ジェイから発売されたが、その時は全く売れなかった。

1.12 （1969年）
ジョージが音楽を手掛けた映画『不思議の壁』公開

69年1月12日、ジョージが音楽を手掛けた映画『不思議の壁』がイギリスでプレミア公開された。『不思議の壁』は、スウィンギング・ロンドン全盛時代に制作されたジェーン・バーキン主演のサイケデリックで奇妙奇天烈な作品。奇しくもちょうどジョージがビートルズを一時脱退した時期に公開されたため、故郷リヴァプールに“ゲット・バック”したジョージは、この映画もその時に地元で観た。

1.13 (1971年)
ジョンとヨーコ、おしのびで来日

　ジョンとヨーコは、70年代以降、プライベートで日本を4回訪れている。二人での初来日は71年1月。ヨーコの両親にジョンを紹介するのが主目的だったようで、ロサンゼルスから豪華客船プレジデント・クリーブランド号で1月13日の朝に横浜港に到着した。東京のヒルトンホテル（ビートルズが66年の来日時に泊まったホテル）と帝国ホテルに宿泊し、25日までの約2週間滞在した。その間に靖国神社、京都の比叡山延暦寺、神奈川県藤沢市のヨーコの実家、東京・湯島の古美術店「羽黒洞」や東銀座の歌舞伎座にも足を運んだ。21日には、東芝音楽工業のビートルズ担当ディレクター・水原健二氏によるインタビューも行なわれた。

1.14 (1978年)
ウイングスのシングル「夢の旅人」、売上記録を更新

ウイングス「夢の旅人」（1977年）

「夢の旅人」は、ポール所有の農場があるスコットランドの半島の名前（Mull Of Kintyre）をタイトルにしたウイングス（ポールがビートルズ解散後の71年に結成）のシングル。邦題は、この曲に参加した地元のキャンベルタウン・パイプ・バンドによる郷愁を誘うバグパイプの音色と、ビートルズの「夢の人」のイメージから、東芝EMIの当時の担当ディレクター・石坂敬一氏が付けた。77年11月11日の発売から2ヵ月後の78年1月14日には売り上げが166万1000枚に達し、ビートルズが63年に「シー・ラヴズ・ユー」で作ったイギリスのシングル売上記録（160万枚）を14年ぶりに更新する大ヒットとなった。

1.15 (1964年)
初のフランス・ツアー開始

　64年1月15日、トリニ・ロペスやシルヴィ・バルタンなどと共演した初のフランス公演が開始された（2月4日まで）。全9組が出演したこの公演の観客の入りは芳しくなく、フランスでのビートルズ人気は、まだま

シルヴィ・バルタンを囲んでご満悦の4人
©Popperfoto/Getty Images

だこれからだったことがわかる。翌月にアメリカ公演で人気が肥大化したことを思うと、余計にそう感じてしまうが、観客の反応は曲が終わると拍手がまばらに起こるのみという、お行儀の良いコンサートだったようだ。しかも男性客が目につき、すでにビートルマニアで沸き立つイギリスでの人気ぶりとの落差も激しい。現地の新聞でもこの公演については厳しい意見や否定的な見解が多かったが、それはフランス公演初日の夜、地元の記者やカメラマンとビートルズが殴り合いのケンカをしたのが一因ともいわれている。

"ブタ箱"に入れられるとはまだ思っていなかったポール
©The Asahi Shimbun/Getty Image

● やれても、あと6年ぐらいかな。ハゲのビートルズなんてサマにならないだろ？（ジョン／63年）

1.16 (1980年)
ポール、大麻不法所持により成田空港で逮捕

　80年1月16日、妻リンダと4人の子どもを連れてウイングスの日本公演のために来日したポール。しかし、14時58分、66年のビートルズの日本公演以来、久しぶりに日本の地を踏んだポールは、成田空港まではたどり着いたものの、大麻219グラム（当時の末端価格で70万円相当）を所持していたため、17時15分、麻薬取締法違反の現行犯で逮捕された。翌17日にはウイングスの日本公演（1月21日から2月2日まで、東京・名古屋・大阪で全11公演開催）の中止が発表され、ポールは1週間以上も"ダークルーム"で過ごすハメになった。その後25日に起訴猶予処分となり、警察庁から釈放されたポールは、午後9時50分発のJAL403便でイギリスに戻った。

1.17 (1969年)
10枚目のオリジナル・アルバム
『イエロー・サブマリン』発売

　69年1月17日（アメリカは1月13日）に、同名アニメ映画のサウンドトラック・アルバム『イエロー・サブマリン』がイギリスで発売された（英3

ビートルズ『イエロー・サブマリン』(1969年)

位・米2位を記録)。10枚目のオリジナル・アルバム扱いながら、A面にビートルズの楽曲、B面にジョージ・マーティンによるスコアが収録されるという変則的(=物足りない)内容で、オリジナル・アルバムでの人気は最下位の12位、である。のちにこのアルバムの収録曲を元に新たに33回転の7インチ・モノEPとして発売する計画もあった。69年3月13日付で編集されたマスター・テープがEMIに残されており、A面は「オンリー・ア・ノーザン・ソング」「ヘイ・ブルドッグ」と、この時点では未発表だった「アクロス・ザ・ユニバース」の3曲で、B面は「オール・トゥゲザー・ナウ」「イッツ・オール・トゥー・マッチ」の2曲という内容だったが、実現せずに終わった。

1.18 (1988年)

ラジオ番組『ザ・ロスト・レノン・テープス』、放送開始

88年1月18日、アメリカ、ニューヨークのラジオ局ウェストウッド・ワンで、マニア垂涎のラジオ番組『ザ・ロスト・レノン・テープス』の放送が開始された。番組名は、ジョンが残した膨大なデモ・テープが自宅から盗まれたことに由来している。そのテープがヨーコの手元に戻ってきたことをきっかけに、ジョンの音楽的遺産を広く公開したいというヨーコの希望で実現したもので、番組ではビートルズ時代を含むジョンの未発表曲、デモ・テープ、スタジオでのセッションなどのほか、インタビューや関係者のコメントも紹介された。主夫時代のジョンの未発表音源も多数流され、好評を博した。その中にはビートルズの25年ぶりの"新曲"となった「フリー・アズ・ア・バード」の元のデモ音源なども含まれており、同名の海賊盤がシリーズで登場するなど裏ルートでも話題となった。

1.19 (1979年)

ジョンとヨーコ、エジプト旅行

骨董品に興味のあった二人は、特に70年代後半のジョンの主夫時代には海外にもたびたび足を運んでいる。79年1月19日にはエジプトに赴いた(1月24日まで滞在)。二人が73年に移り住んだニューヨークのダコタ

ハウスにはミイラも"安置"されているそうだが、この時に手に入れたものだろう。ジョンがヨーコと別居して"失われた週末"を送っていた時に一緒にいたメイ・パンによると、二人のヨリが戻った後もジョンからは連絡がたまにくることがあり、エジプト旅行時に電話をもらったのが最後のやりとりになったという。

1.20 (1971年)
ジョン、歌舞伎「隅田川」を見て涙を流す

ヨーコとともに71年1月13日に日本にやって来たジョンは、1週間後の20日に東京・湯島の古美術店「羽黒洞」の店主・木村東介氏の案内で東銀座の歌舞伎座に足を運んだ。上演中だった中村歌右衛門と中村勘三郎の『隅田川』を観たジョンは、日本語のセリフは全くわからないのに、殺された我が子を見て母親が泣き崩れる場面を見て涙を流した。

1.21 (1960年)
スチュアート・サトクリフ、クォリー・メンに加入

1940年6月23日、エディンバラ生まれのスチュアート・サトクリフ（スチュ）は、父の影響から絵の勉強を始め、リヴァプール・カレッジ・オブ・アートでジョンと出会う。そして60年1月21日にジョンに誘われてベーシストとしてクォリー・メンに加入したが、61年4月からのハンブルク・ツアー中にアストリット・キルヒヘルと出会ったことがきっかけとなり、画家を志すためにビートルズを脱退。ハンブルクの芸術大学に進学し、アストリットと婚約したが、62年4月10日に脳溢血により、21歳の若さでこの世を去った。ポールが嫉妬したといわれるほど、ジョンは（音楽以外の）スチュの才能に惚れ込んだ。

1.21 (1966年)
ジョージ、パティ・ボイドと結婚

66年1月21日、サリー州のエプソム登記所で、ジョージが、モデルのパティ・ボイドと結婚。式にはポールと、マネージャーのブライアン・エプスタインが付き添い人として出席した。ビートルズの最初の主演映画『ハード・デイズ・ナイト』(64年) の撮影中に、女学生のファン役で登場

（左から）結婚式に出席したブライアン・エプスタイン、ポール、ジョージの両親
©SSPL/Getty Images

したパティ（19歳）に一目惚れしたジョージ（21歳）は、「結婚してほしい！」と最初に言ったそうだ。だが、当時ボーイ・フレンドがいたパティはそれを断った。…というのも凄い話だけれど、そうしたらジョージは「食事ならいいかい？」と伝えて、最初はエプスタイン同行での食事会に誘ったという。ジョージのプロポーズの言葉は「僕のために毎朝プディングを作ってくれるかい」だったらしい。翌22日、ロンドン空港にて結婚記者会見を開いた二人は、新婚旅行のためバルバドス島へと向かった。

　二人は77年に離婚し、パティは長年交際していたエリック・クラプトンと79年に結婚するが、89年に離婚。91年に知り合った不動産業者のロッド・ウェストンと長年寄り添い、2015年に結婚した。パティはその後写真家としても活動を始め、ジョージとの思い出などをまとめた『パティ・ボイド自伝 ワンダフル・トゥディ』も2007年に出版した。

1.22 （1963年）
BBCラジオの『サタデイ・クラブ』に初出演

　ビートルズはイギリスのBBCラジオ番組に数多く出演し、オフィシャ

ル曲としては発表しなかった曲をたくさん演奏した。63年1月22日には、人気ポップ番組『サタデイ・クラブ』に初めて出演し、「ラヴ・ミー・ドゥ」「プリーズ・プリーズ・ミー」のシングル2曲に加えて、「サム・アザー・ガイ」「キープ・ユア・ハンズ・オフ・マイ・ベイビー」「ビューティフル・ドリーマー」の計5曲を演奏した。この日は同じくBBCの『ポップ・イン』と『タレント・スポット』という2つの番組にも出演する大忙しの1日となった。

1.23 (1963年)
車中の"事件"が「ワーズ・オブ・ラヴ」のヴィデオの題材に

　デビュー間もないビートルズは、63年1月23日の夜、キャヴァーン・クラブでのライヴがあったため、時間のない中、ロンドンから車で向かうことになった。だが、ロード・マネージャーのニール・アスピノールは体調が思わしくなく、当時はまだ臨時のアシスタント・ロード・マネージャーとして同行していたマル・エヴァンスが代わりに運転することになった。ところが、飛んできた石が車のフロントガラスに当たり、ひびが入ってしまった。ローディーのマル・エヴァンスはとっさの判断でガラスをすべて叩き割り、吹きさらしのまま運転を続行。極寒の中、フロントガラスなしでの"長旅"となり、4人は後部座席に覆いかぶさり寒さをしのいだ。翌日マルはその車を完璧に修理、その迅速な対応が買われ、63年8月11日に正式なロード・マネージャーとして、ブライアン・エプスタインの会社NEMSに迎え入れられた。この日の出来事は、『オン・エア～ライヴ・アット・ザ・BBC Vol.2』(2013年) 発売時に、実写とアニメを合成した宣伝用のミュージック・ヴィデオ (以下MV) のアニメ映像として使われ、その後ベスト盤『ザ・ビートルズ1』の2枚組映像作品『ザ・ビートルズ1＋』(2015年) に収録された。

1.24 (1962年)
ブライアン・エプスタイン、ビートルズと正式に契約

　61年12月21日、キャヴァーン・クラブのDJボブ・ウーラーの仲介によって、ビートルズのマネージャーとして仮契約したブライアン・エプスタインは、62年1月24日、ピート・ベストの家でマネージャーとして5年契約を結び、正式にマネージャーに就任した。契約期間は62年2月1

　・できれば、どういう形であれ、忘れられない存在でいたいね。(リンゴ／63年)

日からの5年。エプスタインの取り分は、4人の年収が1500ポンド以下の場合は10%、1500ポンド以上の場合は20%という条件を61年12月10日に提示し、その場で了承を得ていた。だが、この日の正式契約の場でエプスタインは署名をしなかった。事前に元マネージャーのアラン・ウィリアムズから「彼らは恩知らず。用心しろ」と忠告を受けており、万が一大きな問題が起こった時、自分が関与していないことを証明するためだったとも、いつでも契約を破棄できる条件を4人に与えたためだったともいわれている。

1.25 (1968年)
アニメ映画『イエロー・サブマリン』の実写シーン撮影

68年1月25日にトゥイッケナム・フィルム・スタジオで、アニメ映画『イエロー・サブマリン』の短い実写シーンが撮影された。4人は当初、自分たちがディズニーのようなキャラクターとして描かれることを不満に思い、このプロジェクト自体に乗り気ではなかった。だが、実際にラフ・カットを目にし、芸術性の高い仕上がりを気に入り、最終場面に登場することになった。映画会社とアップルの間で、ビートルズはこの映画のために1日だけ時間を提供するという取り決めがあり、4人の出演が必要だと考えたプロデューサーは、その貴重な時間を実写シーンの撮影に充てたのだった。そして4人は、映画の"後日談"のような設定で、エンディング曲「オール・トゥゲザー・ナウ」も兼ねてフィルムに収まった。

1.26 (1976年)
EMIレコードとの9年間の契約満了

67年に結んだ9年間に及ぶEMIとのレコード契約が76年1月26日に切れた。ポールは契約を更新し、ジョージは自身のダーク・ホース・レコーズごとA&Mと契約をすることになっていたが、ニュー・アルバムの発売に関して、契約書にあった約束を守ることができず、最終的にワーナーへと移籍。リンゴはポリドールに移籍し、ジョンの命名（提案）によるリング・オー・レコーズを設立した。だがジョンだけはどこのレコード会社とも契約を結ばず、76年の秋から主夫生活を送ることになる。

1.27 ^(1963年)
ジョンとポール、
ヘレン・シャピロのために「ミズリー」を作曲

　ヘレン・シャピロの前座として2月2日から始まるイギリス・ツアー開始直前の63年1月27日に、ジョンとポールが「ミズリー」を作曲した。しかし、歌詞が悲観的過ぎるという理由でヘレン・シャピロが録音を拒否したため、たまたまその場に居合わせたケニー・リンチ（ウイングスの73年のアルバム『バンド・オン・ザ・ラン』のジャケットにも登場）がカヴァーするという、今にして思えば幸運を得た。ケニーのシングルはアルバム『プリーズ・プリーズ・ミー』と同日（3月22日）に発売された。

1.27 ^(1970年)
ジョン、「インスタント・カーマ」を1日で制作

　ジョンは、70年1月27日に最初のソロ・シングルとなった「インスタント・カーマ」を書き、その日に1日かけてレコーディングした。発売は10日後の2月6日と、すべてが"インスタント"だった（英5位・米3位を記録）。ジョージも加わったこの曲がきっかけとなり、共同プロデュースを手掛けたフィル・スペクターがこのあと『レット・イット・ビー』（70年）の仕上げに関わることになる。

ジョン・レノン「インスタント・カーマ」（1970年／写真は日本盤）

1.28 ^(1995年)
ポールとヨーコ、
「ヒロシマ・スカイ・イズ・オールウェイズ・ブルー」を録音

　ポールとヨーコの（奇跡の）コラボレーション曲。95年1月28日にポールのサセックスの自宅にポール一家（ポール、リンダ、メアリー、ヘザー、ジェイムズ）とヨーコ一家（ヨーコ、ショーン）が集まりレコーディングされた。広島に原爆が投下された「原爆の日」の95年8月6日にNHKで一部が放送された。「レボリューション」の90年代版のような前衛作品である。

1.29 (1964年)
「シー・ラヴズ・ユー」と「抱きしめたい」の
ドイツ語版を録音

　フランス・ツアーの最中でもあった64年1月29日に、パリのパテ・マルコーニ・スタジオで「シー・ラヴズ・ユー」と「抱きしめたい」のドイツ語版と、新曲「キャント・バイ・ミー・ラヴ」がレコーディングされた。EMIの西ドイツ支社であるオデオン・レーベルは、以前からブライアン・エプスタインとプロデューサーのジョージ・マーティンに、ドイツ語でなければ売り上げは期待できないと主張。ドイツ語での録音を依頼していた。ビートルズの4人はドイツ語版の収録に乗り気ではなく、この日も、スタジオになかなか姿を現わさなかった。録音は順調に進み、「キャント・バイ・ミー・ラヴ」はわずか4テイクで完成したため、31日のスタジオ・セッションはキャンセルされた。ドイツ語版は64年3月5日にドイツでシングルとして発売された。

1.30 (1967年)
「ストロベリー・フィールズ・フォーエバー」のMVを撮影

ビートルズ「ストロベリー・フィールズ・フォーエバー」(1967年／写真はイギリスの再発盤)

　ビートルズは、ミュージック・ヴィデオ（プロモーション・ヴィデオ、ヴィデオ・クリップとも言う）の先駆者といわれることがある。映画『ヘルプ！』(65年)が"MTVの元祖"だといわれたのは、おそらく21世紀に入ってからだと思うが、芸術的な映像作品として最初に発表されたのは、間違いなく67年の最初のシングルとなった「ストロベリー・フィールズ・フォーエバー」と「ペニー・レイン」(特に前者）と言ってもいいだろう。こうした映像作品が作られたのは、ライヴ活動をやめたビートルズの動く姿をとらえた映像を世界中のファンに届ける必要性があったからだ。
　「ストロベリー・フィールズ・フォーエバー」の撮影は67年1月30日と31日に行なわれた。監督は、66年に『リボルバー』のジャケットのイラストを描いた旧知のクラウス・フォアマンを介して知り合った、スウェーデンのテレビ映像ディレクターのピーター・ゴールドマン。彼を監督

に抜擢したのは、ゴールドマンのシュールレアリスティックなセンスを評価したポールだった。撮影場所は、ケント州（ロンドンの南東部）ノール・パークという広大な庭園をゴールドマンが選んだ。その結果、ポールの要望どおり、小道具をふんだんに使った幻想的な雰囲気の映像に仕上げられただけでなく、色彩処理やスローモーション、逆回しなども取り入れられ、「僕らが音楽でやろうとしていることをイメージで表現している」とジョンも絶賛する秀作となった。

1.30 (1969年)
アップル・ビル屋上で最後のライヴ

　69年1月30日、ロンドンのサヴィル・ロウにあるアップル本社ビルの屋上で、ビートルズとしての最後のライヴ演奏──通称"ルーフトップ・コンサート"が行なわれた。1月2日にテレビ・ショーのリハーサルとして始まった"ゲット・バック・セッション"の"本番"のライヴ会場をどこにするか？　話し合いの場は何度も持たれたものの、4人の意見は一致せず、海外も視野に入れてのライヴの計画は頓挫した。このコンサートは、妥協の産物が生んだ"最終手段"でもあった。

　準備は早朝から進められた。朝4時。まずエンジニアのデイヴ・ハリーズとキース・スローターは、EMIスタジオの機材を屋上に車で運び、待機していたアラン・パーソンズとともに機材の設置を始めた。だが、風の音をマイクが拾ってしまうため、グリン・ジョンズの指示で、アラン・パーソンズが、スーパーマーケットに女性用ストッキングを買いに行った。マイクをストッキングでくるみ、"風除け"にするためだ。屋上にはカメラ5台が設置され、周辺の建物や道路にも撮影班が配置された。そして午後12時40分ごろ、マイケル・リンゼイ＝ホッグ監督の"On a show day"のアナウンスに続き、昼食時でごった返す人々の頭上に、いきなり大音響が降り注いだ。演奏されたのは下記の9曲、計42分間だった（＊はアドリブ演奏）。

　ゲット・バック／ゲット・バック／アイ・ウォント・ユー（シーズ・ソー・ヘヴィ）＊／ドント・レット・ミー・ダウン／アイヴ・ガッタ・フィーリング／ワン・アフター・909／ダニー・ボーイ／ディグ・ア・ポニー／ゴッド・セイヴ・ザ・クイーン＊／アイヴ・ガッタ・フィーリング／雨の日の女＊／ア・プリティ・ガール・イズ・ライク・ア・メロディ＊／ドント・レット・ミー・ダウン／ゲット・バック

映画『レット・イット・ビー』（と『ザ・ビートルズ：Get Back』）を観れば
その素晴らしさがより実感できるが、ほとんど身内や関係者しかいない
"ステージ"であったとしても、いきなりあそこまでの演奏ができるとは
…。それ以前の散漫なセッションを耳にするとなおさら思うところだ
が、デビュー前からライヴで鍛え上げた職人技はダテじゃなかった。特

アップル・ビル屋上での最後の雄姿
©Evening Standard/Hulton Archive/Getty Images

に「アイヴ・ガッタ・フィーリング」「ワン・アフター・909」「ディグ・ア・ポニー」は、リハーサルを含むそれ以前のどの演奏と比べてみても、屋上のライヴがベストであるのは明らかだ。「ゲット・バック」が3回、「ドント・レット・ミー・ダウン」と「アイヴ・ガッタ・フィーリング」が2回演奏されているのは、屋上でのライヴがレコーディングの一環であることも示しているが、メンバー以外の誰かがいる人前でのライヴだったからこそ、演奏をここまで改善させることができたのだろう。

　実りの少なかった"ゲット・バック・セッション"だったが、1月21日にアップル・スタジオで作業を再開してからは焦点が徐々に絞られていき、この屋上での最後のお披露目ライヴがハイライトとなった。ビートルズの"ラスト・ライヴ"は、「オーディションに受かっているといいんだけど」というジョンの有名な一言で終了。数多くの伝説を生み出したビートルズ。解散間際のルーフトップ・セッションで、新たな伝説をもうひとつ作ったのだった。

1.31 (1969年)
"ゲット・バック・セッション" 終了

　屋上での"レコーディング"の翌日となる69年1月31日には、屋上向きではない曲の最終仕上げが行なわれた。計3曲、いずれもポールの曲——「ザ・ロング・アンド・ワインディング・ロード」「レット・イット・ビー」「トゥ・オブ・アス」である。この日が最終日となったのは、"ゲット・バック・セッション"を優先するために延期されたリンゴ出演の映画『マジック・クリスチャン』の撮影を、2月3日から開始する予定があったからだ。とはいえ、"ゲット・バック・セッション"が1月31日で完全に終わったかというと、そうではない。時間切れであまり手が付けられなかったジョンの「アイ・ウォント・ユー」やジョージの「サムシング」「オールド・ブラウン・シュー」なども2月に断続的にレコーディングが続けられていた。

　アップルはシングル「レット・イット・ビー」のプロモーションのため、この日にレコーディングと撮影をした「レット・イット・ビー」の計9テイクのひとつと、「トゥ・オブ・アス」「ザ・ロング・アンド・ワインディング・ロード」の演奏シーンを組み合わせた16ミリ・フィルムのクリップをテレビ局に配給。「レット・イット・ビー」はイギリスで70年3月5日と19日の2回、『トップ・オブ・ザ・ポップス』で放映された。

2 February

1 ★「抱きしめたい」が全米1位に (1964)

2 ★ヘレン・シャピロとともに初のイギリス・ツアー開始 (1963)

3 ★リンゴの出演映画『マジック・クリスチャン』の撮影開始 (1969)
● アラン・クライン、アップルのビジネス・マネージャーに (正式就任は4月7日) (1969)

4 ★キャヴァーン・クラブのランチタイム・セッションに最後の出演 (1963)
● ポール、チュニジアへ休暇旅行 (1965)
● リンダの父リー・イーストマンと兄ジョン・イーストマン、ポールの要請でアップルの相談役に就任 (1969)

5 ★日本でデビュー・シングル「抱きしめたい」発売 (1964)
★「ペニー・レイン」のMVを撮影 (1967)

6 ★ジョージ、クォリー・メンに加入 (1958)
● リンゴ、シラ・ブラックのテレビ番組『シラ』にゲスト出演 (1968)
★"復活"シングル「リアル・ラヴ」のレコーディング開始 (1995)

7 ★ブライアン・エプスタイン、ロンドンのHMVでデモ・レコードを制作 (1962)
● EP「オール・マイ・ラヴィング」発売 (1963)
★アメリカ初上陸 (1964)
● ジョージ、扁桃腺手術で入院 (1969)

8 ★BBCラジオ出演のオーディションに合格 (1962)

9 ★キャヴァーン・クラブに初出演 (1961)
★『エド・サリヴァン・ショー』に出演し、視聴率72%を記録 (1964)
● ポール、ウイングスを率いてイギリス各地の大学をまわるツアーを開始 (1972)

10 ★「ア・デイ・イン・ザ・ライフ」のオーケストラを録音 (1967)
★ジョージ、「マイ・スウィート・ロード」の盗作訴訟 (1971)

11 ★デビュー・アルバム『プリーズ・プリーズ・ミー』を1日で録音 (1963)
★アメリカでの初ライヴ開催 (1964)
★リンゴ、モーリンと結婚 (1965)
★"復活"シングル「フリー・アズ・ア・バード」のレコーディング開始 (1994)

12 ★ニューヨークのカーネギー・ホールでコンサート (1964)

13 ★ブライアン・エプスタイン、ジョージ・マーティンと初対面 (1962)

14 ★ジョン、チャック・ベリーと初共演 (1972)

15 ★5枚目のアルバム『ヘルプ！』のレコーディング開始 (1965)
● シングル「エイト・デイズ・ア・ウィーク」、アメリカで発売 (1965)

16 ★デビュー・アルバム『プリーズ・プリーズ・ミー』のジャケット写真を撮影 (1963)
★ジョンとジョージ、超越瞑想を学ぶためにインドのリシケシュへ (1968)

17 ★14枚目のシングル「ストロベリー・フィールズ・フォーエバー／ペニー・レイン」発売 (1967)

18 ★オノ・ヨーコ生まれる (1933)
★カシアス・クレイ (モハメド・アリ) と対面 (1964)
●リンゴ、映画『おかしなおかしな石器人』の撮影開始。バーバラ・バックと出会う (1980)

19 ★ポールとリンゴ、超越瞑想を学ぶためにインドのリシケシュへ (1968)

20 ●映画『キャンディ』のロンドン・プレミアに、出演者のリンゴが出席 (1969)
★ジョン、アルバム『ルーツ』をめぐる裁判に勝訴 (1975)

21 ●シングル「ひとりぼっちのあいつ」、アメリカで発売 (1965)
★メリー・ホプキンのデビュー・アルバム『ポスト・カード』発売 (1969)
●リンゴ、ティッテンハーストの自宅を売却 (1989)

22 ★ビートルズの楽曲の版権を管理する音楽出版社ノーザン・ソングス設立 (1963)
●シングル「プリーズ・プリーズ・ミー」が『NME』で1位に (1963)
●アメリカ公演が終了し、イギリスに帰国 (1964)

23 ★2作目の主演映画『ヘルプ!』の撮影をバハマで開始 (1965)

24 ★グラミー賞で『ダブル・ファンタジー』が最優秀アルバム賞を獲得 (1982)

25 ★ジョージ・ハリスン誕生 (1943)
●「プリーズ・プリーズ・ミー」がアメリカのヴィー・ジェイから発売 (1963)
★サード・アルバム『ハード・デイズ・ナイト』のレコーディング開始 (1964)
●リンゴ、3度目の日本公演 (2013)

26 ●アメリカ編集盤『ヘイ・ジュード』発売 (1970)
★ビートルズのCD、全世界で同時発売 (1987)

27 ★映画『ヘルプ!』の「アナザー・ガール」のシーンを撮影 (1965)
●ウイングス、「ロケストラのテーマ」でグラミー賞を受賞 (1980)

28 ●ポール、マッセイ＆コギンズ社を退職 (1961)
★ジョンとポール、ツアー・バスの中で「フロム・ミー・トゥ・ユー」を作曲 (1963)
★キャヴァーン・クラブ閉鎖 (1973)

29 ★グラミー賞で『サージェント・ペパーズ・ロンリー・ハーツ・クラブ・バンド』が最優秀アルバム賞を獲得 (1968)
●リンゴ、元モンキーズのデイヴィー・ジョーンズの訃報に哀悼の意を表明 (2012)

※カッコ内の数字は西暦
★は本文で詳述した出来事

2.1 （1964年）

「抱きしめたい」が全米1位に

　アメリカで、予定を繰り上げて63年12月26日に発売されたキャピトル・レーベルからのファースト・シングル「抱きしめたい」が、約1ヵ月後の64年2月1日付ビルボードのシングル・チャートで1位を獲得。7週間連続1位を記録する大ヒットとなった。イギリス盤とは異なり、B面には「アイ・ソー・ハー・スタンディング・ゼア」が収録された（イギリス盤は「ジス・ボーイ」）。この曲を1位から引きずり落としたのは、63年9月16日にキャピトル契約前にスワン・レーベルから発売されていた「シー・ラヴズ・ユー」だった。

2.2 （1963年）

ヘレン・シャピロとともに初のイギリス・ツアー開始

　当時イギリスで大人気だった16歳の女性歌手ヘレン・シャピロをメイン・アクトに据えた初のイギリス国内ツアーが、63年2月2日に始まった。ツアー当初は出演者中ビートルズは最も低い扱いで、前座のトップバッターだった。だが、ツアー中に「プリーズ・プリーズ・ミー」が『メロディ・メイカー』や『ニュー・ミュージカル・エクスプレス（NME）』などで1位を獲得したことで、流れが一気に変わる。観客の目当てがビートルズ中心になり、最終日の3月3日には、ヘレン・シャピロと並びトリを務めるようになった。ビートルズの持ち時間は20分で、シングル曲「ラヴ・ミー・ドゥ」「プリーズ・プリーズ・ミー」や、BBCラジオ出演時に取り上げた「キープ・ユア・ハンズ・オフ・マイ・ベイビー」「ビューティフル・ドリーマー」など7曲が演奏されたようだ。

　なお、このツアーからブライアン・エプスタインの指示で曲が終わるごとにおじぎをするようになり、またジョンとポールは演奏中にマイクに向かって頭を振りながらシャウトする演出を思いつき、それをステージで披露するようになった。

2.3 （1969年）

リンゴの出演映画『マジック・クリスチャン』の撮影開始

　69年1月の"ゲット・バック・セッション"終了（正確には一時中断）直後

に、同じトゥイッケナム・フィルム・スタジオで2月3日から映画『マジック・クリスチャン』の撮影がようやく開始された。主役のピーター・セラーズのほかにユル・ブリンナーやクリストファー・リーなどの大物俳優とともにリンゴが出演した（イギリスでは69年12月12日公開）。主題歌の「カム・アンド・ゲット・イット」は、バッドフィンガー（アイヴィーズから改名）のためにポールが書き下した曲である。

2.4 (1963年)
キャヴァーン・クラブのランチタイム・セッションに最後の出演

　リヴァプールのキャヴァーン・クラブがビートルズの聖地といわれるのは、彼らがライヴ・バンドとしての腕を磨いた最も重要な場所だったからだ。デビュー前は昼夜2回出演することも多かったが、デビュー後は演奏回数も減り、昼の出演は63年2月4日が最後となった。ちなみに夜の出演の最後となったのは63年8月3日である。

2.5 (1964年)
日本でデビュー・シングル「抱きしめたい」発売

　64年2月5日、日本でのデビュー・シングル「抱きしめたい」が発売された。当初は「プリーズ・プリーズ・ミー」が用意されていたが、アメリカで「抱きしめたい」が大ヒットしたため、東芝音楽工業の初代担当ディレクターの高嶋弘之氏は、急遽「抱きしめたい」に変更した。そのため、レコード番号は「プリーズ・プリーズ・ミー」のほうが先になっている。「手を握りたい」という原題に

ビートルズ「抱きしめたい」(1964年／写真は日本盤)

「抱きしめたい」という邦題を付けた高島氏の言語感覚が何より素晴らしい。B面はイギリス盤と同じ「ジス・ボーイ」だが、「こいつ」と付けた邦題もまた味わい深い。

　イギリスは「プリーズ・プリーズ・ミー」でビートルズの名前が国内に広まったが、日本とアメリカはこの「抱きしめたい」がその始まりとなった。

2.5 (1967年)
「ペニー・レイン」のMVを撮影

　67年1月30日と31日に撮影された「ストロベリー・フィールズ・フォーエバー」に続き、2月5日と8日に「ペニー・レイン」のMVも同じくノール・パークで撮影された。こちらは、歌詞に描かれたリヴァプールの町並みを思わせるのどかな風景をあしらった抒情的な仕上がりとなった。4人とも乗馬の経験はなかったそうだが、リンゴが乗った馬は気性が荒かったのか、リンゴとはウマが合わなかったのか、相当苦労してまたがっている（振り回されている）様子が見て取れる。

2.6 (1958年)
ジョージ、クォリー・メンに加入

　58年2月6日、ジョージがクォリー・メンに加入した。ジョージに声をかけたのは、ジョージと同じ学校（リヴァプール・インスティテュート）に通っていた1学年上のポールだった。若すぎる（ジョージはまだ14歳だった）ことを理由にジョンは反対したが、バスの中でジョージはビル・ジャスティスの「ローンチー」（57年）を完璧に弾きこなし、バンドに加入することになった。ジョン曰く「仲間に誘ったのは、ぼくらよりコードを知っていたからだ」。

2.6 (1995年)
"復活"シングル「リアル・ラヴ」のレコーディング開始

ビートルズ「リアル・ラヴ」
(1996年)

　「フリー・アズ・ア・バード」の仕上がりに満足したポール、ジョージ、リンゴ（とジェフ・リン）は、"アンソロジー・シリーズ"用に、それに続くビートルズの"再結成"シングル第2弾のレコーディングを1年後の95年2月6日に開始した。こちらは79年のジョンのデモ音源に手を加えたもので、95年5月に完成させた。この曲は96年3月4日にシングルとしても発売され、イギリス4位・アメリカ11位を記録した。ジョンのオリジナル・デモ・ヴァージョンは、『ジ

ョン・レノン・アンソロジー』（98年）に収録されている。

2.7 (1962年)
ブライアン・エプスタイン、
ロンドンのHMVでデモ・レコードを制作

　62年1月1日のデッカでのオーディション・テープを手に入れることができたブライアン・エプスタインは、62年2月7日にオックスフォード・ストリートにあるEMI系列のHMVレコードを訪れ、店長のボブ・ボーストの勧めでアセテート盤を制作。しかも、そこでEMIの音楽出版部門の責任者シド・コールマンを紹介された。コールマンはエプスタインを、EMI傘下のパーロフォン・レーベルの責任者ジョージ・マーティンに合わせようと、その場で電話。マーティンとエプスタインとの面会がこうして実現する運びとなった。

リヴァプールの『ビートルズ・ストーリー』（ビートルズ・ミュージアム）に展示されていた「ハロー・リトル・ガール／ティル・ゼア・ウォズ・ユー」のアセテート盤（2017年10月19日撮影）

2.7 (1964年)
アメリカ初上陸

　64年2月7日、ビートルズの4人はロンドンのヒースロー空港を出発

し、アメリカに初上陸した。この時点ではアメリカでのヒット曲は「抱きしめたい」しかなかったが、ケネディ空港には1万人近いファンが集まり、喚声を上げて彼らを出迎えた。ケネディ空港ではすぐさま記者会見が開かれた。独特のユーモア感覚を持ち合わせているのもビートルズの大きな魅力のひとつだが、この時もたとえばこんなやりとりがあった。「何か歌ってよ」と訊かれて「まず金をくれ」。「人気の理由は？」と訊かれて「わかっていたらマネージャーをやるよ」。ともにジョンの見事な返しだ。また。「髪の毛をいつ切ったのか？」と訊かれ、「伸ばしたままだよ」というポールの（ありきたりな）コメントにかぶせるようにジョージが「きのう切ったばかりだよ」と返すなど、アメリカに着くや否や、当意即妙なやりとりで多くの人々を虜にした。夜になるとビートルズが宿泊しているプラザ・ホテルをファンが取り囲むなど、ビートルマニアはすでにアメリカにも数多く出現していた。

2.8（1962年）
BBCラジオ出演のオーディションに合格

　ビートルズの売り込みに奔走していたブライアン・エプスタインの成果のひとつが、BBCラジオ出演だった。62年1月10日にエプスタインがBBCマンチェスター支局に提出した「バラエティ部門オーディション申請書」が承認され、ビートルズは2月8日にマンチェスターでBBCラジオ出演用のオーディションを受けることになった。デッカ・オーディションでも演奏した「ライク・ドリーマーズ・ドゥ」「メンフィス・テネシー」ほか計4曲を披露、審査員で番組プロデューサーのピタ・ピルグリムは、こう評価した——「ポールの歌はダメ。ジョンの歌は良し。バンドは個性的。ほかのグループと違って、いかにもロックという感じではなく、カントリー＆ウェスタンの趣があり、音楽性も高い」。そして最後にはこう書かれていた。「62年3月7日、TTに出演お願いします」と。オーディションに合格し、『ティーンエイジャーズ・ターン』という番組への出演がこうして決まった。

2.9（1961年）
キャヴァーン・クラブに初出演

　ビートルズを語るうえで欠かせないリヴァプールのライヴハウス、キ

ャヴァーン・クラブに61年2月9日に初めて出演した。もともと57年に
ジャズ・クラブとして開業し、60年代にはロックンロール・バンドの
中心的な場所となった。73年に閉店したが、84年に開業当時のレンガ
や設計図を用いて再建され、以後、ビートルズ関連のメモリアル・ライ
ヴなども含めて広く使用されている。

2.9 (1964年)
『エド・サリヴァン・ショー』に出演し、視聴率72%を記録

アメリカのテレビ・ショー『エド・サリヴァン・ショー』に、渡米2
日後の64年2月9日に初出演した。「オール・マイ・ラヴィング」「ティ

エド・サリヴァンとともに、自信満々の（？）4人
©CBS Photo Archive/Getty Images

ル・ゼア・ウォズ・ユー」「シー・ラヴズ・ユー」「アイ・ソー・ハー・スタンディング・ゼア」「抱きしめたい」の計5曲を演奏した。スタジオの観客数（728人）に対してチケットの申し込みが6万枚を超え、7300万人が番組を視聴、全米史上最高視聴率72%を記録した。ニューヨークの犯罪発生件数が過去50年間で最低だったというエピソードまで生まれている。ビリー・ジョエルやブルース・スプリングスティーンだけでなく、『エド・サリヴァン・ショー』でビートルズの動く映像を初めて観て衝撃を受け、ミュージシャンになろうと心に決めたティーンエイジャーは世界各地にいた。この日の生放送前に23日放送分の収録も行なわれ、そこでは「抱きしめたい」を含む全3曲が演奏された。この23日分の収録が、事実上、アメリカにおける初めての公開演奏だった。

2.10 (1967年)
「ア・デイ・イン・ザ・ライフ」のオーケストラを録音

　ライヴ仕立てのコンセプト・アルバム『サージェント・ペパーズ・ロンリー・ハーツ・クラブ・バンド』(67年) のエンディング曲「ア・デイ・イン・ザ・ライフ」の重要部分となるオーケストラによるパートの録音が、67年2月10日に行なわれた。録音自体も、中間部のポールのパートが始まる前の24小節に、40人のクラシック演奏者に各々の楽器の演奏可能な再低音から最高音まで徐々に上昇していくように音を出してもらうという風変わりなものだった。しかも演奏者は、正装が義務づけられていただけではない。リラックスした雰囲気で演奏してもらおうと

「ア・デイ・イン・ザ・ライフ」のセッションでオーケストラを指揮するポール
©Larry Ellis/Express/Getty Images

いうジョンの発案で、セッション休憩時にめがねを逆さにかけたり、赤い鼻や作り物の目玉をつけたりと、何かおかしなものを身につけて演奏に臨んだのだった。ポールが指揮を執るレコーディングの模様は7台のハンド・カメラを駆使して撮影された。最終的にビートルズ以外の映像と一緒に編集され、プロモーション・ヴィデオとして仕上げられた。

2.10 (1971年)
ジョージ、「マイ・スウィート・ロード」の盗作訴訟

「マイ・スウィート・ロード」は、ビートルズ解散後にジョージが初のソロ・シングルとして発表した曲で、71年1月15日（アメリカは70年11月23日）に発売され、英米1位を記録する大ヒットとなった。シングル・カットを薦めたのは共同プロデューサーのフィル・スペクターだったという。発売1ヵ月後の71年2月10日にシフォンズの「ヒーズ・ソー・ファイン」（62年）に似ていると訴えられたが、ジョージ自身は「エドウィン・ホーキンス・シンガーズのゴスペル〈オー・ハッピー・デイ〉にインスパイアされて69年12月のデラニー＆ボニーのツアー同行時に書いた曲」だと述べている。とはいえ、ここに挙げた3曲を聴けば明らかなように、「ヒーズ・ソー・ファイン」にそっくり。「盗作というよりは、潜在的に似た曲になってしまった」ともジョージは語ったが、裁判では敗れた。

2.11 (1963年)
デビュー・アルバム『プリーズ・プリーズ・ミー』を1日で録音

「プリーズ・プリーズ・ミー」のヒット後、早めにアルバムを発売するようにとEMIから指示を受けたジョージ・マーティンは、「ライヴの雰囲気をそのままアルバムに詰め込む」というコンセプトを打ち出した。63年2月11日に行なわれたセッションでは、その流れに沿って、手拍子やハーモニカなどのオーヴァーダビングは最小限にとどめ、ギター、ベース、ドラムスというシンプルなバンド編成ながら、ジョン、ポール、ジョージのヴォーカル、ハーモニー、コーラスを前面に出した、疾走感あふれるライヴ・サウンドを"真空パック"した。10時間のセッションで収録されたのは全11曲（「ホールド・ミー・タイト」は未収録となり、次作に回されることになる）。

4人は昼食をとらずにレコーディングを続けたが、数日前からひどい風邪をひいていたジョンは、この日も体調がすぐれず、のど飴をなめてセッションに臨んだという。そのため、最後の「ツイスト・アンド・シャウト」はわずか1テイクしか声が持たなかったが、むしろ、だからこその凄まじいシャウトとなった。

2.11 (1964年)
アメリカでの初ライヴとなる
ワシントン・コロシアム公演開催

　64年2月11日、ビートルズは『エド・サリヴァン・ショー』出演の2日後に、アメリカで初めて公のコンサートを、8000人収容のワシントン・コロシアムで行なった。会場が円形だったため、長方形のステージにセットされたドラムを乗せた台を数曲ごとに動かして、四方のすべてに顔を向けて演奏した。DVD『ザ・ファーストU.S.ヴィジット』(04年)では、ステージにジェリービーンズが次々と投げ込まれる場面も含めてこの歴史的コンサートの模様がすべて観られる。なぜジェリービーンズが投げ込まれたのかというと、ケネディ空港での記者会見でジョージが

初のアメリカ公演でのステージ。足元には大量のジェリービーンズが
©Central Press/Getty Images

（うかつにも）「好きだ」と言ったためだ。

2.11（1965年）
リンゴ、モーリン・コックスと結婚

　65年2月11日、リンゴとモーリン・コックスがロンドンのキャクストン・ホールで結婚式を挙げた。モーリンはリンゴより6歳年下の当時18歳（1946年8月4日リヴァプール生まれ）。キャヴァーン・クラブの常連だった頃にリンゴのファンになり、熱烈なアプローチの末、リンゴとの交際が始まった。式には双方の両親、ジョンと妻シンシア、ジョージ、そして新郎の付添人を務めたブライアン・エプスタインが参列した。ポールはポルトガルに旅行中で不参加だったが、ジョンによると、リンゴの結婚を知らされたのは、式の2～3日前だったという。また、知らせを聞いたジョージは、最初にこう言ったそうだ──「これで僕のファンが増えるぞ」。

　リンゴと75年7月17日に離婚したモーリンは、94年12月30日に48歳の若さで亡くなった。ポールはモーリンの死を悼み、「リトル・ウィロー」（97年）を捧げた。

（右から）結婚式に出席したリンゴの両親、（後方に）ブライアン・エプスタイン、ジョージ、ジョン、シンシア
©Bettmann/Getty Images

2.11 (1994年)
"復活" シングル 「フリー・アズ・ア・バード」の レコーディング開始

94年2月11日、"アンソロジー・シリーズ" 最大の目玉となったビートルズの"新曲"「フリー・アズ・ア・バード」のレコーディングが開始された。ビートルズ・フリークとして知られるELOのジェフ・リンの協力のもと、77年のジョンのデモ音源にポール、ジョージ、リンゴが追加録音を加えて仕上げた曲で、エンディングのジョンのセリフは "turn that nice again (またうまくいった)" を逆回転に

ビートルズ「フリー・アズ・ア・バード」(1995年)

して収録したもの。95年12月4日にシングルとしても発売され、英2位・米6位を記録した。ビートルズの曲を題材にしたMVも大きな話題となった。

2.12 (1964年)
ニューヨークのカーネギー・ホールでコンサート

初のアメリカ公演の翌日となる64年2月12日、1891年に創設されて以来、ほとんどクラシックのコンサートでしか使われることのないニューヨークのカーネギー・ホールで2回のコンサートが行なわれた。コンサートを仕切ったアメリカのプロモーター、シド・バーンスタインは、ニューヨークのもっと大きな会場を用意していたが、ブライアン・エプスタインの強い希望で実現した音楽の殿堂でのコンサートでもあった。キャピトル・レコードはこの日のコンサートを録音したい意向を示したが、米国音楽家連盟の許可を得られなかったという。

2.13 (1962年)
ブライアン・エプスタイン、ジョージ・マーティンと初対面

EMIの音楽出版部門の責任者シド・コールマンの口添えにより、62年2月13日にブライアン・エプスタインは、EMI本社でジョージ・マーティンと初めて顔を合わせる機会を得た。エプスタインはビートルズのマ

●ジョンに出会えたのは本当に偶然だった。引っ越しのおかげだったんだ。(ポール／64年)

ージーサイド (リヴァプール界隈) での人気を説明し、デッカ・オーディションのデモ・レコードを聴かせた。ジョージ・マーティンは「ビートルズに会ってみよう」と言ったものの、それほど興味を示したわけではなく、約束が果たされたのは3ヵ月以上経った6月6日のことだった。

2.14 (1972年)
ジョン、チャック・ベリーと初共演

　ジョンとヨーコは、72年2月14日から18日までの5日間、アメリカのテレビ番組『マイク・ダグラス・ショー』のホストを務めた。ゲストは、ラルフ・ネーダー (14日、消費者運動の指導者)、ジェリー・ルービン (15日、政治活動家)、ボビー・シール (17日、黒人解放を歌うブラック・パンサー党の党首) といった交友のある政治活動家のほかに、唯一のミュージシャンとして登場したのは、ジョンが「マイ・ヒーロー」と紹介して迎え入れたチャック・ベリーだった。二人は、「ジョニー・B・グッド」「メンフィス・テネシー」などを1本のマイクを分け合いながら歌った。またヨーコは日本民謡「さくら」を披露し、番組内では観客をまじえてのジョンとヨーコによるアート・パフォーマンスも行なわれた。

2.15 (1965年)
5枚目のアルバム『ヘルプ!』のレコーディング開始

　65年の幕開けは、2月15日、2作目の主演映画のサウンドトラックとなる5枚目のアルバム用のレコーディングから始まった。この日に収録されたのは、シングルとして発売された「涙の乗車券 (ティケット・トゥ・ライド)」とポールの「アナザー・ガール」、ジョージの「アイ・ニード・ユー」の3曲だった。

2.16 (1963年)
デビュー・アルバム『プリーズ・プリーズ・ミー』の
ジャケット写真を撮影

　アルバムのレコーディングからわずか5日後の63年2月16日 (20日説もあり)、ロンドンのマンチェスター・スクエア20番地にあるEMIの本社ビルでジャケット写真の撮影が行なわれた。ジョージ・マーティンは、

ロンドン動物園の昆虫コーナーの外でポーズをとった写真を提案したがあえなく却下。アンガス・マクビーンがEMI本社の階段の吹き抜けからメンバーが見下ろしている写真を撮った。別カットは63年11月1日に発売されたEP「ビートルズNo.1」に使用された。

ビートルズ『プリーズ・プリーズ・ミー』(1963年)

さらに、69年5月13日（14日もという説あり）にも、同じ場所、同じ構図、同じカメラマンによる写真がアルバム『ゲット・バック』用に撮影されたが、アルバムが『レット・イット・ビー』に変更となったため、63年の別カットと合わせた写真が、73年に発売されたベスト盤『ザ・ビートルズ1962年〜1966年』『ザ・ビートルズ1967年〜1970年』に使用された。

2.16 (1968年)
ジョンとジョージ、超越瞑想を学ぶためにインドのリシケシュへ

67年8月と10月にマハリシ・マヘーシュ・ヨーギーによる超越瞑想のセミナーに参加して興味を覚えた4人は、68年2月16日からインドのリシケシュで長期にわたる本格的な修行に臨むことになった。まずジョンとジョージが、それぞれシンシアとパティとともに2月16日にインドへと向かった。マハリシは、ヒンドゥー教に由来する超越瞑想（トランセンデンタル・メディテーション／TM）の創立者として知られる。TMとは、簡単に言うと、朝夕2回、15分から20分ほど楽な姿勢で座り、目を閉じてマントラを心の中で唱えて瞑想するというもの。4人とも長らく（今でも）TMに共感し、ポールとリンゴは2009年4月4日に開催されたTMのチャリティ・コンサートにドノヴァン、シェリル・クロウなどと出演、ポールがインドで書いた「コズミカリー・コンシャス」を最後に演奏した。

2.17 (1967年)
14枚目のシングル「ストロベリー・フィールズ・フォーエバー／ペニー・レイン」発売

67年2月17日、両A面扱いとなった14枚目のシングル「ストロベリ

●長髪の少年が4人集まったところにマネージャーが現われた。それだけさ。（ジョン／64年）

ビートルズ「ストロベリー・フィールズ・フォーエバー」(1967年)

ー・フィールズ・フォーエバー／ペニー・レイン」が、イギリスで発売された (アメリカは2月13日発売)。ともに題材は"リヴァプールの子ども時代の回想"だが、ジョンは自分の遊び場だった救世軍所有の孤児院、ポールは公共の場所 (ラウンドアバウト) をそれぞれテーマにしている。サウンドも対照的で、ジョンは幻想的、ポールは開放的である。初回の25万枚には、ビートルズのシングルとしては初のピクチャー・スリーヴが付けられた。アメリカでは「ペニー・レイン」が1位を獲得したが、イギリスでは2位止まりに終わり (その間、エンゲルベルト・フンパーディンクの「リリース・ミー」が大ヒット)、「プリーズ・プリーズ・ミー」以来続いていた連続1位の記録が途絶えた。

2.18 (1933年)
オノ・ヨーコ生まれる

オノ・ヨーコ (小野洋子) は1933年2月18日、銀行家の小野英輔・磯子夫妻の長女として東京で生まれた。52年に学習院大学哲学科に入学。53年に家族とニューヨークに移り、サラ・ローレンス大学に入学。56年に作曲家の一柳慧と結婚するも、62年に離婚。同年11月に映画製作者トニー・コックスと結婚するが、63年に離婚 (娘のキョーコは63年8月8日生まれ)。その後トニーと再婚するも、69年に離婚した。60年代初めには前衛芸術集団フルクサスに参加し、66年にロンドンに活動の場を移した。そして、66年11月7日、ロンドンのインディカ・ギャラリーでジョンと運命的な出会いを果たすことになる。

2.18 (1964年)
カシアス・クレイ (モハメド・アリ) と対面

64年2月18日、初のアメリカ滞在中に、急遽マイアミで、プロボクサーのカシアス・クレイ (後のモハメド・アリ) との対面が実現した。当時クレイは22歳 (1942年1月17日生まれ) で、1週間後に控えた世界戦のためにマイアミを訪れていた。この時の4人は終始クレイのペースに翻弄され、その迫力に圧倒されてしまった。「あいつ、僕らをバカにしやがっ

©Chris Smith/Popperfoto/Getty Images カシアス・クレイに"アイム・ダウン"のビートルズ

て」（ジョン）。その後、ジョンは数日不機嫌だったという。この1週間後、クレイは世界王者となり、世界にその名を轟かせる。

2.19 (1968年)

ポールとリンゴ、超越瞑想を学ぶためにインドのリシケシュへ

　マハリシの元での超越瞑想の修行のために2月16日からインド入りしていたジョージ夫妻とジョン夫妻に続いて、19日にポールとジェーン・アッシャー、リンゴとモーリンの4人がインドのリシケシュに到着。ガンジス川の上に建てられた修行場のアシュラムは、三方位をジャングルの山々で囲まれていた。そうした環境の中で4人は久々の共同生活をしながら超瞑想法を学び、女優のミア・ファローやドノヴァン、ビーチ・ボーイズのマイク・ラヴなどとともに修行に励んだ。その間、『ザ・ビートルズ』（68年）に収録されることになる曲も、数多く生み出された。

　だが、食事が口に合わないことからリンゴ夫妻は1週間で離脱、ポールは予定どおり1ヵ月で帰国した。ジョンはマハリシによるミア・ファ

ローへの"セクハラ"疑惑（のちに事実無根と判明）に幻滅し、4月にインドを離れた（ジョンはその疑惑を元に「セクシー・セディ」を書いた）。

2.20（1975年）

ジョン、アルバム『ルーツ』をめぐる裁判に勝訴

ジョン・レノン『ルーツ』（1975年）

アルバム『ルーツ』裁判の"ルーツ"はこんな流れだ。『アビイ・ロード』（69年）収録の「カム・トゥゲザー」がチャック・ベリーの「ユー・キャント・キャッチ・ミー」（56年）の盗作だと、楽曲の権利を持っているモーリス・レヴィから訴訟を起こされそうになったジョンは、ソロ・アルバム『ロックン・ロール』に、レヴィが権利を持っているその曲や「ヤ・ヤ」など3曲を収録することで和解した。だがレヴィは『ロックン・ロール』のラフ・ミックスのテープを入手し、アダムⅢという販売会社から75年2月8日に勝手に通販で発売した。

ジョンと、アメリカのキャピトル・レーベルは、2月20日にアダムⅧに対して発売中止の訴訟を起こすとともに、『ロックン・ロール』の発売を2ヵ月早める処置をとり対抗。最終的にキャピトルに43万ドルを支払うことになったレヴィだが、『ロックン・ロール』に収録された3曲の管理楽曲の印税のほか、『ルーツ』の売り上げはそのまま手元に入った。

2.21（1969年）

メリー・ホプキンのデビュー・アルバム『ポスト・カード』発売

メリー・ホプキン『ポスト・カード』（1969年）

ウェールズ出身のフォーク歌手メリー・ホプキン（1950年5月3日生まれ）は、トゥイギーに見出され、ポールに気に入られてアップルと契約。ポールのプロデュースによるデビュー・シングル「悲しき天使」が世界的に大ヒットし、一躍スターの仲間入りとなった。その流れで、デビュー・アルバム『ポスト・カード』もポールがプロデュースし、69年2月21日に発売された。イギリス6位・アメリカ

28位と、そこそこのヒットとなった。メリーの可憐な声の魅力をさらに伝えるのには十分な内容で、ポールの依頼によって提供されたドノヴァンやハリー・ニルソンのオリジナル曲などに、1920年代から50年代に発表されたスタンダード曲を加えた全14曲が収録されている。

ジャケットのメリーの3枚の写真は、発売直後の3月12日にポールと結婚したリンダ・イーストマンが撮影したもの。アルバム収録曲をポールが手書きしたバレンタイン（当初は2月14日が発売予定日だった）用のポスト・カードは、ポールが実際にアップル宛てに郵送したものを元にデザインされている。

2.22 (1963年)
ビートルズの楽曲の版権を管理する音楽出版社
ノーザン・ソングス設立

63年2月22日、ビートルズの楽曲管理を目的として、ビートルズとNEMSがディック・ジェイムスとともに音楽出版社ノーザン・ソングス・リミテッドを設立した。ブライアン・エプスタインは、自分たちで自分たちの楽曲を管理する音楽出版社を設立しようと考え、ジョージ・マーティンからの助言を元に、「プリーズ・プリーズ・ミー」のヒットに貢献した音楽出版社ディック・ジェイムス・ミュージックの社長の仕事ぶりを認め、彼を共同経営者として招き入れた。当初、エプスタインはノーザン・ミュージックという社名を考えていたものの、すでに登録済みだったという。

会社の権利はディック・ジェイムスと弁護士のチャールズ・シルヴァーが51％、ジョンとポールが20％ずつ、そしてエプスタインが10％を保有する形となった。ジョンとポールは単純にこの会社の権利を100％所有できるものと考えていたという。この「51％」がクセモノで、結果的に半数以上の権利を持ったディック・ジェイムスは常に議決権を行使し、69年3月28日、関係者の承諾なしに持ち株をATVに売却した。

2.23 (1965年)
2作目の主演映画『ヘルプ！』の撮影をバハマで開始

65年2月23日から、2作目の主演映画の撮影が西インド諸島のバハマで始まった。タイトルは未定だったものの（仮タイトルは『ビートルズ2』で3

月17日には『エイト・アームズ・トゥ・ホールド・ユー』と発表された)、世界中を逃げ回るアクション映画というシナリオは決まっていたため、最初のロケ地として、陽光が降り注ぐバハマが選ばれた。撮影場所を決めた裏には、税金対策のためバハマに会社を設立しようという意図がビートルズ側にあったからだ。しかも口座開設準備のため、経理顧問を1年間バハマに滞在させていたという。ロケは3月9日までの約2週間、休日返上で行なわれ、大勢の観光客が見守る中での撮影となった。撮影期間中に22歳の誕生日を迎えたジョージは、ロケ隊を含む約80人のメンバーに誕生日を祝ってもらったそうだ。また、同時期にバハマでは映画がもう1本——007シリーズの『サンダーボール作戦』が撮影されていた。映画『ヘルプ!』の劇中で007のテーマ・ソングが使われ、映画も007調なのは、偶然なのか、それとも狙ってだったのか。配給もともにユナイテッド・アーティスツである。

2.24 (1982年)
グラミー賞で『ダブル・ファンタジー』が最優秀アルバム賞を獲得

ジョン・レノン&ヨーコ・オノ『ダブル・ファンタジー』(1980年)

　5年ぶりに活動を再開したジョンとヨーコの共作・共演アルバム『ダブル・ファンタジー』(80年11月17日発売)が、まさか遺作になるとは想像すらできなかった。だが、ジョンの死の影響も大きく、アルバムは世界中で大ヒットとなり、82年2月24日に開催された第24回グラミー賞で最優秀アルバム賞(アルバム・オブ・ザ・イヤー)に輝いた。シングル「スターティング・オーヴァー」も、最優秀レコード賞にノミネートされていた。授賞式ではヨーコが6歳のショーンとともに登壇し、鳴りやまぬ拍手にヨーコが感極まる場面もあった。

2.25 (1943年)
ジョージ・ハリスン誕生

　1943年2月25日、ハロルド・ハリスンとルイーズ・フレンチの三男

としてリヴァプールに誕生（実際の生まれは2月24日だとジョージは、のちに明かしたが、ここでは公の日にちで紹介）。リヴァプール・インスティテュートに進学し、兄と一緒にスキッフル・バンドを結成。その後、1学年上のポールと知り合い、58年にポールの紹介でジョンのバンド、クォリー・メンに参加。ビートルズではリード・ギターを担当したほか、シタールやモーグ・シンセサイザーなど“異種楽器”を取り入れた。66年にパティ・ボイドと結婚したが、エリック・クラプトンとの三角関係などが原因で離婚。その後、オリヴィア・アライアスと出会い78年に息子ダニーが生まれ、入籍した。代表作は『オール・シングス・マスト・パス』（70年）、『慈愛の輝き』（79年）、『クラウド・ナイン』（87年）、『ブレインウォッシュド』（2002年）など。2001年11月29日死去。

2.25 (1964年)
サード・アルバム『ハード・デイズ・ナイト』の
レコーディング開始

　初の主演映画のサウンドトラックとなる3枚目のアルバム用のレコーディングが、ジョージの21歳の誕生日でもある64年2月25日に始まった。映画の撮影開始（3月2日）前に、映画に使われる曲は最優先で仕上げる必要があったからだが、肝心の主題歌だけは、映画のタイトルが決まってからでないと書けないという状況もあったので、結果的に4月16日まで持ち越しとなった。この日に収録されたのは、この時点で6枚目のシングル曲として決まっていた「キャント・バイ・ミー・ラヴ」とB面収録曲「ユー・キャント・ドゥ・ザット」、それに「アンド・アイ・ラヴ・ハー」と「恋する二人」の初期テイクの計4曲だった。ジョージは、アメリカ公演中にリッケンバッカー社からプレゼントされた12弦ギターをこの日に初めて使用した。

2.26 (1987年)
ビートルズのCD、全世界で同時発売

　87年2月26日、ビートルズ初のCD『プリーズ・プリーズ・ミー』『ウィズ・ザ・ビートルズ』『ア・ハード・デイズ・ナイト』『ビートルズ・フォー・セール』が全世界で同時発売された。CD化に際し、原則としてイギリスのオリジナル盤を全世界統一規格として発売していくことにな

り、この4作に関しては、モノラル・ミックスでの発売となった。アルバム未収録のシングルやEP収録曲などは、新たに編集盤『パスト・マスターズ Vol.1』『パスト・マスターズ Vol.2』としてまとめられ、88年3月7日に発売。ビートルズの213曲は、こうして計15枚のCDですべて聴けるようになった。

2.27（1965年）
映画『ヘルプ!』の「アナザー・ガール」のシーンを撮影

ビートルズ「ザ・ナイト・ビフォア」（1965年／写真は日本盤）

映画『ヘルプ!』の撮影は続き、65年2月27日には、バハマのバルモナル島で「アナザー・ガール」を演奏するシーンが撮影された。女性を楽器に見立てた映像は、今だとどこからか文句がきそうだが、ビートルズの魅力のひとつは毒気を包んだユーモア感覚であるのだから、目くじらを立てるのは野暮、というものだ。この時のバハマでの日課にしても、朝6時に起きてカリブ海でひと泳ぎし、マリファナで朦朧とした頭をすっきりさせ、ライムジュースを飲んでから撮影に臨んだ、というのだから、たいしたアイドルだ。映画『ヘルプ!』はマリファナで作ったとジョンとポールが語る所以でもある。ただし監督のリチャード・レスターは、撮影中に、その"習慣"に気づいていたそうだ。

2.28（1963年）
ジョンとポール、ツアー・バスの中で
「フロム・ミー・トゥ・ユー」を作曲

「プリーズ・プリーズ・ミー」に続く3枚目のシングル用の曲は、ヘレン・シャピロとのツアー中の63年2月28日に、ヨークからシュールズベリーに向かうバスの中でジョンとポールが書き上げた。曲は「フロム・ミー・トゥ・ユー」である。当初は同じ時期に書かれた「サンキュー・ガール」のB面に収録される予定だったが、3月5日のレコーディング中にAB面が入れ替わった。イントロのハーモニカはジョージ・マーティンのアイディアによるもので、ハーモニカはカッティング・ルーム

にあったものをジョンが借用したという。使用後、ハーモニカを返しにきた際に、ジョンは一言、感謝の意を表した——「じゃがいも袋みたいな匂いがした」。

2.28 (1973年)
キャヴァーン・クラブ閉鎖

デビュー前のビートルズの活動拠点であったリヴァプールのキャヴァーン・クラブが、1万ポンドの負債を抱え経営困難に陥り、73年2月28日に閉鎖された。リヴァプールの中心街にあるマシュー・ストリートにあったキャヴァーン・クラブは、戦時中に防空壕として使われた7階建ての建物の地下室の酒蔵を改造したジャズ・クラブだった。73年5月27日に、地下鉄工事のために取り壊され、駐車場となった。そして84年4月26日に、20メートルほど移動した場所に、開業当時のレンガと設計図を用いて再建・再開されたものの、89年に再度閉店。新たな経営者が91年に引き継ぎ、ここ数年のコロナ禍による世界的パンデミックをなんとか乗り越え、ビートルズの世界的名所として存続している。

2.29 (1968年)
グラミー賞で『サージェント・ペパー』が最優秀アルバム賞を獲得

68年2月29日に開催された第10回グラミー賞で、アルバム『サージェント・ペパーズ・ロンリー・ハーツ・クラブ・バンド』(67年) が最優秀アルバム賞、最優秀コンテンポラリー・アルバム賞、最優秀エンジニア賞、最優秀ジャケット・デザイン賞の計4部門を受賞。前年度の『リボルバー』に続いてビートルズのアルバムが最優秀ジャケット・デザイン賞に選ばれ、2年連続の受賞となった。

ちなみに、音楽業界で功績を残した人々を称えるアメリカ最大の音楽賞でもあるこのグラミー賞でビートルズは、ほかに「ハード・デイズ・ナイト」(65年度)、「ミッシェル」「エリナー・リグビー」(67年度)、「レット・イット・ビー」(71年度)、「フリー・アズ・ア・バード」(97年度)、アルバム『アビイ・ロード』(70年度)、映像作品『アンソロジー』と「フリー・アズ・ア・バード」(97年度)、『ザ・ビートルズ EIGHT DAYS A WEEK -The Touring Years』(2016年度) などでの受賞歴がある。

3 March

1
- ●BBCテレビで『ザ・ビートルズ・アット・シェイ・スタジアム』初放送 (1966)
- ★ポール、メリー・ホプキンのシングル「グッドバイ」をプロデュース (1969)
- ●ジョンとヨーコ、グラミー賞授賞式で和解を公表 (1975)

2
- ●シングル「ツイスト・アンド・シャウト」、アメリカのトリーから発売 (1964)
- ★初の主演映画『ハード・デイズ・ナイト』の撮影開始 (1964)
- ●ジョンとヨーコ、ケンブリッジで前衛ジャズ・フェスティヴァルに出演 (1969)

3
- ★ポール、ビートルズ以来となる日本公演開始 (1990)

4
- ★ジョンの"キリスト発言"を含むインタビュー記事掲載 (1966)
- ● EP「イエスタデイ」発売 (1966)

5
- ★ドイツ語版シングル「抱きしめたい」「シー・ラヴズ・ユー」、西ドイツで発売 (1964)

6
- ★22枚目のシングル「レット・イット・ビー」発売 (1970)

7
- ★BBCのラジオ番組に初出演 (1962)
- ★コンピレーションCD『パスト・マスターズ Vol.1』『パスト・マスターズ Vol.2』発売 (1988)

8
- ★ジョージ・マーティン他界 (2016)

9
- ★クリス・モンテス、トミー・ロウとともに2度目のイギリス・ツアー開始 (1963)

10
- ★リンゴ、EMIを離れ、新たなレコード契約を結ぶ (1976)
- ●ポール、ロンドンでチベット問題の集会に参加し、「ブラックバード」の詞を朗読 (1999)

11
- ●サム・リーチの仕切りによる12組出演の12時間のオールナイト・セッションで、ビートルズとリンゴ在籍のハリケーンズが競演 (1961)
- ★ポール、ナイトの爵位称号を授与 (1997)

12
- ★ポール、リンダ・イーストマンと結婚 (1969)
- ●"ビートルズ解散訴訟"でポールが勝訴 (1971)
- ★ジョン、ハリー・ニルソンと悪酔いして店から追放 (1974)

13
- ★映画『ハード・デイズ・ナイト』用に「キャント・バイ・ミー・ラヴ」のシーンを撮影 (1964)

14
- ★映画『ヘルプ!』の撮影をオーストリアで続行 (1965)
- ★リンゴ、「センチメンタル・ジャーニー」のMVとアルバム・ジャケットを撮影 (1970)

15
- ★17枚目のシングル「レディ・マドンナ」発売 (1968)
- ●ポール、ロックの殿堂入りを果たす (1999)
- ●ジョージ、ロックの殿堂入りを果たす (2004)

16
- ★ジョン、アメリカ移民局から60日以内の国外退去命令 (1972)

17 ★映画『ヘルプ!』、オーストリアでカーリングのシーンなどを撮影 (1965)

18
★ウイングスのテレビ特番『ジェームズ・ポール・マッカートニー』収録 (1973)
★未発表音源を収録したアルバム『アンソロジー2』発売 (1996)

19
★1963度ショー・ビジネス・パーソナリティ賞を受賞 (1964)
●BBCテレビ番組『トップ・オブ・ザ・ポップス』に初出演し、2曲を疑似演奏 (1964)

20
★6枚目のシングル「キャント・バイ・ミー・ラヴ」発売 (1964)
★映画『ヘルプ!』用に「涙の乗車券」のシーンをアルプスで撮影 (1965)
★ジョン、オノ・ヨーコと結婚 (1969)

21
★ジョン、「ゲッティング・ベター」を録音中に"ひとりぼっちのあいつ"に (1967)
●ニューヨークのセントラル・パーク内で、ミニ庭園"ストロベリー・フィールド"の着工式が行なわれる (1984)

22
★デビュー・アルバム『プリーズ・プリーズ・ミー』発売 (1963)
●アメリカ編集盤『アーリー・ビートルズ』発売 (1965)

23
★ジョンの初の著作集『イン・ヒズ・オウン・ライト』出版 (1964)
★フィル・スペクター、『ゲット・バック』を再プロデュース (1970)

24
★映画『ヘルプ!』、イギリスで撮影を続行 (1965)
●ウイングス、アルバム『ヴィーナス・アンド・マース』の完成記念船上パーティを開催 (1975)

25
★"ブッチャー・カヴァー"を撮影 (1966)
★ジョンとヨーコ、アムステルダムで平和のための"ベッド・イン" (1969)

26
●リンゴ、ビートルズの臨時ドラマーを3ヵ月ぶりに務める (28日も) (1962)
★ポール、「カミング・アップ」のMVを撮影 (1980)

27
●スチュが書いた手紙に"ビートルズ"登場 (1960)
★リンゴの初のソロ・アルバム『センチメンタル・ジャーニー』発売 (1970)
●リンゴ、バック・オーウェンズと「アクト・ナチュラリー」を録音 (1989)

28
●『サンク・ユア・ラッキー・スターズ』に最後 (11回目) の出演 (1965)
★ディック・ジェイムス、ノーザン・ソングスの株をATVに売却 (1969)
★ジョンとポール、ロサンゼルスのジョンの借家でジャム・セッション (1974)

29
★ビートルズのレコード、ソ連で初めて公式発売 (1986)

30
★アルバム『サージェント・ペパー』のジャケット写真を撮影 (1967)

31
★映画『ハード・デイズ・ナイト』用のライヴ・シーンを収録 (1964)

※カッコ内の数字は西暦
★は本文で詳述した出来事

3.1 (1969年)
ポール、メリー・ホプキンのシングル「グッドバイ」を プロデュース

メリー・ホプキン「グッドバイ」
(1969年／写真は日本盤)

メリー・ホプキンのアップルからのデビュー・アルバム『ポスト・カード』(69年2月21日発売) に続き、ポールがメリーのために69年2月に書いた「グッドバイ」が69年3月1日にレコーディングされ、ポールがプロデューサーとして立ち会った。ポールはギター、ベースに加え、膝を叩いてパーカッション風の音を出している。アップルのオフィシャル・ヴィデオにはこの日のレコーディング風景も出てくるが、ポールがメリーに一所懸命に (?) 説明したり、メリーと一緒にコーラスをつける若い女性の姿が出てきたりと、貴重な場面が多数観られる。メリーのデビュー・シングル「悲しき天使」と同じく、アレンジはリチャード・ヒューソン。69年3月28日 (アメリカは4月7日) にセカンド・シングルとして発売され、イギリス2位・アメリカ13位を記録した。

3.1 (1975年)
ジョンとヨーコ、グラミー賞授賞式で和解を公表

75年3月1日、ニューヨークのユリス・シアターで行なわれたグラミー賞授賞式にジョンとヨーコが出席し、和解したことを公表した。報道陣に向かってジョンは「別居は失敗に終わった」と発言。サイモン＆ガーファンクル、デヴィッド・ボウイ、ロバータ・フラックらと顔を見せたジョンは、授賞式でポール・サイモンを相手にこんなやりとりを繰り広げた。
「以前ポールとやっていたんだ。君たちは再結成すれば？」(ジョン)
「君だってどう？」(サイモン)
　対してジョンは、「ノー」と即答した。
　ちなみに、この授賞式から7ヵ月後の10月に、サイモン＆ガーファンクルは5年ぶりの復活シングル「マイ・リトル・タウン」を発表した。

3.2 (1964年)
初の主演映画『ハード・デイズ・ナイト』の撮影開始

　初の主演映画『ハード・デイズ・ナイト』の撮影が64年3月2日からスタートした。まず4人は、撮影現場となるパディントン駅のプラットホームで俳優組合に加入。9日までの8日間、列車での撮影が続けられた。最初の目的地はマインヘッド。ビートルマニアが群がるパディントン駅を、西部地方に向かって5番ホームから出発。熱狂的なファンのせいで閉じ込められてしまったという設定に、列車内の狭苦しい雰囲気はうってつけだった。この列車内のシーンで登場する二人の女子学生役の一人が、のちにジョージと結婚することになるパティ・ボイドである。

ロンドンのパディントン駅のプラットホームで、初の主演映画の撮影に臨む4人
©Evening Standard/Getty Images

3.3（1990年）
ポール、ビートルズ以来となる日本公演開始

ついに実現したポールの日本公演
©Kurita KAKU/Gamma-Rapho/Getty Images

75年と80年の2回も中止になっていた、ビートルズ以来となるポール・マッカートニー（ウイングス）の日本公演がついに実現した。2月28日に成田空港に到着し、今度は無事に入国できたポールは、翌3月1日にMZA有明で記者会見を行ない、「マッチボックス」を肩慣らしに演奏。そして3月3日、ポールの初来日公演がついに始まった。東京ドームで13日まで行なわれた計6回の日本公演では、ウイングス時代にはほとんど演奏されることのなかったビートルズ時代の曲も数多く披露。全国各地で"クローズド・サーキット"（コンサートを実施していない会場の大型スクリーンでの同時中継）も行なわれた。環境保護団体『フレンズ・オブ・ジ・アース』の主旨に賛同したポールは、ステージ上で「チキュウ ヲ マモロウ」と呼びかけた。14日の帰国の際には、成田空港で「マタ キマス！」と宣言。約束どおり、3年後に再来日を果たした。その後、特に2010年代には、「マタ キタカ！」と思えるほどのうれしい来日が続いた。

3.4（1966年）
ジョンの"キリスト発言"を含むインタビュー記事掲載

　66年3月4日、『イヴニング・スタンダード』紙にジョンの単独インタビューが掲載された。仲の良いモーリン・クリーヴに宗教について訊かれたジョンは、「キリスト教はやがてなくなる。縮小して消えてしまうだろう。いま、ぼくらはキリストよりもポピュラーだ。ロックンロールとキリスト教と、どちらが早くなくなるかなんて、ぼくにはわからない。キリストには問題はなかったけど、使徒たちがひどい奴らで普通の人間だったのさ。彼らがそれを捻じ曲げてダメにしているようなものだ」とコメントした。掲載当時、イギリスではいつもながらのジョンらしい冗談として受け流されたが、7月29日にアメリカのティーン向け雑誌『デイトブック』に部分的に転載された直後、アメリカでは「冗談じゃない」と保守層を中心に大問題へと発展した。

　ちなみにモーリン・クリーヴは63年から66年にかけてビートルズの取材も数多く行なっており、「ア・ハード・デイズ・ナイト」と「ヘルプ！」の歌詞にも協力し、「ヘルプ！」を書く際にはジョンにもっと複雑な言葉を使って歌詞を書くべきだと助言。ジョンは"Self Assured""Insecure"などの単語を選んだ。

3.5 (1964年)
ドイツ語版シングル「抱きしめたい」「シー・ラヴズ・ユー」、西ドイツで発売

ビートルズ「抱きしめたい／シー・ラヴズ・ユー」(1964年／写真はドイツ盤)

　64年1月29日にパリでレコーディングされたドイツ語の「抱きしめたい」と「シー・ラヴズ・ユー」が、3月5日に西ドイツで発売された。1月29日の項目に「スタジオになかなか姿を現わさなかった」と書いたが、より具体的に言うと、スタジオにやって来ない4人のことを、ロード・マネージャーのニール・アスピノールは、ジョージ・マーティンにこう伝えたそうだ──「彼らはホテルで寝ています。スタジオには行かないそうです」。ジョージ・マーティンがホテルに乗り込むと、4人は校長が教室に入ってきたかのようにあたふたし、おどけながら謝ったという。

　ちなみにドイツ語の歌詞は、歌手・DJ・テレビ司会者などで幅広く活躍したキャミロ・フェルゲンがEMIの要請を受けてスタジオに来て、4人の発音も確認したという。「抱きしめたい」と「シー・ラヴズ・ユー」にクレジットされている (フルネームで) "Jean Nicolas、Heinz Hellmer、Lee Montague" の3名は、すべてキャミロ・フェルゲンの別名である。

3.6 (1970年)
22枚目のシングル「レット・イット・ビー」発売

　ビートルズの最後 (22枚目) のオリジナル・シングル「レット・イット・ビー」が、70年3月6日にイギリスで発売された (アメリカは3月11日)。14歳の時に他界した母メアリーが夢に出てきて「あるがままに」というメッセージを伝えたとポールが言う、ビートルズとポールの代表曲だ (実際に夢に出てきたのはロード・マネージャーのマル・エヴァンスだったことがのちに判明)。『NME』誌は、こんな評を載せた──「深い哲学的な詞を持ったバラードで、ポール・マッカートニーにより、表情豊かに歌われる。強いタッチのピアノで始まり、着実なビートを保ち、ヴォーカルの影で、天にも昇るような聖歌隊が全面的にサポートしている。(中略) 間違いなく高品質の印を押せるだろう」。

シングルにはジョージ・マーティンがプロデュースしたヴァージョンが採用され、アルバム『レット・イット・ビー』に収録されたフィル・スペクターのプロデュースによるヴァージョンとはギター・ソロやドラムのハイハットの響きなどに違いがみられる。アメリカでは1位を記録したが、イギリスでは3位止まりに終わった。イギリスで1位にならなかったのは、「今後はシングル・レコードの返品は受け付けない」というEMIの方針に対してノース・ウェスト地区のレコード店が猛反発し、500店が「レット・イット・ビー」の仕入れをボイコットする事態が発生したのが一因だといわれている。

ビートルズ「レット・イット・ビー」（1970年／写真は日本盤）

3.7 (1962年)
BBCのラジオ番組に初出演

62年2月12日にBBCラジオのオーディションに合格したビートルズは、3月7日にマンチェスターのプレイハウス・シアターでラジオ初出演となるBBCラジオの公開録音番組『ティーンエイジャーズ・ターン／ヒア・ウィ・ゴー』(30分)用の収録を行なった。観客を前にスーツを着て演奏したのも、これが初めての経験だった。演奏されたのは、ロイ・オービソンの「ドリーム・ベイビー」、チャック・ベリーの「メンフィス・テネシー」、マーヴェレッツの「プリーズ・ミスター・ポストマン」と、放送されずに終わったオリジナルの「ハロー・リトル・ガール」の計4曲。プロデューサーは、オーディションで合格を決めたピーター・ピルビームで、司会はレイ・ピーターズ。番組は、収録翌日の3月8日午後5時から放送された。

3.7 (1988年)
コンピレーションCD『パスト・マスターズ Vol.1』『パスト・マスターズ Vol.2』発売

87年から88年の初CD化の際に新たに編集されたアルバム『パスト・マスターズ Vol.1』『同 Vol.2』が、88年3月7日に発売された。イギリスのオリジナル・アルバムには未収録のシングル曲を中心に収録されており、『Vol.1』(英49位・米149位)は前期(62年から65年)、『Vol.2』(英46位・米

● 僕は何も憂鬱でこんな顔をしているんじゃないよ。これは僕の地顔なのさ。(リンゴ／64年)

121位）は後期（66年から70年）の曲で構成されている。2009年にリマスター盤が発売された時には、2枚を合わせた『パスト・マスターズ』（ステレオ・ミックス）、と一部収録曲の異なる『モノ・マスターズ』（モノ・ミックス）の2種類発売された。

ビートルズ『パスト・マスターズ Vol.1』と『同 Vol.2』（1988年）

3.8（2016年）
ジョージ・マーティン他界

　2016年3月8日、ジョージ・マーティンが90歳で亡くなった。ビートルズの音楽面での"育ての親"ジョージ・マーティンは、1926年1月3日、ロンドンで生まれた。50年にEMIに入社し、62年にビートルズと出会い、ほぼすべての曲のプロデュースを担当。「イエスタデイ」に弦楽四重奏のアレンジを提案したり「イン・マイ・ライフ」にピアノで参加したりと、"5人目のビートルズ"としてサウンド作りにも貢献した。65年にEMIから独立し、AIRを設立。ポールとの関わりが深く、ウイングスのシングル「007／死ぬのは奴らだ」（73年）やソロ・アルバム『タッグ・オブ・ウォー』（82年）などのプロデュースも手掛けた。96年にはサーの称号を授与された。息子ジャイルズ・マーティンも、父親の後を継ぎ、プロデューサーとしてビートルズ関連諸作の"アーカイヴ・シリーズ"などに関与している。

　2016年5月11日にロンドンのセント・マーティン・イン・ザ・フィールズ教会で執り行なわれた追悼式典には、ポールやヨーコも出席。ポールは、最後にスピーチをこう締めた。

「皆さん、学生時代に一人は好きだった先生がいると思います。僕にとって、ジョージ・マーティンがまさにそういう先生のような存在でした。彼のために仕事をしたくなる、一緒に仕事をしたくなる、そんな存在でもあったのです。私も、私の家族も彼のことを愛しています。彼を知ることができて光栄だし、友人になることができて誇りに思います。ありがとう、ジョージ」。

3.9 (1963年)

クリス・モンテス、トミー・ロウとともに
2度目のイギリス・ツアー開始

　ヘレン・シャピロらとのイギリス・ツアーを終えたばかりのビートルズは、63年3月9日から新たなツアーをスタートさせた。このツアーは、アメリカの人気歌手クリス・モンテスとトミー・ロウをメイン・アクトとし、それぞれが第1幕と第2幕のトリを務めることになっていた。だが、「プリーズ・プリーズ・ミー」のヒットでビートルズ人気が急速に高まってきており、観客の盛り上がりは火を見るよりも明らかだった。初日終演後に会議が行なわれ、プロモーターから翌日の公演以降はビートルズをメインに据えることが伝えられた。4人はこの提案を拒否、トミー・ロウも「僕がトリを務められないなら帰らせてもらう！」と激怒した。しかし翌日からビートルズがメインを務めることになり、最終的にはトミー・ロウも彼らの人気を認めざるをえなかった。31日まで続いたツアー中、風邪をひいたジョンは12日からの3日間は休養し、その間は3人で演奏。最初の"スリートルズ"はこうして実現した。

3.10 (1976年)

リンゴ、EMIを離れ、新たなレコード契約を結ぶ

　76年1月26日にEMIとの契約が切れ、レコード会社に関してもそれぞれ新たな道を歩むことになった4人。リンゴは3月10日に、イギリスと日本ではポリドール、アメリカではアトランティックと契約を結んだ。移籍第1弾となる5枚目のアルバム『リンゴズ・ロートグラヴィア』は76年9月17日（アメリカは27日）に発売され、イギリスで28位、アメリカで56位を記録。アルバムのプロモーションとCM撮影を兼ねて、発売1ヵ月後の10月17日に10年ぶりに来日した。

3.11 (1997年)

ポール、ナイトの爵位称号を授与

　65年10月26日にビートルズのメンバーとしてMBEを授与したのに続き、97年3月11日にポールにナイトの爵位に叙せられた。ポールは「最高の一日。両親も誇りに思ってくれると思う」と喜びを語った。

ポール、リンダ・イーストマンと結婚

　69年3月12日、ポールとリンダ・イーストマンが、ロンドンのセント・ジョンズ・ウッド教会で結婚式を挙げ、メリルボーン登記所に婚姻

結婚式の2日後（3月14日）、ニューヨークのリンダの父の元へと向かうポール、リンダ、ヘザー
©Bettmann/Getty Images

届を提出した。前日に二人は映画『マジック・クリスチャン』撮影中の
リンゴの元を訪れ、結婚のことを話した。「彼の祝福の一言が僕らに勇
気を与えてくれた」(ポール)。

　式に出席したのはポールの弟のマイク・マクギアや、ビートルズのロー
ド・マネージャーのマル・エヴァンス、リンダの娘ヘザー、アップル
の重役を務めたピーター・ブラウンなど。ビートルズの他のメンバーは
誰も顔を見せなかった。

3.12 (1974年)
ジョン、ハリー・ニルソンと悪酔いして店から追放

　ジョンとヨーコの別居 ("失われた週末") 中の74年3月12日 (正確には3月
13日0時20分頃) に、酔いどれ仲間のハリー・ニルソンと足を運んだロサ
ンゼルスのトルバドール・クラブで、ジョンはステージ上のスマザー
ズ・ブラザーズに暴言を吐き、クラブからつまみ出された。ジョンは店
から駐車場に移動する最中もわめき続け、従業員に向かって「俺を誰だ
と思っているんだ!　エド・サリヴァンだ!」と叫んだという。ジョン
は3月14日にニルソンとの連名でクラブに謝罪の花束を贈り、トルバド
ール・クラブのオーナーのダグ・ウェストンに直接謝罪したという。

3.13 (1964年)
映画用に「キャント・バイ・ミー・ラヴ」のシーンを撮影

　64年3月13日の朝10時から、ロンドン南部の空港ガドウィック・エア
ポート・サウスで、映画『ハード・デイズ・ナイト』の最後の場面に使わ
れるヘリコプターに飛び乗るシーンが撮影された。昼食後には、ヘリコプ
ターの離着陸台の周りではしゃぐ場面も撮影され、この日の作業は終了。
「キャント・バイ・ミー・ラヴ」が流れる映画の最後の場面に使用された。

3.14 (1965年)
映画『ヘルプ!』の撮影をオーストリアで続行

　65年2月23日にバハマ諸島からスタートした2作目の主演映画『ヘル
プ!』の撮影は、バハマから戻って2日後の3月14日、場所をオーストリ
アの山中アルプスのオブローン・スキー場に移して再開された。オース

●イギリスのゼリービーンズは軟らかいのに、アメリカのは固くてまるで弾丸なんだ。(ジョージ/64年)

トリアでの撮影は、20日まで1週間続いた。

3.14 (1970年)
リンゴ、「センチメンタル・ジャーニー」のMVと
アルバム・ジャケットを撮影

　ジョージ・マーティンのプロデュースで制作されたリンゴ初のソロ・アルバム『センチメンタル・ジャーニー』の宣伝用ヴィデオとアルバム・ジャケットが、70年3月14日に撮影された。アルバム・ジャケット

リヴァプールの「エンプレス・パブ」（2019年10月9日撮影）

は、リンゴが幼少期に親しんでいた曲のイメージに合うようにと、父母の離婚後に母に引き取られ、幼少時代を過ごしたリヴァプールのアドミラル・グローヴの自宅近くにある「エンプレス・パブ」で撮影された。当時ここに勤めていた母もジャケットに登場している。

3.15 (1968年)
17枚目のシングル「レディ・マドンナ」発売

イギリスでの17枚目のシングルとなる「レディ・マドンナ」が、68年3月15日（アメリカは3月18日）に発売され、イギリスで1位・アメリカで4位を記録した。67年までのサイケデリックなサウンドから一転、ジャズ系のサックス奏者を4人起用し、50年代のロックンロール調の曲へと転換したポールの作品。「ファッツ・ドミノを想定して書いた」とポールも言うように、ニューオーリンズを意識した

ビートルズ「レディ・マドンナ」
（1968年／写真は日本盤）

サウンド作りだが、参考にしたのは、ジョージ・マーティンがプロデュースしたハンフリー・リトルトン・バンドの「バッド・ペニー・ブルース」(56年) だった。B面には、シングルでは初めてジョージの曲（「ジ・インナー・ライト」）が収録された。もともとジョージが初のソロ作『不思議の壁』用に書いた曲で、ジョージ以外のメンバーは演奏に参加していない。

3.16 (1972年)
ジョン、アメリカ移民局から60日以内の国外退去命令

"反戦運動"に入れ込むジョンとヨーコに対して、アメリカ（ニクソン）政府とFBIは危険人物として目をつけていた。そんな二人に、72年3月16日にアメリカの移民局から国外退去命令が下された。二人は短期滞在ビザでアメリカに入国していたが、2月末で期限切れとなり、新たな申請の手続きのため15日間の延長を認められていた。ところが、移民局は6日になって突然ビザの延長を取り消し、16日にはアメリカから出ていくようにという正式命令を出した。表向きの理由は、68年の大麻不法所持によってジョンが受けた有罪判決にあったが、実際には、新左翼政治活動家と行動を共にすることの多いジョンの影響力を警戒したニクソン

政府の差し金だった。

3.17 （1965年）
映画『ヘルプ!』、オーストリアでカーリングの
シーンなどを撮影

映画『ヘルプ!』の、オーストリアのアルプスでの撮影は、バハマとはうって変わって真冬のスキー場になったため、スタッフ全員が体調を崩してしまうほど、寒暖の差が激しかった。だが、「これはホリデー映画だから。対照的なリゾート地で撮影ができるんだから贅沢なもの」と制作者のウォルター・シェンソンは涼しい顔だった。65年3月17日には、日本では当時はほとんど知られていなかったイギリス（スコットランド）発祥のカーリングの場面が撮影された。とはいえ、カーリングで楽しむ4人よりも、厚い氷に丸く穴が開いたその下から顔を出し、「ドーバー海峡はどっち？」と尋ねるマル・エヴァンスの姿がより印象的だった。ちなみにマルは、撮影を繰り返すハメになり、水面下のあまりの寒さに凍え死にしそうになったらしい。

3.18 （1973年）
ウイングスのテレビ特番
『ジェームズ・ポール・マッカートニー』収録

73年3月18日、ウイングスはイギリスATVの特別番組『ジェームズ・ポール・マッカートニー』のハイライトとなるスタジオ・ライヴを行なった。ATVのボーラムウッド・スタジオに集まった観客を前に、「ザ・メス」「恋することのもどかしさ」「ロング・トール・サリー」など、熱気あふれる演奏を披露。集まったファンだけでなく、ATVの社長サー・ルー・グレイドも「ポールとリンダのようなめったにない才能の持ち主と仕事ができたことは大いなる喜びである」とコメントした。

3.18 （1996年）
未発表音源を収録したアルバム『アンソロジー 2』発売

新曲「リアル・ラヴ」を収録した"アンソロジー・シリーズ"の第2弾

となる『アンソロジー2』が、96年3月18日に発売された（イギリス・アメリカともに初登場1位を記録）。65年のアルバム『ヘルプ！』から68年のシングル「レディ・マドンナ」までのセッションやライヴ音源でまとめられたこの第2作では、ライヴ活動を停止し、スタジオ録音に没頭していく過渡期のビートルズの変遷を知ることができる。また、ライヴ活動期最後を飾る音源として、66年の来日公演から「ロック・アンド・ロール・ミュージック」と「シーズ・ア・ウーマン」の2曲が選ばれている。

ビートルズ『アンソロジー2』
（1996年）

3.19 (1964年)
1963年度ショー・ビジネス・パーソナリティ賞を受賞

　63年3月19日、ロンドンのドチェスター・ホテルで開催されたヴァラエティー・クラブ主催の昼食会で、ビートルズが63年度ショー・ビジネス界のパーソナリティ賞を受賞。労働党党首ハロルド・ウィルソンから賞を受けた。ウィルソンは「タックスマン」の歌詞にも登場した人物で、キャヴァーン・クラブの再開やMBE勲章授与の後押しをした人物でもあった。

3.20 (1964年)
6枚目のシングル
「キャント・バイ・ミー・ラヴ」発売

　6枚目のオリジナル・シングル「キャント・バイ・ミー・ラヴ」が、64年3月20日（アメリカは3月16日）に発売され、イギリス・アメリカともに1位を記録した。"愛はお金じゃ買えない"とポールが歌うビートルズ初のメッセージ・ソング。ブルース&ジャズ風味もあるダイナミックなロックは、ライヴでも迫力満点で、ポールは2015年の武道館での"特別公演"の1曲目に披露してファンを

ビートルズ「キャント・バイ・ミー・ラヴ」（1964年／写真は日本盤）

喜ばせた。2017年の日本公演では普通に3曲目に演奏、である。

3.20 (1965年)
映画『ヘルプ!』用に「涙の乗車券」のシーンを
アルプスで撮影

映画『ヘルプ!』には、特に有名な場面がいくつかあるが、65年3月20日に撮影された「涙の乗車券 (ティケット・トゥ・ライド)」のスキーの登場シーンもそのひとつ。撮影に際して監督には「ふざけること」を要求されたそうだが、撮影に入る前の休暇中にジョンがスイスでスキーを体験した以外、4人はほぼスキーは初めてだった。撮影初日にポールはインストラクターに「素質がある」と言われたものの、高度な技術が必要とされるシーンはすべてスタントマンが滑っている。スタントマンとビートルズは同じ黒いスキーウェアをまとっているため、ビートルズだと思いこんでスタントマンにサインをねだるファンも多かったという。モーリンも、間違えて"偽リンゴ"に後ろから抱きついてしまったらしい。

3.20 (1969年)
ジョン、オノ・ヨーコと結婚

ジョンとヨーコは69年3月20日、スペインのジブラルタルにある登記所で結婚式を挙げた。式は朝8時から行なわれて3分間で終了するという簡単なものだった。ジョンは、ジブラルタルを選んだ理由として「静かで、人々が友好的で、イギリス領であるから」と語ったが、当初二人は海上で結婚することを希望していた。のちに発売されるシングル「ジョンとヨーコのバラード」の歌詞にあるように、イギリス南部のサウサンプトンから船でフランスに渡ろうとしていたが、彼らのパスポートに問題があるとして拒否され、仕方なく飛行機でパリに飛び、アップルの社員ピーター・ブラウンから提案されるままジブラルタルまで専用ジェットでブルージェット空港に到着した。式に立ち会ったのはピーター・ブラウン(「ジョンとヨーコのバラード」の歌詞とMVに登場)と洋服屋のトーマス・ターナーの二人のみ。ヨーコは白いミニスカートにハイソックス、ジョンは白のジャケットとズボンという、白づくめの服装だった。

結婚式後、専用ジェットでジブラルタルに到着したジョンとヨーコ
©Simpson/Express/Getty Images

3.21 (1967年)
ジョン、「ゲッティング・ベター」を録音中に
"ひとりぼっちのあいつ"に

　67年3月21日、「ゲッティング・ベター」のレコーディング中、ジョンは気分が悪くなり、ジョージ・マーティンは、新鮮な空気を吸うようにと彼をスタジオの屋上に連れて行った。だが、しばらくしてジョンの不在に気づいたポールが不審に思い、マーティンとともに屋上に向かうと、低い柵しかないところで今にも飛び降りてしまうのではないかという状態のジョンを発見。抱えるようにしてスタジオに連れ戻した。マーティンは4人がドラッグを使用していることを全く知らず、4人もまた彼の目に触れないところで隠れて摂取していたという。

3.22 (1963年)
デビュー・アルバム『プリーズ・プリーズ・ミー』発売

　63年3月22日、記念すべきファースト・アルバム『プリーズ・プリーズ・ミー』がイギリスで発売された。アルバムは3月29日付のチャートに9位で初登場し、7週間後の5月8日付で1位を獲得。以後29週間（計30週）にわたってその座を守った。このアルバムを1位から引きずり落としたのがセカンド・アルバム『ウィズ・ザ・ビートルズ』（63年11月22日発売）だったというのだから、ビートルズ

ビートルズ『プリーズ・プリーズ・ミー』(1963年)

旋風がいかにすごかったかがわかる。ちなみに日本でこのイギリス盤と同じ曲目で構成されたレコードは、66年5月25日に来日記念盤として発売された『ステレオ！これがビートルズ Vol.1』だった。ただし曲順やジャケットはイギリス盤とは異なっていた。

3.23 (1964年)

ジョンの初の著作集『イン・ヒズ・オウン・ライト』出版

　64年3月23日に、ジョンの詩やイラストからなる初の著作集『イン・ヒ

ズ・オウン・ライト（邦題『絵本ジョン・レノンセンス』）が刊行された。原題は "RIGHT" を "WRITE" に置き換えた『IN HIS OWN WRITE』。邦題のとおり、ジョンならではの"ナンセンス"な文章やイラストを詰め込んだもので、全79ページの、薄いカバーを使用したこの本の表紙の写真やデザインは、ビートルズのアルバム・ジャケットを撮影したロバート・フリーマンが手掛けた。序文はポールが書いている。全編、言葉遊びに彩られた難解な内容でもあったが、ジェイムズ・ジョイスやルイス・キャロルなどを小さい頃から

ジョン・レノン『絵本ジョン・レノンセンス』（1964年）

●僕らの曲は全部反戦歌だ。（ジョン／64年）

愛読していたジョンのユニークな言葉感覚が文学界からも称賛された。

　ジョンは「思いついたことを紙切れに書いてポケットに押し込んでいた」とか「あれはユーモアのスタイルで、学生時代から書いていたもの。意味はない。深みなんか何もない。面白おかしく書いただけ」と語った。4月23日に文学昼食会に招かれた際にいきなりコメントを求められたジョンは、緊張のあまり「どうもありがとうございます。光栄に思います」と、気の利いたコメントは全く残せず、会場をしらけさせた。初版5万部は即完売となり、1年間でイギリスとアメリカで40万部を売り上げた。68年6月には、この本をもとにした、ヴィクター・スピネッティ（ビートルズの映画にも出演した俳優）演出による舞台も制作された。

3.23 (1970年)
フィル・スペクター、『ゲット・バック』を再プロデュース

　グリン・ジョンズが二度も編集作業を進めたにもかかわらず、メンバー（特にジョンとポールだろう）からOKが出ず、棚上げになっていたアルバム『ゲット・バック』。映画『レット・イット・ビー』の公開も決まり、それに合わせるためにアラン・クラインはフィル・スペクターの起用を思いつき、イギリスに呼び寄せた。ジョンの初ソロ・シングル「インスタント・カーマ」での手際の良い作業っぷりを気に入ったジョンとジョージは、ポールの承諾なしに『ゲット・バック』のプロデュースをフィルに依頼。

　そして70年3月23日、フィル・スペクターがEMIスタジオで、映画のサウンドトラック盤『レット・イット・ビー』となるアルバムの作業を

4月2日まで行なった。フィルは、グリン・ジョンズの残した『ゲット・バック』の"ヴァージョン2"に手を着け、この日は、「アイヴ・ガッタ・フィーリング」「ディグ・ア・ポニー」などを編集し、「ディグ・ア・ポニー」の冒頭にあったコーラスをカットした。アラン・クラインとジョージは、ほとんどの作業を見届けていたという。

3.24 (1965年)
映画『ヘルプ!』、イギリスで撮影を続行

バハマとアルプスでのロケを終えたビートルズは、65年3月24日より、ロンドンのトゥイッケナム・フィルム・スタジオで再び映画の撮影に入った。この日は、ジョン、ポール、ジョージが、寺院の祭壇から水中に飛び込むシーンが撮影された。

3.25 (1966年)
"ブッチャー・カヴァー"を撮影

66年3月25日、キングスロードにあるスタジオで、ロバート・ウィタカーによるフォト・セッションが行なわれた。ウィタカーは、64年6月、ビートルズのオーストラリア公演の際に地元の新聞用にブライアン・エプスタインのインタビュー写真を任され、それが縁で66年までエプスタインのNEMS専属のカメラマンとなった人物。このあと日本公演にも同行したウィタカーは、奇を衒った写真を得意とし、それを特にジ

ビートルズ
『イエスタデイ・アンド・トゥデイ』
("ブッチャー・カヴァー")(1966年)

ョンとポールは面白がっていた。そこで肉の畜殺人に扮した白衣の4人が、肉片やキューピー人形などと一緒に写るというあまりにグロテスクな写真——通称"ブッチャー・カヴァー"がこの日に撮影された。それがアメリカ編集盤『イエスタデイ・アンド・トゥデイ』(66年6月20日発売)のジャケットと、シングル「ペイパーバック・ライター」のイギリスでのプロモーション用に使用された。イギリスでは問題が起きなかったが、アメリカでは物議を醸し、即座に回収され、"トランク・カヴァー"と呼ばれる無難な (面白味のない) ジャケットが上に貼られて再発売された。

3.25 (1969年)
ジョンとヨーコ、
アムステルダムで平和のための"ベッド・イン"

69年3月20日に結婚したジョンとヨーコは、自分たちの新婚旅行も平和のためのイヴェントとして活用することにした。二人は、3月25日から31日にかけてアムステルダムのヒルトン・ホテルの902号室を1週間借り切り、マスコミに平和・反戦運動を宣伝してもらうために最初の"ベッド・イン"を行ない、全世界に向けて平和を訴えた。

アムステルダムのヒルトン・ホテルで"ベッド・イン"中のジョンとヨーコ
©Mirrorpix/Getty Images

3.26 （1980年）
ポール、「カミング・アップ」のMVを撮影

　ポールの10年ぶりのソロ・アルバム『マッカートニー II』からの先行シングル「カミング・アップ」のMVが、80年3月26日に撮影された（4月11日に発売され、イギリスで2位・アメリカで1位を記録）。収録に際してポールは、バディ・ホリーやハンク・マーヴィン、ビートルズ時代の"自分"も含めて9人に扮した。2役で出演したリンダを含む総勢11名のバンド名は、"プラスティック・マックス"。68年12月10日にジョンがヨーコとローリング・ストーンズのテレビ映画に出演した際に付けたバンド名"ダーティ・マック"とプラスティック・オノ・バンドを合わせて茶化したポールらしい絶妙のユーモア感覚だ。マイク片手に中央で歌うポールは、90年の日本公演で同じくマイク1本を握りしめて「P.S. ラヴ・ミー・ドゥ」を歌った時のようなカッコ悪さは微塵もなかった。

　ちなみにジョンは、ロング・アイランドのコールド・スプリング・ハーバーに到着した翌日（80年4月10日）、車中のラジオから流れてきた「カミング・アップ」が「頭から離れない」ほど印象に残ったという。その話を後で耳にしたポールは、「ジョンがレコーディングを再開するきっかけになった1曲だよ」と喜んだ。

3.27 （1970年）
リンゴの初のソロ・アルバム
『センチメンタル・ジャーニー』発売

リンゴ・スター『センチメンタル・ジャーニー』（1970年）

　リンゴの初のソロ・アルバム『センチメンタル・ジャーニー』が70年3月27日（アメリカでは4月24日）に発売された。リンゴが母や親戚の意見を聞いて選曲したというジャズ・スタンダード作品集で、レコーディングは、ジョージ・マーティンのプロデュースによりビートルズ解散前の69年10月27日に始まった。全編スタンダード・ナンバーのカヴァー集となったこのアルバムでは、リンゴは歌うことに専念し、ドラムは叩いていない。「スターダスト」のアレンジはポールが手掛けた。

3.28（1969年）
ディック・ジェイムス、
ノーザン・ソングスの株をATVに売却

　ブライアン・エプスタインとディック・ジェイムスが63年に設立した、楽曲管理を行なう音楽出版社ノーザン・ソングス。ディック・ジェイムスは、69年3月28日に、自身が持つそのノーザン・ソングスの株をATVに売却した。すると、ビートルズ側とATVの間で残りの株の買い取りが始まったが、ビートルズ側が敗北。その結果、ATVがノーザン・ソングスの筆頭株主となり、ビートルズのビジネス・マネージャーだったアラン・クラインが、ビートルズの持ち株をジェイムスの倍の値段でATVに売ることで決着がついた。その後、紆余曲折を経て、85年にマイケル・ジャクソンがATVの音楽部門の版権を買い取り、ビートルズの主要楽曲の権利を手に入れ、マイケルの死後、マイケルの株をソニーが7億5000万ドル（約840億円）で買い取った。

3.28（1974年）
ジョンとポール、
ロサンゼルスのジョンの借家でジャム・セッション

　74年3月22日からサンタモニカのビーチ・ハウスで暮らし始めたジョンとメイ・パンのもとを、たまたまニューヨークに来ていたポールとリンダが子どもたちと一緒に訪ねた。ジョンの滞在は、バーバンク・スタジオでハリー・ニルソンのアルバム『プシー・キャッツ』をプロデュースすることが主な目的だったが、レコーディングのない日曜日に、ジョンはニルソンやリンゴやキース・ムーンなどの友人（酔いどれ仲間）を集めて借家でセッションを行なうことを計画した。そして3月28日、ジョンとポールは、そこに居合わせたメンバーとジャム・セッションも始めたのだ。ジョンとポールは「ミッドナイト・スペシャル」を演奏。二人の“共演”は、69年8月の『アビイ・ロード』セッション以来のことだった。31日にもポールとリンダが深夜にジョンの借家ビーチ・ハウスを訪れ、その時はニルソンやスティーヴィー・ワンダーも加わり、「ルシール」「スタンド・バイ・ミー」ほか往年のロックンロールやR&Bのスタンダード曲のセッションを、夜を徹して楽しんだという。

　ちなみに、28日に久しぶりに顔を合わせたジョンとポールは、最初に

こんな言葉を交わしたそうだ。

「ヴァリアント・ポール・マッカートニーかい？」（ジョン）

「サー・ジャスパー・レノンさんですね？」（ポール）

「ヴァリアント」と「ジャスパー」は、ビートルズが63年12月のクリスマス・ショーで寸劇を披露した時の二人の名前である。

3.29（1986年）
ビートルズのレコード、ソ連で初めて公式発売

　86年3月29日、ビートルズのアルバムがソ連で初めて（公に）発売された。それ以前は、たとえば『リボルバー』と『サージェント・ペパー』や、『マジカル・ミステリー・ツアー』と『イエロー・サブマリン』が2枚組として発売されていた（ジャケットも、微妙に異なるへなちょこな体裁に変更）。ちなみにポールは、88年にソ連限定でアルバム『バック・イン・ザ・U.S.S.R.』を発表した（91年に全世界でCD化された）。

3.30（1967年）
アルバム『サージェント・ペパー』のジャケット写真を撮影

　67年3月29日にニュー・アルバムのタイトルが『サージェント・ペパーズ・ロンリー・ハーツ・クラブ・バンド』であると発表された翌30日に、ジャケットの撮影が、キングスロードの外れにあるマイケル・クーパーのチェルシー・フォトグラフィック・スタジオで行なわれた。

　二十世紀の歴史的人物を一堂に集めた記念写真というアイディアを出したのはポールで、懇意にしていた美術商のロバート・フレイザーに相談したところ、新進気鋭のポップ・アーティストだったピーター・ブレイクを紹介され、ピーターはポールに「公園でコンサートを終えたばかりのバンドが観客と一緒に記念撮影をする」というコンセプトを提案した。さらに、さまざまな人物の等身大の看板を作り、その真ん中にカラフルなミリタリールックに身を包んだビートルズの4人が立つという案も出した。そのアイディアを気に入った4人は早速人物リストを作り、スタッフはジャケットに登場するすべての人たちの承諾をとりつけた。中には、66年の日本公演の際にジョンが購入した福助や、66年12月7日にポール宛に請求書の届いたソニー製の9インチのポータブルテレビ（72.9ポンド）も含まれていた。その一方で、肖像権以外の請求をした俳優

ビートルズ『サージェント・ペパーズ・ロンリー・ハーツ・クラブ・バンド』のアルバム・ジャケット

のレオ・ゴーシーやガンジー、ヒトラーなどは削除された。ビートルズの衣装はイギリスの演劇界で有名な衣装屋バーマンズによるスペシャル・メイド。当初は救世軍の制服を着る予定だったそうだ。ポールとジョージは胸に MBE 勲章を付け、ジョンはピート・ベストの母モナに頼んで借りた、モナの叔父の勲章を胸に付けた。

3.31（1964年）
映画『ハード・デイズ・ナイト』用のライヴ・シーンを収録

　64年3月31日、映画『ハード・デイズ・ナイト』のクライマックスとなるライヴ演奏場面の撮影が行なわれた。ロンドンのスカラ・シアターには、収録のために350人のファンが集められ、映画用に「テル・ミー・ホワイ」「恋におちたら」「恋する二人」「シー・ラヴズ・ユー」「ユー・キャント・ドゥ・ザット」の5曲が疑似演奏された。（「ユー・キャント・ドゥ・ザット」は収録漏れとなり、『エド・サリヴァン・ショー』で公開された後、メイキング映像として DVD に収録された）。この撮影にはフィル・コリンズ（当時13歳）やリンダ・ルイスも観客の一人として参加していた。

4 April

1
- ★2度目のハンブルク遠征 (1961)
- ●ジョンとヨーコ、空想の国家"ヌートピア"誕生を宣言 (1973)
- ★ジョンの父、フレッド死去 (1976)
- ●シンシア・レノン他界 (2015)

2
- ★アルバム『レット・イット・ビー』完成 (1970)
- ●リンゴ、新たなオール・スター・バンドを率いてツアーを行なうと記者会見で発表 (1992)

3
- ●ポール、公演中のジェーン・アッシャーに会うためアメリカへ (1967)

4
- ★アメリカのビルボード・チャートの上位5位を独占 (1964)

5
- ★ファンクラブ主催のライヴに、前半は革ジャン、後半はスーツで登場 (1962)
- ●映画『ヘルプ！』のインド料理店でのシーンを撮影 (6日も) (1965)

6
- ●EP「ビートルズ・フォー・セール」発売 (1965)
- ★7枚目のアルバム『リボルバー』のレコーディング開始 (1966)

7
- ●ジョージが風疹に罹り、ライヴを休む (8日も) (1962)
- ★ポールとヨーコ、ビートルズの楽曲の版権買い戻しに乗り出す (1982)

8
- ★ジュリアン・レノン誕生 (1963)
- ●ポールとジョージとリンゴとヨーコ、キャピトルとEMIに訴訟を起こす (1987)

9
- ★映画『ハード・デイズ・ナイト』用にリンゴが川沿いを歩くシーンを撮影 (1964)
- ★9枚目のシングル「涙の乗車券（ティケット・トゥ・ライド）」発売 (1965)

10
- ★スチュアート・サトクリフ、21歳の若さで死去 (1962)
- ●アメリカ編集盤『ザ・ビートルズ・セカンド・アルバム』発売 (1964)
- ★『デイリー・ミラー』、ポールのビートルズ脱退を報じる (1970)

11
- ★3枚目のシングル「フロム・ミー・トゥ・ユー」発売 (1963)
- ★19枚目のシングル「ゲット・バック」発売 (1969)
- ●ポール、「マイ・ブレイヴ・フェイス」のMVを撮影 (1989)

12
- ★アストリット・キルヒヘル死去。享年81 (2020)
- ●ジョンとジョージ、インドのリシケシュを離れる (1968)
- ●ジョンのミュージカル『レノン』上演 (2005)

13
- ★3度目のハンブルク遠征。スター・クラブに初出演 (1962)
- ★ポール、EMIスタジオ近くのキャヴェンディッシュ・アヴェニューに自宅を購入 (1965)

14
- ●ローリング・ストーンズのステージを初めて観る (1963)
- ●映画のタイトルが『ヘルプ！』に正式決定 (1965)
- ★ジョンとポールが二人で「ジョンとヨーコのバラード」を録音 (1969)

15
- ★日本でのデビュー・アルバム『ビートルズ！』発売 (1964)
- ★アカデミー賞で映画『レット・イット・ビー』の主題歌が最優秀編曲・歌曲賞を受賞 (1971)

16
- ★初の主演映画の主題歌「ア・ハード・デイズ・ナイト」をレコーディング (1964)
- ●ポール、"アース・デイ・コンサート"に出演 (1993)

17
- ★ポールの初のソロ・アルバム『マッカートニー』発売 (1970)
- ★リンダ・マッカートニー逝去 (1998)

25
- ★「マジカル・ミステリー・ツアー」のレコーディング開始 (1967)

18
- ★ポール、ジェーン・アッシャーと出会う (1963)
- ★ジョン、生前最後のライヴとなったアメリカのテレビ番組に出演 (1975)
- ●リンゴ、ロックの殿堂入り。ポールがプレゼンターを務め、共演も (2015)

26
- ●"ビートルズ解散訴訟"でジョン、ジョージ、リンゴは控訴を断念 (1971)
- ★リンゴのスペシャル番組『Ognir Rrats』放送 (1978)
- ●ポールのソロ・アルバム『タッグ・オブ・ウォー』発売 (1982)

19
- ★ベスト盤『ザ・ビートルズ 1962年〜1966年』『ザ・ビートルズ1967年〜1970年』発売 (1973)

27
- ●シングル「ラヴ・ミー・ドゥ」、アメリカで発売。1位を記録 (1964)
- ★リンゴ、バーバラ・バックと再婚。ポールとジョージが式に参列 (1981)
- ★デニー・レインがウイングス脱退を公表。ウイングス解散へ (1981)

20
- ★アップル、無名アーティストのデモ・テープを公募する広告を音楽誌に掲載 (1968)
- ●ポール、チャリティ・シングル「マージー河のフェリー・ボート」に参加 (1989)

28
- ★ジョンとブライアン・エプスタイン、スペインに休暇旅行 (1963)
- ★テレビ番組『アラウンド・ザ・ビートルズ』を収録 (1964)
- ★ポール、日本武道館で49年ぶりのライヴ (2015)

21
- ★『サージェント・ペパー』のレコーディング終了 (1967)
- ●ポールの"アウト・ゼア・ジャパン・ツアー2015"、京セラドーム大阪から開始 (2015)

29
- ★マダム・タッソー蝋人形館にビートルズの蝋人形が登場
- ★ジョン、サイケデリック・イヴェントでヨーコと再会 (1967)

22
- ★映画『ヘルプ！』のオープニング・シーンを撮影 (1965)
- ★ジョン、アップル・ビル屋上で改名式を行ない、ジョン・オノ・レノンに (1969)

30
- ★映画『ヘルプ！』用に「恋のアドバイス」の演奏シーンを撮影 (1965)
- ★アルバム『ゲット・バック』用に追加録音 (1969)

23
- ★ジョンとポール、ナーク・トゥインズ名義でステージに立つ (1960)
- ●ジョン、フォイルズ文学昼食会に出席 (1964)

※カッコ内の数字は西暦
★は本文で詳述した出来事

24
- ★ジョンとポール、テレビ番組『サタデー・ナイト・ライブ』への飛び入り出演を計画 (1976)

4.1 （1961年）
2度目のハンブルク遠征

　61年4月1日から2度目のハンブルク遠征が始まった。7月1日までの92日間、休みなくトップ・テン・クラブのステージに上がり続け、演奏時間は実に503時間に上った。この時の経験がライヴ・バンドとしての基礎を作り、パフォーマーとしても磨きがかかる大きなきっかけとなった。6月22日（と23日の2日間の可能性もあり）には、ステージでも共演したトニー・シェリダンのバック・バンドとして初のオフィシャル・レコーディングも体験した。また、このハンブルク滞在中に、アストリット・キルヒヘルの提案でヘア・スタイルをピート・ベスト以外はリーゼントからマッシュルーム・カットに変え、ポールがスチュに代わりベーシストに転向することになった。

ハンブルクのトップ・テン・クラブでトニー・シェリダンと初めて共演。右からトニー・シェリダン、ジョン、ジョージ、スチュ
©Ellen Piel - K & K/Redferns/Getty Images

4.1 (1976年)
ジョンの父、フレッド死去

　ジョンの父フレッド・レノン (1912年12月14日生まれ) が癌のため、76年4月1日にブライトンのゼネラル・ホスピタルで死去。63歳だった。ジョンが物心がつく頃に父は失踪。ビートルズが大成功を収めていた64年にマスコミに登場し、メディアを通じてジョンに面会を求めた。対してジョンは無視し続けてきたが、のちに対面。シンシアによると、65年の映画『ヘルプ！』の撮影時にもジョンの元を訪ねてきたという。フレッドは、"ジョンの父"であることも利用してシングル「ザッツ・マイ・ライフ」を65年12月に発表。69年には37歳年下の19歳の女性と再婚し、二人の子どもをもうけた。

4.2 (1970年)
アルバム『レット・イット・ビー』完成

　フィル・スペクターに託された映画のサウンドトラック盤『レット・イット・ビー』の編集作業が、70年4月2日に終了した。4月1日には「アクロス・ザ・ユニバース」「ザ・ロング・アンド・ワインディング・ロード」「アイ・ミー・マイン」の3曲にフィルがオーケストラとコーラスを加えただけでなく、リンゴもその3曲にドラムを追加。これがビートルズのメンバーが参加した最後のセッションとなった。そして4月2日、フィルがその3曲のステレオ・ミックス作業を行ない（「アイ・ミー・マイン」のコーラスを繰り返し51秒長くした）、原点回帰という制作開始当初のコンセプトとは違った形で、『レット・イット・ビー』を完成させた。

4.3 (1967年)
ポール、公演中のジェーン・アッシャーに会うため
アメリカへ

　67年4月3日、ポールはマル・エヴァンスを引き連れて、アメリカ西海岸に向かった。コロラドのデンヴァーで『ロミオとジュリエット』の舞台に出演しているジェーン・アッシャーの21歳の誕生日をサプライズで祝福するためだが、この時の旅行が、後の『マジカル・ミステリー・ツアー』のアイディアの元にもなった。ポールのひらめきが生まれ

たのは6日から8日にかけて、ジェーンとドライブ中に、持参した映画用カメラをデンヴァー公園で回している時のことだった。ポールの頭の中にビートルズが大型バスに乗って不思議なツアーをするというアイディアがひらめいた。「アマチュア映画に凝っていたから自然の成り行きだった」とポール。また作家のケン・キージーが64年に撮ったロード・ムーヴィー（サイケデリックに塗ったバスでLSDをやりながらアメリカ横断旅行するという内容で話題になったが、映画化されず）にもヒントを得ていた。

4.4 （1964年）
アメリカのビルボード・チャートの上位5位を独占

　64年4月4日、アメリカの『ビルボード』誌のシングル・チャートで、ビートルズの曲が上位5位を独占するという未曽有の記録を打ち立てた。1位「キャント・バイ・ミー・ラヴ」、2位「ツイスト・アンド・シャウト」、3位「シー・ラヴズ・ユー」、4位「抱きしめたい」、5位「プリーズ・プリーズ・ミー」である。翌11日のチャートでは、トップ100に14曲を送り込むという偉業も成し遂げた。これほど多くの曲が同時にチャート・インしたのは、63年にアメリカのマイナー・レーベルで発売されたシングルも、この機に乗じて再発売されたからだが、アルバム・チャートでも、1位『ミート・ザ・ビートルズ』、2位『イントロデューシング・ザ・ビートルズ』と、上位を独占していた。

4.5 （1962年）
ファンクラブ主催のライヴに、
前半は革ジャン、後半はスーツで登場

　62年4月5日、リヴァプールのキャヴァーン・クラブで、ファンクラブ主催のイヴェントが開かれた。司会はボブ・ウーラーで、共演はフォー・ジェイズ。入場者にはビートルズの写真がプレゼントされた。フォー・ジェイズは、主催者の一人だったフリーダ・ケリーがビートルズの4人にどのバンドがいいかと尋ねた際に挙がった名前だった。ステージでは両バンドの共演コーナーがあり、「ママ・ドント・アロウ」という曲はポールがピアノで、ジョンとフォー・ジェイズのビリー・ハットンがギター、ピートがドラムという編成で演奏された。注目されるのは、ビートルズが前半に革ジャン、後半にスーツでステージに登場したこ

この日だけ使用した"the BEATLES"のロゴを掲げ、キャヴァーン・クラブでのファンクラブの集いにまずは革ジャンで登場
©Mark and Colleen Hayward/Getty Images

と。ブライアン・エプスタインのマネージメント能力が徐々に発揮されていく過程を知ることができる1日となった。

　ちなみにフリーダ・ケリーは、62年にブライアン・エプスタインの秘書となり、62年から72年までイギリスの公認ファンクラブの運営に携わった人物で、映画『マジカル・ミステリー・ツアー』にも出演するなど、メンバーに可愛がられた。2013年には自伝的回想映画『愛しのフリーダ（GOOD OL' FREDA）』も公開された。

4.6 (1966年)
7枚目のアルバム『リボルバー』のレコーディング開始

　66年4月6日、半年ぶりに4人がEMIの第3スタジオに顔を揃え、アルバム『リボルバー』のレコーディングを開始した。最初にレコーディン

グされたのは、「Mark I」と名づけられていた「トゥモロー・ネバー・ノウズ」。午後8時から夜中の1時15分までのセッションで、リズム・トラックを3テイク録音。「初めて書いたサイケデリック・ソング」だとジョンが言うこの曲で、ジョンはジョージ・マーティンに「ダライ・ラマと数千人のチベットの僧侶が山の頂で経文を唱えているようなサウンド」を求めたという。また、間奏は普通のギター・ソロではなく、別の音が必要であると判断され、ポールがテープのループを使用することを提案した。その夜、ポールは家から持参したテープに適当にハサミを入れたあとループ状に繋ぎ、それをジョージ・マーティンが効果音として曲中にインサート。結果、ヴォーカルをレスリー・スピーカーに通したり、SE（サウンド・エフェクト）などのテープ・ループを駆使するなどして、ジョンの難題を見事クリアした。

　このセッションから、エンジニアには、63年からセカンド・エンジニア兼テープ・オペレーターとして働いていた二十歳のジェフ・エメリックが、ノーマン・スミスに変わってチーフとして加わった。ジェフは、『リボルバー』以降の斬新な音作りに貢献していく。

4.7 （1982年）
ポールとヨーコ、
ビートルズの楽曲の版権買い戻しに乗り出す

　ポールとヨーコが協力してビートルズの楽曲の版権の買い戻しに乗り出したと、イギリスの『デイリー・エクスプレス』紙が82年4月7日に報じた。だが、2100ポンドの提示をした二人に対して、版権を持つATVのグレード卿が1万ポンドの上積みを要求したため交渉決裂。その後、85年にビートルズの曲の版権をマイケル・ジャクソンが購入した。

4.8 （1963年）
ジュリアン・レノン誕生

　63年4月8日の7時45分、リヴァプールのセフトン総合病院でジョンと最初の妻であるシンシアとの間に長男が生まれ、ジョン・チャールズ・ジュリアン・レノンと名づけられた。ジョンは仕事のため立ち会うことができず、1週間後に対面した。5歳で両親が離婚した後、ジュリアンは母シンシアと暮らし、84年にアルバム『ヴァロッテ』でデビュー。

アルバム・タイトル曲「ヴァロッテ」は父親そっくりのメロディ、サウンド、ヴォーカルがビートルズ・ファン以外にも話題となり、アメリカで9位を記録。セカンド・シングル「トゥ・レイト・フォー・グッドバイ」も5位を記録し、アルバムも17位まで上がるヒットとなった。85年と86年には日本公演も行ない、「イット・ウォント・ビー・ロング」や「デイ・トリッパー」などのビートルズ・ナンバーも披露した。周知のように、「ヘイ・ジュード」(68年) は、ジョンとシンシアが離婚して落ち込んでいるジュリアンを励ますためにポールが書いた曲である。

4.9 (1964年)
映画『ハード・デイズ・ナイト』用に
リンゴが川沿いを歩くシーンを撮影

64年4月9日、ウエスト・イーリングの住宅街で撮影されたリンゴのシーン (一人の夫人のために、リンゴが水たまりにコートをかけ、歩きやすくしてあげるシーン) で映画『ハード・デイズ・ナイト』はクランク・アップした。午後にはビートルズを含む出演者とスタッフ全員が集まり、打ち上げパーティが行なわれた。

4.9 (1965年)
9枚目のシングル「涙の乗車券 (ティケット・トゥ・ライド)」発売

イギリスでの9枚目のシングルとなる「涙の乗車券 (ティケット・トゥ・ライド)」が、65年4月9日に発売され (アメリカは4月19日発売)、イギリス・アメリカともに1位を記録した。ジョンの曲だが、演奏ではポールも負けていない。サビの終わりやエンディングで、ジョージのお株を奪うチョーキングを多用したギターを弾き、ドラムのリズム・パターンのアイディアを出すなど、アレンジも含めてポールの貢献度大、である。B面もジョン作の

ビートルズ「チケット・トゥ・ライド (涙の乗車券)」(1965年／写真は日本盤)

「イエス・イット・イズ」。発売当時、このシングルの米国キャピトル盤のレーベル面には、ユナイテッド・アーティスツ封切りの映画『エイト・アームズ・トゥ・ホールド・ユー』より、と記載されていた。映画

『ヘルプ！』の仮題であったこのタイトルを早まってクレジットしてしまったことが原因のようだ。ポールがのちに明かしたところによると、原題の"Ticket To Ride"の"Ride"は、「ホエン・アイム・シックスティ・フォー」の歌詞にも出てくるワイト島にある"Ryde"という町と掛けているとのこと。

4.10 (1962年)
スチュアート・サトクリフ、21歳の若さで死去

　ビートルズの元ベーシストで才能ある若き画家、スチュアート・サトクリフが、62年4月10日に急逝した。原因は脳右側の出血による脳麻痺。享年21。ジョン、ポール、ピートの3人は、スチュアートの訃報を翌11日、ハンブルク空港で出迎えたアストリットから聞かされた。12日にはジョージとブライアン・エプスタインが合流し、メンバー全員で悲しみを共有する中、特にポールは生前のスチュとの諍い(いさか)を後悔するばかりだったという。スチュの母ミリーにかける声が見つからず、「僕の母親は14歳の時に死んだ」と言うだけだった。前日から涙を見せず感情を押し殺していたジョンはようやく重い口を開き、ミリーに「スチュが身につけていた長いウールのスカーフを形見として欲しい」と言って、スカーフを譲り受けた。またアストリットに対しては「これからは生きるのか死ぬのか決めるんだ。前に進まなきゃ」と言って、慰めたという。

4.10 (1970年)
『デイリー・ミラー』、ポールのビートルズ脱退を報じる

　ジョンの脱退宣言から半年後の69年4月10日、イギリスのタブロイド紙『デイリー・ミラー』が「ポール、ビートルズを脱退」と大々的に報道した。これは4月17日発売のポール初のソロ・アルバム『マッカートニー』のプレス資料で、グループを離れるのが一時的なのか永久になのかわからないとし、ジョンとの共作活動やビートルズの新作の計画についてすべて「ノー」と返答。これを第一面で報道したことでビートルズからの脱退が公になった。ただし、この資料には脱退という表記はどこにもなかった。アップルは最初は脱退を否定していたものの、その後、正式に発表。ジョンはポールの行為に対して「アルバムの宣伝に使いやがって」と激怒した。

4.11 (1963年)
3枚目のシングル「フロム・ミー・トゥ・ユー」発売

　3枚目のオリジナル・シングル「フロム・ミー・トゥ・ユー」が、63年4月11日に発売され、7週連続1位を記録した。アメリカでは63年5月27日にヴィージェイから発売され116位までしか上がらなかったが、アメリカ上陸前の64年1月30日に「プリーズ・プリーズ・ミー」とのカップリングでヴィー・ジェイから再発売され、3位を記録。売り上げも100万枚を突破した。ジョンとポールが2

ビートルズ「フロム・ミー・トゥ・ユー」（1963年／写真は日本盤）

日で作り、一緒に歌うポップ・ソングで、ポール自身、「重要な作品だよ。ミドル・エイトは曲作りの出発点になり、僕らは一歩進んだ」と、仕上がりに満足したコメントを残している。

4.11 (1969年)
19枚目のシングル「ゲット・バック」発売

　イギリスで19枚目のオリジナル・シングル「ゲット・バック」が、69年4月11日（アメリカは5月5日）に発売され、イギリス・アメリカともに1位を記録した。69年1月の"ゲット・バック・セッション"のテーマともいえるポールの曲。バンド解散の危機を乗り越えるためにポールがジョンに呼びかけた、といわれるスワンプ風のロックで、リード・ギターは珍しくジョンが弾いている。B面には、

ビートルズ「ゲット・バック」（1969年／写真は日本盤）

同じく"ゲット・バック・セッション"で演奏されたジョンの新曲「ドント・レット・ミー・ダウン」が収録された。2曲ともビリー・プレストンがキーボードで参加し、レコードの盤面に"with Billy Preston"と、初めてメンバー以外の演奏者の名前がクレジットされた（69年2月にトライデント・スタジオでジョンとポールのヴォーカルを追加か？）。ただし、プロデュースに関してはジョージ・マーティンとグリン・ジョンズの作業が混在しているため、レコード盤にプロデューサーの記載はない。

僕らがいつも確かめ合っているのは、自分の力量を常に100％発揮すれば落ち目にならないということだ。（ジョン／65年）

4.12 (2020年)
アストリット・キルヒヘル死去。享年81

1938年、ドイツ・ハンブルク生まれの写真家で、デビュー前のビートルズ・ストーリーに欠かせない重要人物の一人でもあったアストリット・キルヒヘルが、2020年4月12日に81歳で亡くなった。髪型や襟なし服、"ハーフ・シャドウ"といわれる撮影など、ビートルズの洗練されたイメージの元となったアイディアを数多く生み出した。幼い頃から黒い服へのこだわりが強かったという彼女のためにジョンとポールが書いたのが「ベイビーズ・イン・ブラック」(64年)だといわれている。

4.13 (1962年)
3度目のハンブルク遠征。スター・クラブに初出演

スチュの死を知らされた2日後の62年4月13日、ビートルズは、ハン

スター・クラブのステージでビート・ブラザーズのロイ・ヤング(ピアノ)と共演する(右から)ジョージ、ポール、ジョン、ピート
©Bert Kaempfert Music - K & K/Redferns/Getty Images

ブルクにオープンしたスター・クラブに出演した。営業時間は夜8時から朝4時まで。バンドの演奏が目当ての音楽ファンから娼婦や用心棒、ストリッパーなど1日の集客は1500人に上った。演奏する店は変わってもビートルズの仕事は相変わらず、酔った客にビールを売るために粗削りなロックンロールを演奏することだった。4人もまたその乱痴気騒ぎに加わった。この日から5月31日まで、7週間にわたり出演し、4月20日を除く48公演で延べ173時間のステージをこなした。ちなみにビートルズはこのツアーで初めて飛行機に乗ったという。

4.13 (1965年)
ポール、EMIスタジオ近くの
キャヴェンディッシュ・アヴェニューに自宅を購入

　ビートルズの4人がリヴァプールからロンドンに移り住んだ63年、ポールは当時の恋人だったジェーン・アッシャーの実家に居候することになり、2年間そこで過ごした。そして65年4月13日、ポールは、EMIスタジオからほど近いキャヴェンディッシュ・アヴェニュー7番地の3階建ての一軒家を、医師のデズモンド・オニールから4万ポンドで購入した（65年3月説もあり）。ポールは莫大な費用をかけて改装を行ない、電動式の高い門やインターホン、さらに家の中にスタジオを設置した。大々的な改装工事のため、ポールはこの家に住むのを66年3月まで待たなければならなかった（65年3月説もあり）。現在でもポールはこの家を所有しており、ビートルズのロンドンの観光名所のひとつとなった。

4.14 (1969年)
ジョンとポールが二人で
「ジョンとヨーコのバラード」を録音

　69年4月14日、EMI第3スタジオでジョンとポールは二人だけで「ジョンとヨーコのバラード」を録音した。リンゴは映画『マジック・クリスチャン』の撮影中で、ジョージはイギリスにはいなかったため参加できない状況だった。いずれにしても、リンゴとジョージには、このセッションのことは知らされなかったという。この日のセッションから、しばらく現場を離れていたジョージ・マーティンとエンジニアのジェフ・エメリックが復帰。ジョンとポールは午後2時半から夜の9時までのセ

ッションでレコーディングを完了させ、午後9時から午前1時までにステレオ・ミックスも完了。予定よりも1時間早くすべての作業を終えた。

4.15 (1964年)
日本でのデビュー・アルバム『ビートルズ!』発売

ビートルズ『ザ・ビートルズ!』
(1964年／写真は日本盤)

日本編集によるビートルズの日本でのデビュー・アルバム『ビートルズ!』が、64年4月15日に発売された。日本でのデビュー・シングル「抱きしめたい」が発売された2ヵ月後のことだった。ジャケット・デザインはアメリカ編集盤『ミート・ザ・ビートルズ』のデザインを元にしているが、収録曲はアメリカ盤より多く、内容も圧倒的にこっちが上、である。

4.15 (1971年)
アカデミー賞で映画『レット・イット・ビー』の主題歌が
最優秀編曲・歌曲賞を受賞

70年5月に公開された映画『レット・イット・ビー』の主題歌「レット・イット・ビー」が、第43回アカデミー賞の最優秀編曲・歌曲賞受賞したと、71年4月15日に発表された。受賞は「ザ・ビートルズ」の4人だが、曲を書いたのはもちろんポール一人である。

4.16 (1964年)
初の主演映画の主題歌「ア・ハード・デイズ・ナイト」を
レコーディング

64年4月16日は、映画『ハード・デイズ・ナイト』の警官との追いかけっこの場面の撮影に臨んだ後、その日の夜7時から映画のタイトル曲のレコーディングも行なわれた。撮影時（3月19日といわれる）のリンゴのつぶやき "It's been a hard day...'s night" をヒントにジョンが急遽書いた曲である。

4.17 (1970年)
ポールの初のソロ・アルバム『マッカートニー』発売

解散間際のドタバタを含む紆余曲折を経て、70年4月17日にポールの初のソロ・アルバム『マッカートニー』が発売された（イギリスで2位、アメリカで1位を記録）。散漫な内容だと当時マスコミから酷評され、ファンも失望させたが、ポールがいまだにライヴで演奏し続けている「メイビー・アイム・アメイズド」や「エヴリナイト」「ジャンク」をはじめ、名曲も多い。リンダのヴォーカル以外、すべ

ポール・マッカートニー『マッカートニー』（1970年）

ての楽器を一人で演奏したポールのマルチ・プレイヤーとしての実力がいかんなく発揮された元祖"宅録"の名盤としていまだに高い評価を得続けている。表ジャケットは70年にアンティグアへの休暇旅行時のもので、裏ジャケットは69年10月にスコットランドでのポールと生後2ヵ月のメアリー（撮影はともにリンダ）。

4.17 (1998年)
リンダ・マッカートニー逝去

ポールのファースト・ソロ・アルバム発売の28年後となる98年4月17日に、ポールの妻リンダ・マッカートニーがアメリカ、カリフォルニア州サンタ・バーバラで、乳癌のため亡くなった。56歳だった。

リンダは1941年9月24日、ニューヨーク生まれ。60年代中頃から後半にかけて写真家として活躍し、ローリング・ストーンズ、キンクス、ザ・フー、ドアーズ、ジミ・ヘンドリックスなどロック・ミュージシャンも積極的に撮影した。67年5月15日、ソーホーでのジョージィ・フェイムのライヴでポールと出会い、4日後の『サージェント・ペパーズ』の完成記念パーティでポールを撮影する機会を得た。二人は69年3月12日に結婚。71年にウイングスにコーラスとキーボードで参加し、ポールを支え続けた。料理研究家、菜食主義者としても知られる。77年にはポールのバックアップによるシングル「シーサイド・ウーマン」をスージー・アンド・ザ・レッド・ストライプス名義で発表。98年には長年とりだめていた曲も含む初のソロ・アルバム『ワイド・プレイリー』を発

表した。「ラヴリー・リンダ」「メイビー・アイム・アメイズド」(ともに70年) や「マイ・ラヴ」(73年) をはじめ、ポールから捧げられた曲は数多い。さらにポールは2000年に、クラシカル作品『ア・ガーランド・フォー・リンダ』をリンダに捧げた。長女メアリーは写真家、次女ステラはファッション・デザイナー、長男ジェイムズはミュージシャンとして活動を続けている。

4.18 (1963年)
ポール、ジェーン・アッシャーと出会う

　63年4月18日にBBCラジオ主催の『スウィンギン・サウンド '63』がロイヤル・アルバート・ホールで行なわれ、ビートルズはデル・シャノンやスプリングフィールズなど計10組の歌手やバンドなどと出演した。そこでポールは、雑誌『ラジオ・タイムズ』のレポーターとしてカメラマンに同行していた17歳のジェーン・アッシャーと楽屋で出会った。イヴェント終了後、ジェーンは4人の宿泊先まで同行し、そのまま一緒に『NME』の記者クリス・ハッチェンスのアパートまで出かけたという。

4.18 (1975年)
ジョン、生前最後のライヴとなった
アメリカのテレビ番組に出演

　75年4月18日、ジョンはアルバム『ロックン・ロール』の宣伝を兼ねて、アメリカのテレビ特別番組『サリュート・トゥ・サー・ルー〜ザ・マスター・ショウマン』に出演 (ルー・グレイドは、ビートルズの曲の権利を買い取ったATVのオーナー)。「スリッピン・アンド・スライディン」「スタンド・バイ・ミー」「イマジン」の3曲を演奏した (放送は6月13日)。会場となったニューヨークの高級ホテル、ウォルドルフ=アストリアには、ジョンのそれ以前のライヴには似つかわしくない"金持ち"が顔を揃えた。ジョンは、総勢9人のバック・ミュージシャン (のちにビリー・ジョエルやリンゴのバンドに加わるマーク・リヴェラほか) に後頭部にも顔の付いた奇妙なお面を被らせ、しかもバンドを"BOMF" ("Brothers Of Mother Fuckers"の略) と名付けた。63年11月4日の王室主催コンサートで「安い席の人は手拍子を。高い席の方は宝石を鳴らしてください」とかましたジョンならではの独特のユーモア感覚である。

"BOMF"を従えて生前最後のステージに立つロックンローラー、ジョンの雄姿
©Allan Tannenbaum/Getty Images

4.19 (1973年)
ベスト盤『ザ・ビートルズ 1962年〜1966年』
『ザ・ビートルズ 1967年〜1970年』発売

　2000年に『ザ・ビートルズ1』が出るまで最も重宝されたベスト盤と言ってもいい2枚組を2セットにまとめた『ザ・ビートルズ 1962年〜1966年』(通称"赤盤")と『ザ・ビートルズ 1967年〜1970年』(通称"青盤")が、73年4月19日 (アメリカは4月2日) に発売された。当初はアラン・クラインが、ビートルズのドキュメント映画のサウンドトラックとして発売を目論んでいたものだった。だが、メンバーの協力を得ることができず、その間に、ベスト盤的選曲の海賊盤『ALPHA OMEGA』が世に出回ったため、それに対抗するため、発売に漕ぎつけたといういわくつきのアルバムでもあった。"赤盤"はイギリス・アメリカともに3位、"青盤"はイギリス2位、アメリカでは1位を記録した。ジャケット写真には、デビュー・アルバム『プリーズ・プリーズ・ミー』と、未発表に終わった『ゲット・バック』の、それぞれ別フォトが使用された。

ビートルズ『ザ・ビートルズ 1962年
～1966年』『ザ・ビートルズ 1967年
～1970年』(1973年)

4.20 (1968年)
アップル、無名アーティストの
デモ・テープを公募する広告を音楽誌に掲載

　ポールの発案で、「この男は才能がある」というキャッチコピー付きのアップルの広告が68年2月9日に新聞や雑誌に掲載されたのに続き、4月20日の『NME』誌にも、新たな広告が掲載された。そこには、無名のソングライターやミュージシャンを援助するために、手紙と写真を添えたデモ・テープをアップルに送るように、と書かれてあった。

4.21 (1967年)
『サージェント・ペパー』のレコーディング終了

　『サージェント・ペパー』の作業も大詰めを迎えた67年4月21日、アルバムの最後の円状の溝にも何か音を入れたらどうだろうという話になり、10分ほどの話し合いで決定。決まるとすぐにビートルズはスタジオへ入り、おかしな音やでたらめな会話を2トラック・テープに2回録音。テープを切断してばらばらに繋げ、逆回転させ、モノとステレオの両マスターに挿入した。さらにジョンの提案で、ピアノの余韻と逆回転の音との間に、犬にしか聞こえない高周波音の犬笛の音を入れることになった。この音はディスク・カッティングの段階で初めて追加された。すべての作業がこれで終わり、アルバム『サージェント・ペパー』は完成した。

4.22 (1965年)
映画『ヘルプ!』のオープニング・シーンを撮影

　2作目の主演映画のタイトルは、当初、監督のリチャード・レスター

は『ビートルズ2』としたがっていたが、65年3月17日に『エイト・アームズ・トゥ・ホールド・ユー』と公表された。しかし、その言葉を盛り込んだ曲をジョンとポールは書けず、最終的に「ヘルプ！」となった。プロデューサーのウォルター・シェンソンによると、その曲名はレスターの妻の提案だったらしい。即座に曲は書き上げられ、レコーディングは4月13日に行なわれ、わずか4時間のセッションで曲を完成させた。そして4月22日に、映画のオープニングを飾る「ヘルプ！」の演奏シーンがトゥイッケナム・フィルム・スタジオで撮影された。ダーツなどが映っていないモノクロ・フィルムは、7月23日発売のシングル「ヘルプ！」の宣伝用素材として各テレビ局に提供された。

4.22 (1969年)
ジョン、アップル・ビル屋上で改名式を行ない、
ジョン・オノ・レノンに

　ジョンは、ヨーコと結婚した約1ヵ月後の69年4月22日に、アップル・ビルの屋上で改名式を行ない、ジョン・ウィンストン・レノンからジョン・オノ・レノンにミドル・ネームを変えた。この改名にかかった費用は25ポンド（約2万1500円）。また、この日にジョンとヨーコはアルバム『ウェディング・アルバム』に使用された心臓の鼓動の音を、EMIスタジオで録音した。

4.23 (1960年)
ジョンとポール、ナーク・トゥインズ名義で
ステージに立つ

　ジョンとポールは、ビートルズのデビュー前から二人だけで行動することもあったが、60年4月23日には、ナーク・トゥインズの名前で二人でステージに立った。この名前を使ったのは、翌24日との2回のステージのみだった。ただしステージといっても、ジョンとポールがバークシャー州にあるポールのいとこエリザベス・ロビンズと夫マイク宅を訪れて行なわれた、という身内を前にしてのお披露目だった。コンビの名前はロビンズが命名したそうだ。その場で二人は、「世界は日の出を待っている」をマイクなし、2本のアコースティック・ギターだけで演奏したという。

4.24（1976年）
ジョンとポール、テレビ番組
『サタデー・ナイト・ライブ』への飛び入り出演を計画

　75年以降、ポールとリンダは、ニューヨークのダコタ・ハウスのジョンの元を定期的に訪ねていた。76年4月24日にも、ジョンの部屋でたまたま『サタデー・ナイト・ライブ』（アメリカNBCで75年10月11日に放送が開始されたヴァラエティ番組）を観ていたら、プロデューサーのローン・マイケルズが、ビートルズが番組で一緒に演奏したら3000ドルを支払うと申し出た。ビートルズの再結成が話題になっていた時期でもある。その誘いに乗ろうとジョンとポールはタクシーで局に向かおうと考えたものの、取りやめたそうだ。ちなみに、「連絡なしにギターを抱えてやって来たポールに門前払いを食らわせた」とジョンが80年の『プレイボーイ』インタビューで語っていたのは、この翌日のことだった。

4.25（1967年）
「マジカル・ミステリー・ツアー」のレコーディング開始

『サージェント・ペパー』を作り終えた67年4月21日からわずか4日後の25日に、早くも「マジカル・ミステリー・ツアー」のレコーディングが始まった。4月上旬にポールがアメリカを訪れた際に思いついたアイディア（ビートルズがバスに乗って、あてのない旅に出るという内容のテレビ向けのロード・ムーヴィー制作）を実行に移すために、すぐに行動を起こす、いつもながらのポールのやり方だった。レコーディングでは、ポールがピアノを弾きながら3人に演奏を指示し、曲中にサウンド・エフェクトとしてバスの効果音を入れるなど視覚的イメージを音に込め、5月3日にはブラス・セクションのオーヴァーダブを行ない、クランク・イン前の作品のテーマ曲を仕上げた。この曲は、ビートルズが脚本・監督を手掛けたテレビ用主演映画のサントラ盤の主題歌として67年12月8日に発売されることになる。

4.26（1978年）
リンゴのスペシャル番組『Ognir Rrats』放送

　78年4月26日、アメリカのNBCテレビでリンゴのスペシャル番組

『Ognir Rrats』が放送された。内容はマーク・トゥエインの作品をベースにしたミュージカル。リンゴはリンゴ・スターと"Ognir Rrats"(名前を逆さまに表記したもの)の2役を演じた。公開録画形式で行なわれたこの番組で、リンゴはビートルズ・ナンバー「イエロー・サブマリン」「アクト・ナチュラリー」やソロになってからのヒット曲「ユア・シックスティーン」「明日への願い」などを、ドラムを叩きながら歌った。また、この番組にはジョージもナレーター役でゲスト出演。他の出演はキャリー・フィッシャー、ヴィンセント・プライスなど。

4.27 (1981年)
リンゴ、バーバラ・バックと再婚。
ポールとジョージが式に参列

リンゴが、映画『おかしなおかしな石器人』(81年)での共演をきっかけ

リンゴとバーバラ(中央)の結婚式に駆けつけたジョージ&オリヴィア(左)とポール&リンダ
©Terry O'Neill//Iconic Images/Getty Images

に出会ったバーバラ・バック(『007 私を愛したスパイ』に出演した元ボンド・ガール)と、公開10日後の81年4月27日に結婚(再婚)した。あるとき二人でドライブ中に交通事故に遭い、車は大破するが奇跡的にも軽症で済み、リンゴはその出来事に運命的なものを感じて結婚を決めたという。ロンドンのメリルボーン登記所で行なわれた式にはポール夫妻、ジョージ夫妻も出席し、リンゴ、ポール、ジョージの3人で「シー・ラヴズ・ユー」を演奏した。

4.27 (1981年)
デニー・レインがウイングス脱退を公表。ウイングス解散へ

71年の結成以来、ポールとともにウイングスのメンバーとして活動してきたデニー・レインが81年4月27日に、バンド脱退を公表した。ジョンの死後、ポールは新作『タッグ・オブ・ウォー』をウイングスとして出す予定でいた。だが、プロデュースを依頼しようとジョージ・マーティンに話をしたところ、ポールのソロ・アルバムなら引き受けると言われ、それもバンドの結びつきを弱める流れとなったが、むしろ80年のポールの日本公演中止が、結果的にウイングス解散の大きな引き金になったといえる。

4.28 (1963年)
ジョンとブライアン・エプスタイン、スペインに休暇旅行

62年10月のレコード・デビューから半年後の63年4月28日、4人は初の長期(といっても12日間)の休暇に入った。ポール、ジョージ、リンゴの3人は、スチュアート・サトクリフの父の別荘があったカナリア諸島へ向かい、ジョンとブライアン・エプスタインはスペインへ出かけた。愛息が生まれて間もない時期の休暇に家を留守にするジョンをシンシアは理解できなかったという。スペインでの二人は闘牛を鑑賞し、ショッピングやクラブ巡りを楽しみ、カフェではホモセクシャリティについて話し合った。この時の二人の行動は、91年に『僕たちの時間』という映画の題材になった(ジョン役のイアン・ハートは94年の『バック・ビート』でもジョン役を務めた)。ちなみに4人がこのあと長期休暇を取ったのは1年後の64年5月のことだった。

4.28 (1964年)
テレビ番組『アラウンド・ザ・ビートルズ』を収録

　64年4月28日に、イギリスのITV系列テレビの特別番組『アラウンド・ザ・ビートルズ』が収録された。ただし生演奏ではなく、4月19日に出演者全員がロンドンのスタジオに集まり、事前に"声録り"の収録が行なわれた。ビートルズの収録は最後だったため、夕方にスタジオ入り。「ツイスト・アンド・シャウト」「アイ・ウォナ・ビー・ユア・マン」やシングル曲のメドレー、アイズレー・ブラザーズの「シャウト」などを演奏した。28日の本番収録では、19日に収録したテープに合わせて擬似演奏。観客の歓声を演奏にかぶせて放送された。4人はシェークスピアの『真夏の夜の夢』の寸劇も披露し、好評を博した。

トランペットと拡声器（リンゴ）で、ショーの幕開けを宣言
©Roger Jackson/Central Press/Hulton Archive/Getty Images

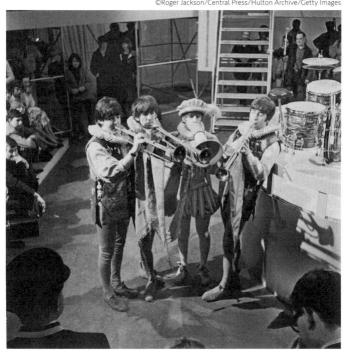

4.28 (2015年)

ポール、日本武道館で49年ぶりのライヴ

2014年5月の日本公演が、ポールの急病でまさかの中止となった。そして、その1年後に再びポールは日本にやって来た。大阪と東京で計5公演開催され、4月28日には、66年のビートルズ以来となる49年ぶりの日本武道館公演も実現した。ステージでポールは「有言実行」と日本語で語りかけ、ライヴ初演となるビートルズ・ナンバー「アナザー・ガール」も披露するなど、武道館ならではの特別な一夜を演出した。

4.29 (1964年)

マダム・タッソー蝋人形館にビートルズの蝋人形が登場

64年4月29日、ロンドンの観光名所として名高い蝋人形館に、ビートルズの蝋人形が展示された。蝋人形館は1835年に蝋人形彫刻家のマリー・タッソーがベイカー・ストリートに造ったもので、84年にメリルボーン・ロードに移転している。タッソーはビートルズの蝋人形を作るにあたって、64年に4人を実際に計測したという。67年に『サージェント・ペパー』のジャケットの撮影の際には、蝋人形館に展示されてあったものが運ばれた。その後、『アビイ・ロード』のジャケットにある、道路を歩く4人の蝋人形なども作られた。

4.29 (1967年)

ジョン、サイケデリック・イヴェントでヨーコと再会

67年4月29日、ロンドンのアレクサンドラ・パレスで、サイケデリック・イヴェント"14アワー・テクニカラー・ドリーム"が開催された。主催元の『インターナショナル・タイムズ』は、ジョンとヨーコが66年11月7日に出会ったインディカ・ギャラリーの経営者バリー・マイルズが発行した新聞で、創刊当時からポールが資金面や編集面で援助していた（ポールは67年1月の第6号の表紙に登場）。このイヴェントも、資金不足だった同紙を支援するために行なわれたものだった。

会場には1万人以上が集まり、3月にデビューしたばかりのピンク・フロイドや、ソフト・マシーン、ムーヴ、プリティ・シングス、ピート・タウンゼントなどが出演。インディカ・ギャラリーの共同出資者でもあ

るジョン・ダンバーと自宅でLSDでトリップしていたジョンは、テレビでこのイヴェントのことを知り、車で会場に駆けつけた。イヴェントには奇しくもヨーコが"カット・ピース"(女性の服を観客がハサミで切っていくというパフォーマンス)を披露。そのパフォーマンスをジョンはずっと眺めていたという。イヴェントは、タイトルどおり夜8時から14時間行なわれ、会場でジョンは、ヨーコと久しぶりの再会を果たした。

4.30 (1965年)
映画『ヘルプ!』用に
「恋のアドバイス」の演奏シーンを撮影

MTVの元祖といわれる映画『ヘルプ!』の数々の演奏シーンの中でも、スタジオでのレコーディング場面が観られる「恋のアドバイス」は、最も人気が高い。65年4月30日、トゥイッケナム・フィルム・スタジオ内に、EMIスタジオを再現し、エンジニアの開始のアナウンスも含めてその演奏場面が撮影された。

ビートルズ「恋のアドバイス」
(1965年／写真は日本盤)

4.30 (1969年)
アルバム『ゲット・バック』用に追加録音

69年4月30日に『ゲット・バック』用の追加録音が行なわれ、クリス・トーマスが現場のプロデューサーを務めた。まず、1月31日に録音された「レット・イット・ビー」のベスト・テイクにリード・ギターをオーヴァーダビング(シングルで使われたギター・ソロはこの日に録音されたもの)。午後7時15分から午前2時まで続いたセッションの残りの時間には、67年にレコーディングされ、未完成のままだった「ユー・ノウ・マイ・ネーム」に再び取り組んだ。マル・エヴァンスによるシャベルで砂利をすくう音、ジョンとポールだけでヴォーカルや手拍子、咳などをオーヴァーダビングした。この曲はプラスティック・オノ・バンドのシングルとして69年12月5日に発売される予定だったが、「ビートルズのレコーディング曲」であるという理由で直前に発売中止が決定。70年3月発売のシングル「レット・イット・ビー」のB面に収録された。

5 May

1 ★イギリスでの最後のステージとなった読者人気投票コンサートに出演 (1966)

2 ★サヴィル・ロウのアップル・オフィス閉鎖 (1975)

3 ★映画『ヘルプ！』用に「アイ・ニード・ユー」の演奏シーンを撮影 (1965)
★日本公演の日程決定 (1966)

4 ●映画『マジック・クリスチャン』の撮影打ち上げパーティにリンゴ、ジョン、ポールが出席 (1969)
★ジョージ、ジョンへの追悼シングル「過ぎ去りし日々」発表 (1981)

5 ★ポールとリンゴ、"ジョン・レノン生誕50周年記念コンサート"に出演 (1990)

6 ★アルバム『ザ・ビートルズ・スーパー・ライヴ！（アット・ハリウッド・ボウル）』発売 (1977)

7 ★アルバム『ヘルプ！』のジャケット写真を撮影 (1965)

8 ●ポールを除く3人がアラン・クラインをビートルズのビジネス・マネージャーとする契約書に署名 (1969)
★最後のオリジナル・アルバム『レット・イット・ビー』発売 (1970)

9 ★ジョージ・マーティン、ブライアン・エプスタインにレコーディング契約を申し出る (1962)
★ザップルからジョンとヨーコ、ジョージのアルバムが同時発売 (1969)

10 ★ビリー・フューリーのバック・バンドのオーディションを受ける (1960)
●第15回アイヴァー・ノヴェロ賞で「オブ・ラ・ディ、オブ・ラ・ダ」が最多放送賞、「ゲット・バック」がベストセラー・シングル賞を受賞 (1970)

11 ●アルバム『プリーズ・プリーズ・ミー』が全英1位を獲得（計30週）(1963)
★アメリカでシングル「ザ・ロング・アンド・ワインディング・ロード」発売 (1970)
★ジョンとヨーコ、ショーンを連れて日本に5ヵ月滞在 (1977)

12 ★映画『ヘルプ！』の撮影完了 (1965)
★プラスティック・オノ・バンド名義による幻の「ジャム・ピース」録音 (1969)
●ポールとリンダ、リンゴとモーリン、ミック・ジャガーとビアンカの結婚式と披露宴に参列 (1974)

13 ★アルバム『ゲット・バック』のジャケット写真を撮影 (1969)
●映画『レット・イット・ビー』のワールド・プレミア開催。メンバーは全員欠席 (1970)

14 ★ジョンとポール、ニューヨークでアップル設立を発表 (1968)

15 ★ポール、リンダ・イーストマンと出会う (1967)

16 ★"アンソロジー"用に、ポールとジョージの共作曲を録音 (1995)

17

★ジョンとポール、ビーチ・ボーイズの『ペット・サウンズ』を聴く (1966)
● カンヌ映画祭で映画『不思議の壁』が公開され、ジョージ夫妻・リンゴ夫妻が出席 (1968)
● ポール、ヘザーとの離婚を公表 (2006)

18

★3度目のイギリス・ツアーをロイ・オービソンと開始 (1963)
● 映画『ヘルプ!』のアフレコを行なう (6月16日も) (1965)
● ポールの5度目の日本公演、ポールの急病で、延期から正式に中止に (2014)

19

★『サージェント・ペパー』の完成記念発表会開催。ポールはリンダと再会 (1967)
★ジョン、ヨーコと初の共同作品『トゥー・ヴァージンズ』を制作 (1968)
● ジョージとポールとリンゴ、パティとクラプトンの結婚披露宴に出席 (1979)

20

★シルヴァー・ビートルズ、ジョニー・ジェントルのバック・バンドとして初のツアー (1960)
★チズウィック・ハウスで「ペイパーバック・ライター」と「レイン」のMVを撮影 (1966)

21

● "シルヴァー・ビーツ"名義で出演予告されていたリヴァプールのステージに上がらず (1960)
★ポール (ポール&リンダ名義) の2作目『ラム』発売 (1971)

22

★アップル・ブティック2号店開店。ジョンとヨーコ、ジョージが出席 (1968)

23

★ジョージ、ダーク・ホース設立を発表 (1974)
● ジョン、自立心と自信をつける目的で南アフリカのケープタウンへ一人旅に出かける (29日まで) (1980)

24

★ドイツでトニー・シェリダンと2度目のレコーディング (1962)
★初の冠番組『ポップ・ゴー・ザ・ビートルズ』がBBCで放送開始 (1963)
● ポール、初のロシア公演 (2003)

25

★ジョン、愛車のロールスロイスにサイケデリック・ペイントを施す (1967)

26

● BBCの特別番組『ザ・ビートルズ (インヴァイト・ユー・トゥ・テイク・ア・ティケット・トゥ・ライド)』を収録。BBCでの最後のスタジオ・ライヴ (1965)
★ジョンとヨーコ、モントリオールで2度目の"ベッド・イン" (1969)

27

● 「フロム・ミー・トゥ・ユー」、アメリカのヴィー・ジェイから発売 (1963)
★ジョン、ボブ・ディランと幻のドキュメント映像を収録 (1969)
★ジョンとヨーコ、全面広告"愛の沈黙"を掲載 (1979)

28

● ハンブルクのスター・クラブに出演するジーン・ヴィンセントと会う (1960)
★アルバム『ゲット・バック』の編集作業終了 (1969)

29

★ポールがDJを務めるラジオ番組『ウーブ・ジューブ』放送開始 (1995)
● ジョン、ウェイブリッジの自宅にボブ・ディランを招く (1966)

30

★9枚目のオリジナル・アルバム『ザ・ビートルズ』の制作開始 (1968)
★20枚目のシングル「ジョンとヨーコのバラード」発売 (1969)
● ポール、自著『ブラックバード・シンギング』の朗読会を開催 (2001)

31

★ブライアン・エプスタイン主催の"ポップス・アライヴ!"に出演 (1964)

※カッコ内の数字は西暦
★は本文で詳述した出来事

5.1 （1966年）
イギリスでの最後のステージとなった
読者人気投票コンサートに出演

　66年5月1日、ウェンブリーのエンパイア・プールで、4回目の出演となった『NME』誌のポール・ウィナーズ・コンサートに出演し、「デイ・トリッパー」「アイム・ダウン」など計5曲を演奏した。だが、競演したビートルズとローリング・ストーンズのどちらが最後に登場するかで一悶着あった。最終的に読者投票1位のビートルズがトリを務めることになったが、折り合いがつかず、両者の演奏時はカメラの電源が切られてしまった。そのため、5月15日の放送時には、4人がトロフィーを受け取る場面しか放送されずに終わった。図らずも、ビートルズにとってこのコンサートがイギリスでの最後のライヴ出演となった。

5.2 （1975年）
サヴィル・ロウのアップル・オフィス閉鎖

　75年1月9日、ビートルズの解散が法的に決まったのを受け、4ヵ月後の5月2日、"屋上ライヴ"で知られるロンドンのサヴィル・ロウにあるアップル・オフィスの閉鎖が発表された。ロード・マネージャーから取締役となった最古参のニール・アスピノールは、会計と法的な業務を補佐するスタッフだけを残し、残りの従業員に解雇を伝えた。アップル・スタジオの5月16日閉鎖も併せて公表された。事業を縮小したアップルは、セント・ジェイムズ・ストリートの事務所に移転。アップルからの70年代最後の"仕事"は、75年12月12日に発売されたリンゴのベスト盤『想い出を映して』だった。

5.3 （1965年）
映画『ヘルプ!』用に「アイ・ニード・ユー」の
演奏シーンを撮影

　65年5月3日、イギリス南部のソールズベリー平原で、映画『ヘルプ!』用に「アイ・ニード・ユー」の演奏シーンが撮影された（5日まで）。ちなみに、北西に13キロほどのところにある巨大な石を円形に組んで作られた遺跡「ストーンヘンジ」では、テレビ映画『マジカル・ミステリー・ツアー』

ソールズベリー平原での「アイ・ニード・ユー」演奏時、強風で寒そうな4人
©Daily Mirror/Mirrorpix/Getty Images

（67年）用に「アイ・アム・ザ・ウォルラス」の演奏シーンが撮影された。

5.3 (1966年)
日本公演の日程決定

　66年5月3日の読売新聞に、「ビートルズ来日日程決まる」という見出しを付けた広告が掲載された。公演は6月30日、7月1日、7月2日の3日間で、場所は日本武道館。入場料はA席2100円、B席1800円、C席1500円、発売方法はハガキによる抽選と説明された。演奏予定曲も発表され、「フロム・ミー・トゥ・ユー」を除く最初のシングル5曲（「ラヴ・ミー・ドゥ」から「キャント・バイ・ミー・ラヴ」まで）や「オール・マイ・ラヴィング」など10曲が記載されたが、演奏予定曲の中で実際に演奏されたのは、「アイ・フィール・ファイン」と「ベイビーズ・イン・ブラック」の2曲だけだった。

5.4 (1981年)
ジョージ、ジョンへの追悼シングル「過ぎ去りし日々」発表

　レイ・クーパーとの共同プロデュースに変更してジョージが作り直した

ジョージ・ハリスン「過ぎ去りし日々」(1981年／写真は日本盤)

アルバム『想いは果てなく～母なるイングランド』からの先行シングルとして、ジョンへの追悼曲「過ぎ去りし日々」が81年5月4日に発売された (イギリス13位、アメリカ2位を記録)。当初はリンゴの新作『キャント・ファイト・ライトニング』用の提供曲だったが、ジョンの死を受け、リンゴへの提供曲の歌詞をジョンの死の4日後 (80年12月8日) に書き替え、ポール、リンダ、デニー・レイン、ジョージ・マーティン、ジェフ・エメリックの協力を得て、ジョージは自分の曲として発表した。

5.5 (1990年)
ポールとリンゴ、"ジョン・レノン生誕50周年記念コンサート"に出演

90年5月5日、ジョンの生誕50年・没後10年を記念し、リヴァプールのピア・ヘッドで、"ジョン・レノン生誕50周年記念コンサート"が開催された。ヨーコとショーンほか計23組が出演 (ショーンは最後に「ディア・プルーデンス」を披露)。ポールは90年4月21日のブラジル、リオ公演で演奏した「P.S.ラヴ・ミー・ドゥ」、リンゴはジェフ・リン、トム・ペティ、ジョー・ウォルシュ、ジム・ケルトナーをバックに歌った「アイ・コール・ユア・ネーム」の、それぞれ映像で参加した。

5.6 (1977年)
アルバム『ザ・ビートルズ・スーパー・ライヴ！ (アット・ハリウッド・ボウル)』発売

64年8月23日、65年8月29、30日の3日間、アメリカのカリフォルニア州にあるハリウッド・ボウルで行なわれたビートルズのコンサート音源は、キャピトル・レーベルがもともと65年にライヴ・アルバムの発売を目論んでいた。だが、ジョージ・マーティンが会場の環境や録音された音の問題で却下し、お蔵入りとなった。その後、62年12月のドイツ、スター・クラブでの劣悪な音質のライヴ盤が"初のライヴ・アルバム"として77年4月8日にドイツで発売 (イギリスは5月25日) されたため、正真正銘の公認ライヴ音源として『ザ・ビートルズ・スーパー・ライヴ！ (アッ

ト・ハリウッド・ボウル)』のタイトルで64年と
65年のベスト・テイクを集めたライヴ盤が、
77年5月6日に発売された（イギリス1位、アメリ
カ2位を記録）。さらに2016年、ジョージ・マー
ティンの息子ジャイルズ・マーティンがリ
ミックスした新装版が、ドキュメンタリー・
ライヴ映画『ザ・ビートルズ EIGHT DAYS A
WEEK - The Touring Years』(2016年) と連動す
る形で初めて CD として登場した。

ビートルズ『ザ・ビートルズ・
スーパー・ライヴ!（アット・ハ
リウッド・ボウル）』(1977年)

5.7 (1965年)
アルバム『ヘルプ!』のジャケット写真を撮影

映画『ヘルプ!』の撮影の合間の65年5月7日に、トゥイッケナム・フィ
ルム・スタジオ前でアルバム『ヘルプ!』(65年) のジャケット写真用
の撮影が、ロバート・フリーマンによって行なわれた。4人のポーズは
手旗信号で "H-E-L-P" を表わしているといわれるが、詳しい人によると、
"H-E-L-P" ではなく、意味不明な "N-U-J-V"。意味よりも見栄えを重視し
たということだ。

アルバム『ヘルプ!』のジャケット写真はこうして撮られた
©Mark and Colleen Hayward/Getty Images

●（エルヴィスと会った後に）ファンに真実を伝えてやれよ。ゴミのような会見だったってさ。（ジョン／65年）

5.8 (1970年)
最後のオリジナル・アルバム『レット・イット・ビー』発売

ビートルズ『レット・イット・ビー』
(1970年)

　　　最後（12枚目）のオリジナル・アルバム『レット・イット・ビー』が70年5月8日に発売された（アメリカは5月18日発売）。レコーディング開始からすでに1年以上が経過。グリン・ジョンズが手掛けたアルバム『ゲット・バック』の2つのヴァージョン（69年5月と70年1月）は発表されずに終わり、70年3月から4月にかけてフィル・スペクターによって新たにまとめ直された。アルバムは、アメリカでは予約の段階で370万枚を記録し、イギリス・アメリカともに1位を記録した。イギリスと日本の初回盤はカートン・ボックス仕様で、69年1月（一部2月も）の"ゲット・バック・セッション"をとらえたイーサン・ラッセルによる164ページのカラー写真集『The Beatles Get Back』が付いていた（通常盤は11月6日に発売）。

5.9 (1962年)
ジョージ・マーティン、ブライアン・エプスタインに
レコーディング契約を申し出る

　62年2月13日に"初顔合わせ"が実現してから3ヵ月後の5月9日、ジョージ・マーティンはブライアン・エプスタインに、EMIでのレコーディング契約を申し出た。マーク・ルイソンの『ザ・ビートルズ史』によると、その理由は大まかにふたつあった。ひとつは、EMIの音楽出版業務の運営を任されていたシド・コールマンが、ビートルズがオリジナル曲を持っていることを知り、アードモア＆ビーチウッドでの出版に興味を示したということ。もうひとつは、意外にも、当時マーティンがEMIの秘書ジュディ・ロックハート・スミスと"不倫関係"にあったこと（66年に結婚）で、不純な関係を許さないレコード部門の取締役L・G・ウッドがマーティンに、興味のないビートルズを強制的に担当させた、という。理由は微妙でも、結果オーライ、である。朗報を耳にしたエプスタインは郵便局に向かい、ハンブルク滞在中のビートルズと『マージー・ビート』紙に電報を打った。

5.9（1969年）
ザップルからジョンとヨーコ、ジョージのアルバムが同時発売

実験音楽やスポークン・ワードものの専門レーベルとして作られたアップル傘下のザップル・レーベルから、ジョンとヨーコのアルバム『「未完成」作品第2番～ライフ・ウィズ・ザ・ライオンズ』と、

左／ジョン・レノン&ヨーコ・オノ『「未完成」作品第2番～ライフ・ウィズ・ザ・ライオンズ』(1969年)
右／ジョージ・ハリスン『電子音楽の世界』(1969年)

ジョージのソロ2作目『電子音楽の世界』が、69年5月9日に同時発売された（アメリカは5月26日）。前者はケンブリッジ大学でのライヴ録音とヨーコの流産の記録。後者は当時開発中であったモーグ・シンセサイザーによる実験音楽。ザップルからの発売はこの2枚だけで終わり、レーベルは最終的にアラン・クラインに潰された。

5.10（1960年）
ビリー・フューリーのバック・バンドのオーディションを受ける

リヴァプールの人気ロックンロール歌手ビリー・フューリーのバック・バンドのオーディションが62年5月10日に行なわれることを知ったジョンは、当時のマネージャー、アラン・ウィリアムズに参加を直訴した。だが、ドラマーがいなかったため、トミー・ムーアに声をかけ、オーディションにはロング・ジョン&シルヴァー・ビートルズの名前で臨んだ。ところがトミー・ムーアが遅刻したため、キャス&ザ・キャサノヴァズのドラマー、ジョニー・ハッチンスンが急遽バックを務めることになった。このオーディション時の写真は『ハウ・ゼイ・ビケイム・ザ・ビートルズ　誰も知らなかったビートルズ・ヒストリー』(89年)に掲載されているが、ギターが壊れて買い替えていなかった（お金がなかった）ジョンの、マイクを持って歌う珍しい姿や、ベースがうまく弾けないのをごまかすために後ろ向きで演奏するスチュ（スチュアート・サトクリフ）、全く

やる気のない表情で演奏するジョニー・ハッチンスンなど、貴重な演奏場面が数多く見られる。彼らの演奏を気に入ったパーンズは、ビリー・フューリーではなく、同じくリヴァプールで人気のあったジョニー・ジェントルのバック・バンドとしてスコットランド・ツアーに同行させた。

5.11 (1977年)
ジョンとヨーコ、ショーンを連れて日本に5ヵ月滞在

　主夫時代のジョンは、ヨーコとショーンとともに77年から79年にかけて3度来日している。最初の来日は77年5月11日から10月7日まで、軽井沢を中心に約5ヵ月にも及んだ。滞在直前にはニューヨークで日本語講座を受講し、日本では、コラージュや墨絵・イラストなどを趣味的に手掛け、日本語のノートブック（練習帳）も作った。墨絵に関してはヨーコの手ほどきを受けて筆の使い方を学んだはずだが、日本語に関しても、ヨーコから教わっていただけでなく、主に77年に、語学学校に週3回通い、毎回2時間の授業を受けていたようだ。この「日本語練習帳」は、『Ai ジョン・レノンが見た日本』として90年に刊行された。

　軽井沢でジョンは、サイクリング、水泳、ヨガを楽しむ毎日を送っていたという。麻布の日本庭園でヨーコの親族とパーティを開き、記念写真も撮っている。ジョンがエルヴィス・プレスリーの訃報を耳にしたのも、この日本滞在中（8月16日）のことだった。帰国前の10月4日、ジョンとヨーコは東京のホテル・オークラで記者会見を行なった。その時にジョンはこう語った──「ショーンが5歳ぐらいになるまでは音楽活動をしないだろう」。

5.12 (1965年)
映画『ヘルプ！』の撮影完了

　65年2月23日に撮影が開始された映画『ヘルプ！』は、5月12日に製作スタッフがロンドンの各ロケ地での撮影を行なったのを最後に終了した。ビートルズの出演シーンはその直前の10日と11日に、ロンドン郊外にあるクリーブドン・ハウスでのロケをもって終了した。最後の出演場面は、4人が窓から身を乗り出して赤い毒ガスを外にまき散らすシーン、トランプに興じるシーン、ジョンとリンゴがふざけるインターミッションなどだった。そして18日にビートルズはアフレコ作業を行ない、すべての作業が完了した。

5.12 （1969年）
プラスティック・オノ・バンド名義による幻の「ジャム・ピース」録音

　2021年8月6日に発売された『オール・シングス・マスト・パス』の"50周年記念盤"で明らかになったことだが、「アイ・リメンバー・ジープ」は、もともと69年3月29日、ビリー・プレストンのアップルからのデビュー・アルバム『神の掟』の制作時に録音された音源であり、5月12日（未発表アルバム『ゲット・バック』のジャケット撮影の前日）にジョージがモーグ・シンセサイザーを追加しただけでなく、ジョンとヨーコが手拍子で参加し、ミキシングでも協力していた。しかも名義はプラスティック・オノ・バンドの「ジャム・ピース」である。

5.13 （1969年）
アルバム『ゲット・バック』のジャケット写真を撮影

　69年5月13日、『ゲット・バック』のジャケット写真の撮影が行なわれた（14日もという説あり）。この時点では、アルバムとしてまとめる意欲がビートルズ（特にジョンとポール）にはあったということになる。原点回帰という"ゲット・バック・セッション"の意図どおり、ジャケットもデビュー・アルバム『プリーズ・プリーズ・ミー』の構図を再現させるため、同じカメラマン（アンガス・マクビーン）が同じ場所（マンチェスター・スクエアにあるEMI本社）で撮影した。だが、アルバムがお蔵入りとなり、コンセプトも変わったため、この日の写真は73年4月19日発売のベスト盤（"赤盤""青盤"）で日の目を見た。

ビートルズ『ゲット・バック』
（1969年・1970年制作／2021年
発売）

5.14 （1968年）
ジョンとポール、ニューヨークでアップル設立を発表

　68年5月14日、ジョンとポールはニューヨークのアメリカーナ・ホテルで記者会見を開き、自身のレコード会社アップル・レーベル設立を発表。「レコード、映画、エレクトロニクスなどに関する事業で、製造業ともいえるサイド・ビジネスもある。いろんなオフィスに行って頭を下げ

て懇願する必要のないシステムを作る」(ジョン) と、新会社の方向性を表明した。アップルはEMIの契約下にあったが、ワールドワイドの提携先に関してはレーベルを選べる自由があったため、この会見には、アメリカでレーベルを決める意味合いも含まれていた (変わらずキャピトルと契約)。このニューヨーク行きは、ポールが1年ぶりに再会したリンダ・イーストマンとの付き合いを深める大きなきっかけにもなった。

5.15 (1967年)
ポール、リンダ・イーストマンと出会う

　67年5月15日、ロンドンのクラブ、バッグ・オネイルズで、ポールはリンダ・イーストマンと出会った。ポールはDJのアル・ニードがかけるソウルのレコードと黒人ミュージシャンのライヴを楽しむため、頻繁にこのクラブに通っており、この日もスコッチ・アンド・コークを飲みながらジョージィ・フェイムの演奏を聴いていた。その折、ステージの近くでアニマルズのメンバーと一緒にいる金髪のリンダと目が合い、意気投合。アニマルズのメンバーらとともに食事を楽しんだという。

5.16 (1995年)
"アンソロジー"用に、ポールとジョージの共作曲を録音

「フリー・アズ・ア・バード」「リアル・ラヴ」に続く"アンソロジー"シリーズ用の新曲として、ポールとジョージが書いた「オール・フォー・ラヴ」のレコーディングが、95年5月16日にリンゴをまじえた"スリートルズ"で開始された。だが、最終的にはまとまらず、未完成に終わった。ジョージの死後の2006年12月にポールはその曲をぜひ完成させたいと語っていたが、まだ実現していない。

5.17 (1966年)
ジョンとポール、ビーチ・ボーイズの『ペット・サウンズ』を聴く

　ビーチ・ボーイズの『ペット・サウンズ』がアメリカで66年5月16日に発売された。ポールは、ビーチ・ボーイズのブライアン・ウィルソン (ポールと2日違いの42年6月20日生まれ) の才能に一目置いていた。そして翌5月17日、メンバーのブルース・ジョンストンがテープを持ってロンド

ンに向かい、ウォルドーフ・ホテルのスイート・ルームでジョンとポールにアルバムを2度聴かせた。聴いている最中には話はしないでほしいと要望したポールは、試聴後、自宅に戻り、「ヒア・ゼア・アンド・エヴリホエア」の冒頭部を書き上げたという。

5.18 (1963年)
3度目のイギリス・ツアーをロイ・オービソンと開始

　63年5月18日から、3度目となるイギリス・ツアーが始まった。メイン・アクトとしてアメリカから招かれたのは、ビートルズにとって憧れの存在だったロイ・オービソン。前回のツアー同様、早々にメイン・アクトの座はオービソンからビートルズにとって代わられた。オービソンは、「ビートルズはアメリカでもトップになるのに十分なオリジナリティを持っている。彼らが自分たちで作り上げたサウンドは革新的だよ。最高だと思う」と64年2月のアメリカでの活躍を早くも "予言" した。

5.19 (1967年)
『サージェント・ペパー』の完成記念発表会開催。
ポールはリンダと再会

　67年5月19日、ブライアン・エプスタインの家で、2週間後に発売さ

しゃがんで撮影に臨むリンダ。カメラはポールに向いている？　©Sunday People/Mirrorpix/Getty Image

れる『サージェント・ペパー』の記者発表会が開かれた。写真家の一人としてエプスタインに招待されたリンダ・イーストマンも出席。4日前に出会ったばかりのポールと楽しげに会話を交わし、他の（男性）カメラマンにまじってアルバム・ジャケットを手にする4人を撮影した。

5.19（1968年）
ジョン、ヨーコと初の共同作品
『トゥー・ヴァージンズ』を制作

　ジョンは、66年11月7日に出会って以来、オノ・ヨーコとたびたび連絡を取り合っていたが、68年に入ると、次第にヨーコを求める想いが強くなっていく。そして5月19日、ケント州ウェイブリッジの自宅にヨーコを招き（妻のシンシアは海外に旅行中だった）、二人で各種のサウンド・コラージュをレコーディングした。そして、レコーディング後、夜明けに二人は初めて結ばれ、以後、行動を共にするようになる。この時にレコーディングされた前衛作品は、半年後の11月29日にアルバム『未完成作品第1番「トゥー・ヴァージンズ」』として発売された。

5.20（1960年）
シルヴァー・ビートルズ、
ジョニー・ジェントルのバック・バンドとして初のツアー

　シルヴァー・ビートルズは、60年5月10日のオーディションで最終的にジョニー・ジェントルのバック・バンドとして初のスコットランド・ツアーへの同行が決まった。この初の海外ツアーは、5月20日から28日まで、7都市で計7公演が行なわれた。ツアーに際し、メンバーはそれぞれ芸名を名乗った。ジョンはジョニー・レノン、ジョージは憧れのカール・パーキンスの名前を借用したカール・ハリスン、ポールはポール・ラモーン、スチュは画家ニコラ・ド・スタールの名前を借用したスチュアート・ド・スタールである。

　初日公演の開始30分前にジェントルと初めて顔を合わせたメンバーは、簡単なリハーサルを行なっただけでステージに臨んだという。そしてスコットランドから戻ったあと、ジョンはグループ名をシルヴァー・ビートルズ（Silver Beetles）からビートルズ（Beatles）へと変えた。

5.20 (1966年)
チズウィック・ハウスで「ペイパーバック・ライター」と「レイン」のMVを撮影

66年5月20日、ロンドン西部のチズウィック・ハウスで「ペイパーバック・ライター」と「レイン」のプロモーション・ヴィデオの撮影が行なわれた。前日の19日にEMIスタジオで演奏シーンが撮影されたのに続いて、野外での"イメージ優先"の収録である。監督は、のちに映画『レット・イット・ビー』を手掛けるマイケル・リンゼイ＝ホッグが担当。午前10時からリハーサルを開始

ビートルズ「ひとりぼっちのあいつ」
(1966年／写真はイギリス盤EP)

し、「レイン」「ペイパーバック・ライター」の順にアメリカ向けのカラー・クリップを撮影。"ブッチャー・カヴァー"のネガを透かして見るシーンから始まるメッセージとともに6月5日に『エド・サリヴァン・ショー』で放送された。続いて午後3時30分からはモノクロ版の撮影を開始。「ペイパーバック・ライター」の1本目は、6月25日の『サンク・ユア・ラッキー・スターズ』の最終回で放送され、2本目は、6月3日の『レディ・ステディ・ゴー！』で放送された。ロバート・ウィタカーが撮影したチズウィックでの写真は、66年7月8日にイギリスで発売されたEP「ひとりぼっちのあいつ」のジャケットに使われた。

5.21 (1971年)
ポール（ポール＆リンダ名義）の2作目『ラム』発売

ポールの『マッカートニー』に続くソロ2作目の『ラム』が、71年5月21日に発売された。ジョンとヨーコへの対抗意識がそのまま出たかのように、ポール＆リンダの共同名義となり、作曲クレジットにもリンダの名前が記載された。現在ではポールの最高傑作との呼び声も高いアルバムだが、当時はたとえば「ジョージの作品には及ばない」という『メロディ・メイカー』誌をはじめ、前作に

ポール＆リンダ・マッカートニー
『ラム』(1971年)

続いて酷評された。とはいえ、イギリスでは2週連続1位、アメリカでも1位となり、早々にミリオン・セールスを記録する大ヒットとなった。

5.22 （1968年）
アップル・ブティック2号店開店。ジョンとヨーコ、ジョージが出席

　ジョンとヨーコは『トゥー・ヴァージンズ』制作の3日後となる68年5月22日、ロンドンのチェルシー地区、キングス・ロードに翌23日にオープンする「アップル・テーラリング」の開店記念パーティにジョージとともに出席。公の場に初めて二人揃って現われた。

5.23 （1974年）
ジョージ、ダーク・ホース設立を発表

　74年5月23日、ジョージは、自分のレーベル、ダーク・ホース・レコードの設立をパリで発表した。販売権を獲得したA&Mとの契約書には「76年7月までにジョージがダーク・ホースに移籍すること。新しいアーティストを提供すること」とあり、レーベルの全権はジョージに委ねられ、A&Mは販売に徹することが約束された。A&Mのジェリー・モスとハーブ・アルパートというアーティストが経営する点も、契約の決め手のひとつになった。74年9月、レーベル第1回目の作品として最初に契約したラヴィ・シャンカールとスプリンターのアルバムが発表された（ともにプロデュースはジョージ）。だが76年7月にEMIとの契約が切れたジョージは、7月26日までにアルバムを完成させるというA&Mとの契約書にあった条件を満たすことができず、A&Mに違約金を請求された。そこでジョージは、違約金の肩代わりを条件にワーナーにレーベルごと移籍。以降ワーナーからすべての作品が配給されることになった。

5.24 （1962年）
ドイツでトニー・シェリダンと2度目のレコーディング

　3度目のハンブルク遠征中の62年5月24日、スタジオ・ラールシュテ

ッドでトニー・シェリダンのバック・バンドとしてのレコーディングが
再び行なわれ、「スワニー・リヴァー」と「スウィート・ジョージア・ブ
ラウン」を収録した。このセッションは、61年にビートルズとプロデュ
ーサーのベルト・ケンプフェルトとの間で交わされた契約に則ったもの
だった。61年6月にシェリダンと「マイ・ボニー」ほか7曲をレコーディ
ングした際に、ケンプフェルトはビートルズとはまだ法的に契約がある
ことに気づき、それを履行するようにと伝えた。ブライアン・エプスタ
インとの話し合いの結果、ハンブルク滞在中にシェリダンとのセッショ
ンに一度参加すればいいという条件でこのセッションに合意した。

5.24 (1963年)
初の冠番組『ポップ・ゴー・ザ・ビートルズ』が
BBCで放送開始

　63年5月24日、BBCでの初のレギュラー・ラジオ番組『ポップ・ゴ
ー・ザ・ビートルズ』の収録が行なわれた。新人バンドがBBCで冠番組
を持つのは異例中の異例だった。当初は4回の予定だったが、好評のた
め63年6月から9月まで、ほぼ毎週放送された (火曜日夕方5時からの30分)。
番組内で公式発売59曲とカヴァー32曲の計91曲 (7曲は未放送) を演奏し
たが、これはビートルズが行なったラジオ・セッションの約3分の1を
占める曲数である。『ザ・ビートルズ・ライヴ!! アット・ザ・BBC』(94
年) と『オン・エア〜ライヴ・アット・ザ・BBC Vol.2』(2013年) には同番
組からの音源が多数収録された。この日に収録されたテーマ曲 (「ポッ
プ・ゴーズ・ザ・ウィーセル」というトラディショナルを改作したもの) は未CD化
のままである。

5.25 (1967年)
ジョン、愛車のロールスロイスに
サイケデリック・ペイントを施す

　67年4月8日、ジョンはまず、サリー州にあるJ・P・ファロン・リミ
テッドという自動車修理工場を訪れ、65年に購入 (MBE勲章受勲の際のバッ
キンガム宮殿への移動でも使用) した愛車ロールス・ロイス (ファンタムV) を
サイケデリックな模様に塗り直せるかの相談をした。工場はすぐに快
諾。車は数日後、修理工場に運ばれ、作業に入った。デザインを担当し

ジョンにしか乗れない(？)サイケなロールスロイス
©Daily Herald/Mirrorpix/Getty Images

たのはオランダのアート集団のザ・フール（アップル・ブティックのサイケ
デリックな外壁のデザインなどで有名）。ジプシー風というコンセプトのもと、
タイヤを赤、ボディは黄色をベースにカラフルな花柄の模様に大変身さ
せた塗装は、67年5月25日に完成した。メディアに披露されるやいなや
物議を醸し、公式に抗議を表明したロールス社に対してジョンは、「上
品ぶった感じをカッコよく変えたまでのこと」と言い放った。

5.26 (1969年)
ジョンとヨーコ、モントリオールで2度目の "ベッド・イン"

　ジョンとヨーコは、当初は5月24日にバハマで7日間の "ベッド・イ
ン" を行なう予定でロンドンのヒースロー空港を出発したが、翌25日に
予定を変更し、モントリオールへと向かった。そしてモントリオールの
クイーン・エリザベス・ホテルで、2度目の "ベッド・イン" を5月26日
から6月2日まで行ない、報道関係のインタビューを60以上受けた。二
人は滞在中の6月1日に、ティモシー・リアリーやハレ・クリシュナの
カナダ支部らと「平和を我等に」をレコーディングした。

5.27 (1966年)
ジョン、ボブ・ディランと幻のドキュメント映像を収録

　66年5月26日、イギリス・ツアーのためにロンドンにやって来たボブ・ディランとジョンが、65年5月9日のディランのロイヤル・アルバート・ホール公演以来、1年ぶりに再会を果たした。それまでのギターの弾き語りからロック・バンド編成に替えたことで多くのファンから非難された、いまや伝説となっているロイヤル・アルバート・ホール初日公演を終えたあと、ディランはウェイブリッジにあるジョン（ミミ伯母）の家を訪問、ワインを飲んで一晩を明かしたという。

　そして翌5月27日の朝、二人はリムジンの後部座席に乗り込み、メイフェア・ホテルに戻る道中を映画監督のD・A・ペネベイカーが、『イート・ザ・ドキュメント』というドキュメント映画用のために、二人のやりとりを撮影した。だが、ドラッグでラリった二人の"自意識過剰さ"が緊張感を生み、とりとめのない支離滅裂な内容になった。最終的には映画そのものもお蔵入りとなった。

5.27 (1979年)
ジョンとヨーコ、全面広告"愛の沈黙"を掲載

　公の音楽活動をやめ、主夫として息子ショーンの面倒をみる"人生"を選んだジョンは、ヨーコと連れ立って公の場に姿を見せることは全くと言っていいほどなくなった。沈黙を続ける二人に不満を持つ者も多く、「早くそこから出てこいよ」と呼びかけたミック・ジャガーもその一人だった。そうした声に応えるように、79年5月27日、二人はアメリカ・イギリス・日本の主要新聞に、"愛の沈黙"と呼ばれる全面広告を掲載した。そこにはこう書かれてあった。

　「私たちの沈黙は愛の沈黙であって、無関心の沈黙ではないことを、どうぞ覚えておいてください。（中略）目をあけて空を見てください。そこに私たちのメッセージがあります」。

5.28 (1969年)
アルバム『ゲット・バック』の編集作業終了

　69年5月28日、ジョンとポールの依頼により、グリン・ジョンズがジ

ョージ・マーティン、スティーヴ・ヴォーンとともに作業を続けていた
アルバム『ゲット・バック』が完成した。しかし、散漫な演奏に4人（特
にジョンとポール）は満足できず、『ゲット・バック』はそのまま70年1月
まで棚上げとなった。グリン・ジョンズ版『ゲット・バック』(ヴァージョ
ン1) の内容は以下のとおり (カッコ内は収録日)。

【Side A】
①ワン・アフター・909 (1969.1.30) ②ロッカー／ラスト・ダンスは私
に／ドント・レット・ミー・ダウン (1.22) ③ドント・レット・ミー・
ダウン (1.22) ④ディグ・ア・ポニー (1.22) ⑤アイヴ・ガッタ・フィー
リング (1.22) ⑥ゲット・バック (1.27, 1.28)

【Side B】
①フォー・ユー・ブルー (1.25) ②テディ・ボーイ (1.24) ③トゥ・オ
ブ・アス／マギー・メイ (1.24) ④ディグ・イット (1.24, 1.26) ⑤レッ
ト・イット・ビー (1.31, 4.30) ⑥ザ・ロング・アンド・ワインディン
グ・ロード (1.26) ⑦ゲット・バック (リプリーズ) (1.28)

5.29 (1995年)
ポールがDJを務めるラジオ番組
『ウーブ・ジューブ』放送開始

　アメリカのラジオ局ウェストウッド・ワンで、95年5月29日にポー
ルのラジオ番組『ウーブ・ジューブ』の放送が開始された。ポールがDJ
を務め、未発表音源やコンサートのリハーサル音源のほかに、ゲストと
の会話などで構成された番組で、9月4日まで全15回が放送された。ア
ルバム『フレイミング・パイ』からのCDシングル「ヤング・ボーイ」
「ザ・ワールド・トゥナイト」「ビューティフル・ナイト」(97年) などに、
ラジオで放送されたオリジナル音源が収録されている。

5.30 (1968年)
9枚目のオリジナル・アルバム『ザ・ビートルズ』の
制作開始

　ビートルズのアップル・レコード第1弾となるオリジナル・アルバム
のレコーディングが、68年5月30日にEMIスタジオで始まった。まず4
人が取り掛かったのは「レボリューション1」だった。『トゥー・ヴァー

ジンズ』を作り終えたジョンはヨーコをスタジオに迎え入れ、以後、ジョンとヨーコは70年代半ばの別居期間以外は行動を共にするようになる。午後2時半から12時間近く続いたセッションで、スローなブルース・アレンジによる「レボリューション1」のリズム・トラックを18テイク録音。OKテイクとなったテイク18は10分17秒もあった。10分を超えるこのテイク18の後半部分は、ジョンとヨーコが作成したサウンド・コラージュやノイズがかぶせられ、「レボリューション9」としてアルバムに収録された。

5.30 (1969年)
20枚目のシングル「ジョンとヨーコのバラード」発売

19枚目のオリジナル・シングル「ジョンとヨーコのバラード」が、69年5月30日（アメリカは6月4日）に発売され、イギリス1位、アメリカ10位を記録した。69年3月20日のジョンとヨーコの結婚式を物語仕立てでまとめた曲で、レコーディングはジョンとポールの二人だけで行なわれた。

ビートルズ「ジョンとヨーコのバラード」(1969年／写真は日本盤)

5.31 (1964年)
ブライアン・エプスタイン主催の
"ポップス・アライヴ!"に出演

64年5月31日、ジョンの"宝石ジャラジャラ発言"の約7ヵ月後にロンドンのプリンス・オブ・ウェールズで、ブライアン・エプスタイン主催の"ポップス・アライヴ!"に出演。これは63年4月以来の長期休暇から戻ってきての最初のステージだった。7夜連続で行なわれたショーの5夜目に登場したビートルズは、「キャント・バイ・ミー・ラヴ」や「オール・マイ・ラヴィング」など計7曲演奏した。最後の2曲は「ツイスト・アンド・シャウト」と「ロング・トール・サリー」だったが、64年6月以降のツアーではその2曲が同じステージで演奏されることはなく、どちらか1曲だけになった。

6 June

1
- ★8枚目のオリジナル・アルバム『サージェント・ペパーズ・ロンリー・ハーツ・クラブ・バンド』発売 (1967)
- ★ジョンとヨーコ、「平和を我等に」を録音 (1969)

2
- ★アルバム『サージェント・ペパー』が50年ぶりに英1位に (2017)

3
- ★リンゴ急病、初の世界ツアーの代役はジミー・ニコル (1964)
- ●ポール、エリザベス女王戴冠50周年イヴェント"パーティ・アット・ザ・パレス"に出演 (2002)

4
- ★5ヵ国を回る初の本格的なワールド・ツアー開始 (1964)
- ●EP「ビートルズ・フォー・セール (No.2)」発売 (1965)
- ●ジョン、ヨットでバミューダへ。滞在中に20曲も書く (7月29日まで) (1980)

5
- ★ジョン、家族とともに再来日し、3ヵ月滞在 (1978)
- ★ジョージとリンゴ、"プリンス・トラスト・コンサート"に出演 (1987)
- ●ポールのソロ・アルバム『フラワーズ・イン・ザ・ダート』発売 (1989)

6
- ★EMIスタジオで初録音。ジョージ・マーティンに会う (1962)

7
- ★ブライアン・エプスタインがNEMSを設立 (1962)
- ★ポール、日本の音楽番組『夜のヒットスタジオ』に生出演 (1989)

8
- ★「ユー・ノウ・マイ・ネーム」にブライアン・ジョーンズ参加 (1967)

9
- ●クォリー・メン、テレビ番組出演タレント発掘コンテストに参加。予選落ちするも、ステージ・デビュー (1957)
- ●ジョージとパティの離婚が成立 (1977)
- ★ポール、リヴァプールのペニー・レインのプレートにサイン (2018)

10
- ★12枚目のシングル「ペイパーバック・ライター」発売 (1966)

11
- ★デビュー前にBBCラジオに2度目の出演 (1962)
- ●ポール、ヘザー・ミルズと再婚 (2002)

12
- ★MBE勲章の授与が決定 (1965)
- ●ジョン、リンゴのアルバム『リンゴズ・ロートグラヴィア』用に提供した「クッキン」にピアノで参加。音楽活動休止前の最後のセッションとなる。 (1976)

13
- ★ポール、アップルの宣伝映像用に「ブラックバード」を収録 (1968)

14
- ★「夢の人」「アイム・ダウン」「イエスタデイ」を1日で録音 (1965)
- ●アメリカ編集盤『ビートルズVI』発売 (1965)
- ●キャピトル、ブッチャー・カヴァーの回収と差し替えを通達 (1966)

15
- ●メルボルンでリンゴがステージに復帰 (1964)
- ★『ミュージック・ライフ』の星加ルミ子がビートルズを訪問 (1965)
- ★ジョンとヨーコ、"平和のどんぐり"イヴェントを行なう (1968)

16
- ★ポール、スコットランドに農場を購入 (1966)
- ●BBCのテレビ番組『トップ・オブ・ザ・ポップス』に最初で最後の生出演 (1966)

17 ★「イエスタデイ」に弦楽四重奏を導入 (1965)

18
★ポール・マッカートニー誕生 (1942)
★ポールの21歳の誕生日にジョンがボブ・ウーラーを殴る (1963)
● ジョンの2冊の著作を脚色した舞台劇『イン・ヒズ・オウン・ライト』の初日をジョンとヨーコが観る (1968)

19
★EP「ロング・トール・サリー」発売 (1964)
★ポール、LSD体験を告白 (1967)

20
★フランスを皮切りにヨーロッパ・ツアー開始 (1965)
● アメリカ編集盤『イエスタデイ・アンド・トゥデイ』発売 (1966)

21
★ジョン、デルバート・マクリントンのハーモニカに感化 (1962)
● リンゴの出演映画『キャンディ』公開 (1968)

22
★トニー・シェリダンのバック・バンドとして初の公式録音 (1961)

23
● ポールとリンゴ、「テイク・イット・アウェイ」のMVを撮影 (1982)
★"スリートルズ"による映像版『アンソロジー』セッション (1994)

24
● カスバ・クラブに最後の出演 (1962)
★ジョンの2冊目の著作『ア・スパニアード・イン・ザ・ワークス』出版 (1965)
★ドイツ・日本・フィリピンを回る最後のワールド・ツアー開始 (1966)

25
★衛星生中継番組で「愛こそはすべて」を演奏 (1967)
● ビートルズのCDボックス・セット『JAPAN BOX』発売 (2014)

26
★ジョンとポール、ホテルで「シー・ラヴズ・ユー」を作曲 (1963)
● 『ハード・デイズ・ナイト』のサウンドトラック盤、アメリカで発売 (1964)
● ポールとリンゴ、『LOVE』上映1周年記念イヴェントに出席 (2007)

27
★ポール、ビリー・J.クレイマーのセッションに立ち会う (1963)
● ポール、アルバム『追憶の彼方に～メモリー・オールモスト・フル』の発売記念ライヴをハリウッドのレコード店、アメーバ・ミュージックで開催 (2007)

28
★ジュリアンへの子守唄「グッド・ナイト」を録音 (1968)
● ジョージの「マイ・スウィート・ロード」がアイヴァー・ノヴェロ賞を受賞 (1972)

29
★ビートルズ初来日。明け方に羽田空港に到着 (1966)

30
★ビートルズの日本公演、日本武道館で開催 (1966)
★シルク・ドゥ・ソレイユの『LOVE』の上演開始 (2006)

※カッコ内の数字は西暦
★は本文で詳述した出来事

6.1 (1967年)
8枚目のオリジナル・アルバム『サージェント・ペパーズ・ロンリー・ハーツ・クラブ・バンド』発売

ビートルズ『サージェント・ペパーズ・ロンリー・ハーツ・クラブ・バンド』(1967年)

　67年6月1日、『サージェント・ペパーズ・ロンリー・ハーツ・クラブ・バンド』がイギリスで発売された (アメリカは6月2日発売)。予約の段階で25万枚超、チェーンのレコード店には4〜5日早く店頭に並んだため、5月31日付のチャートで1位に初登場し、以後イギリスで22週連続 (通算27週) 1位、アメリカでも通算15週1位を記録。67年度グラミー賞の4部門も受賞した。2017年5月26日には、未発表音源などを追加収録した50周年記念リミックス盤も発売された。

6.1 (1969年)
ジョンとヨーコ、「平和を我等に」を録音

　69年6月1日、ジョンとヨーコはカナダ、モントリオールのホテル・レイン・エリザベスで2度目の"ベッド・イン"中に「平和を我等に」を録音した。ジョンはギターでアドリブ風に弾き語りながら、ティモシー・リアリーやアレン・ギンスバーグなどとともにサビを歌った。録音機材を調達したデレク・テイラーはこの時のことを「気分が乗り、月が満ちた時に生まれた。それは魔法のような時間だった」と語った。

6.2 (2017年)
アルバム『サージェント・ペパー』が50年ぶりに英1位に

　ジョージ・マーティンの息子ジャイルズ・マーティンがリミックスを手掛けた『サージェント・ペパー』の50周年記念盤が2017年5月26日に発売され、6月2日にイギリスで50年ぶりに1位を記録。「最も長い期間を経て再び1位になったアルバム」としてギネスブックに認定された。

6.3 (1964年)
リンゴ急病、初の世界ツアーの代役はジミー・ニコル

　64年6月3日の午前中に行なわれたフォト・セッションの最中、リンゴが体調不良を訴え、すぐに病院に向かうと、扁桃腺炎の悪化で即入院となった。そのため、翌日からのツアーは、リンゴに代わって急遽セッション・ドラマーのジミー・ニコルが呼ばれた。昼過ぎにジョージ・マーティンから電話で要請を受けたジミーは、3時からのリハーサルに顔を見せて6曲を演奏し、27時間後にはデンマーク、コペンハーゲンのステージに立っていた。当時のジミーは「貴重な経験ができた」と答えていたが、のちに「最悪の経験だった」と振り返っている。ジョージも「ジミーには感謝しているけどツアーはやるべきではなかった。僕らは若すぎて主張すべき物事が見えていなかった」と語った。

6.4 (1964年)
5ヵ国を回る初の本格的なワールド・ツアー開始

　64年6月4日から、デンマーク、オランダ、香港、オーストラリア、ニュージーランドを回る初の本格的なワールド・ツアーが開始された。ジミー・ニコルは急病のリンゴの代役として13日のアデレイド公演まで

64年6月5日、オランダのテレビ番組に出演し、リンゴの代役ジミー・ニコルをバックに演奏

ドラムを担当。5日には、オランダでの初仕事となるVARAテレビの番組『ビートルズ・イン・ネイデアラーント』に出演し、6曲を疑似演奏した。11日に退院したリンゴは、医師には1週間は安静にしているようにと忠告されていたものの、12日にオーストラリア入り。15日のメルボルン公演から復帰を果たした。

6.5 （1978年）
ジョン、家族とともに再来日し、3ヵ月滞在

78年6月5日から9月16日まで、ジョンとヨーコはショーンを連れて2度目の来日を果たし、今回は東京のホテル・オークラを中心に過ごした。帰国後ジョンは、ブロードウェイ・ミュージカル『THE BALLAD OF JOHN AND YOKO』の台本を書く準備を始めた。

6.5 （1987年）
ジョージとリンゴ、"プリンス・トラスト・コンサート"に出演

86年6月20日にポールが出演したのに続き、翌87年6月5日、今度は

仲の良い二人が、ステージで16年ぶりに共演（後ろはジェフ・リン）
©Dave Hogan/Getty Images

ジョージとリンゴが、チャールズ皇太子主宰のチャリティ・コンサート"プリンス・トラスト・バースデー・パーティ"に出演した。コンサートはロンドンのウェンブリー・アリーナで行なわれ、最後に登場したジョージは、エリック・クラプトンをフィーチャーした「ホワイル・マイ・ギター・ジェントリー・ウィープス」に続き、ジェフ・リンと二人でアコースティック・ギターの弾き語りで「ヒア・カムズ・ザ・サン」を披露（2曲ともドラムはリンゴ）。アンコールは全員でステージに上がり、リンゴが「ウィズ・ア・リトル・ヘルプ・フロム・マイ・フレンズ」を歌った。ジョージがビートルズの曲を人前で演奏したのは、71年8月1日に開催された"バングラデシュ・コンサート"以来のことだった。

6.6 (1962年)
EMIスタジオで初録音。ジョージ・マーティンに会う

　62年6月6日、ビートルズは初めてEMIスタジオに入り、テストも兼ねた初のレコーディング・セッションを行なった。セッションにはジョン、ポール、ジョージ、ピートの4人で臨み、コースターズの「ベサメ・ムーチョ」と、ポールが主に書いた「ラヴ・ミー・ドゥ」と「P.S. アイ・ラヴ・ユー」、それにジョンが書いた「アスク・ミー・ホワイ」の4曲が収録された。レコーディングは、ロン・リチャーズ（プロデューサー）とノーマン・スミス（エンジニア）の立ち会いで始まった。ノーマン・スミスが「ラヴ・ミー・ドゥ」に興味を持ち、テープ・オペレーターのクリス・ニールにジョージ・マーティンを呼びに行かせたという。マーティンは、ビートルズの音楽よりも、むしろユーモアのセンスを気に入ったようだ。マーティンの心をつかんだのはジョージだった。セッションが終わった後、プレイバックを聴いている最中にも何も言葉を発しない4人に向かって、マーティンは「何か気に入らないことでもあるのか？」と問い掛けた。対してジョージはこう答えたのだ──「あなたのネクタイが気に入らないな」。

6.7 (1962年)
ブライアン・エプスタインがNEMSを設立

　62年6月7日、ブライアン・エプスタインが弟のクライヴ・エプスタインとともに、ビートルズのマネージメント実務を処理する組織として、資

本金100ポンドで「NEMS」——正式名称は「North End Music & Store」
（NEMSエンタープライズ）を設立。ブライアン、クライヴの二人で各50%の
株を持った（その後、増資し、ビートルズも株を保有する）。この日、NEMSエンタ
ープライズは株式会社として登録された。64年3月9日には、リヴァプー
ルにあった本部とロンドンの広報部門を統合し、ロンドン・パラディアム
の隣にNEMSの本部を構えた。6階の全フロアが事務所になっていて、記
者会見やインタビューなどの会場としても使用された。

6.7 （1989年）
ポール、日本の音楽番組『夜のヒットスタジオ』に生出演

89年6月7日、ポールがフジテレビ系列の音楽番組『夜のヒットスタ
ジオ』に、87年11月18日に続き再び出演。今回は89年6月5日に発売さ
れたニュー・アルバム『フラワーズ・イン・ザ・ダート』の宣伝の一環
としての出演となり、「マイ・ブレイヴ・フェイス」と「ディス・ワン」
を披露した（演奏はともにいわゆるロパク）。

6.8 （1967年）
「ユー・ノウ・マイ・ネーム」にブライアン・ジョーンズ参加

67年6月8日に行なわれた「ユー・ノウ・マイ・ネーム」のレコーディ
ング・セッションに、ポールに招待されてスタジオを訪れたローリン
グ・ストーンズのブライアン・ジョーンズが参加。午後7時から午前1
時までのセッションではさまざまなパートを多数レコーディングした。
ビートルズによるピアノ、ドラム、リード・ギター、ベース、ヴィブラ
フォンに加えて、ブライアン・ジョーンズはアルト・サックスで参加し
た。ポールは、のちにこう語った——「ギターを持ってセッションに来
てくれると思ってたよ。そしたら、何と彼はサックスを持って登場し
た。感心するほどの立派な演奏じゃないけど、まさに僕らが求めていた
ものはあれだった。ブライアンはそんなふうにできる奴だった」。

6.9 （2018年）
ポール、リヴァプールのペニー・レインのプレートにサイン

2018年6月9日、アメリカCBSの深夜のトーク・バラエティ番組

サインを指さしながらジェームズ・コーデンと記念写真を撮るポール
©Craig Sugden/CBS Photo Archive/Getty Images

『ザ・レイト・レイト・ショウ』内の「カープール・カラオケ」の撮影の
ため、ポールはリヴァプールを久しぶりに訪れた。「カープール・カラ
オケ」とは、番組の司会を務めるイギリス出身のコメディアン、ジェー
ムズ・コーデンが運転する車に有名人が同乗し、車中でトークをした
り、歌を披露するというテレビ番組の人気コーナー。ポールは、ビート
ルズ時代の名曲の数々のエピソードを車中で喋ったり、現在は「ナショ
ナル・トラスト」が管理しているフォースリン・ロードの自宅に入り、
ピアノを弾きながら「ホエン・アイム・シックスティ・フォー」を歌っ
たり、フィルハーモニック・パブで店に来た客を驚かせる"どっきり"
仕掛けのライヴを披露したりするなど、リヴァプールの街並みを楽しん
だ。その合間に、ペニー・レインのプレートに自らサインを書き、自撮
り写真も撮影した。

6.10 (1966年)
12枚目のシングル「ペイパーバック・ライター」発売

　イギリスでの12枚目のシングルとなる「ペイパーバック・ライター」

ビートルズ「ペイパーバック・ラ
イター」(1966年／写真は日本盤)

が66年6月10日に発売され（アメリカは5月30日発売）、イギリス・アメリカともに2週連続1位を記録した。ポールが弾くエピフォン・カジノによるイントロのギター、初使用となったリッケンバッカーによる動き回るベースが曲の力感を倍増。何層にも重なったポール、ジョン、ジョージによるコーラスも印象的で、しかも手紙の文面をそのまま歌詞にするという試みも斬新だった。結果的に、ビートルズがライヴで披露した最後のシングル曲となった。

6.11 (1962年)
デビュー前にBBCラジオに2度目の出演

　62年6月11日、BBCラジオの公開録音番組『ティーンエイジャーズ・ターン／ヒア・ウィ・ゴー』に、3月7日に続き2回目の出演を果たした。今回も収録はマンチェスターのプレイハウス・シアターで行なわれ、午後4時からのリハーサル後、本番は夜8時45分から9時半までの45分。6月6日のEMIでの初レコーディングの際にも取り上げた「アスク・ミー・ホワイ」と「ベサメ・ムーチョ」に加えて、（80年代以降、ジョージとの共演が増えた）ジョー・ブラウンの「ア・ピクチャー・オブ・ユー」の計3曲を演奏した。番組は、6月15日の午後5時から放送された。

6.12 (1965年)
MBE勲章の授与が決定

　65年6月12日、ビートルズがMBE勲章を受けることが正式に発表された（「MBE」は "Members of the Order of British Empire" の略称）。史上最年少の受勲者誕生に反対し、抗議のために勲章を返還する過去の受勲者も現われるなど、物議を醸した。そうした反応に4人はこう答えた——「勲章をもらえるのは戦車を運転したり戦争に勝ったりした人だけだと思っていたよ」（ジョン）、「年をとった時のためにもらっておくよ」（リンゴ）、「父はどう思うかな」（ポール）、「ロックンロールを演奏することでこんな勲章がもらえるなんて」（ジョージ）。

6.13 (1968年)
ポール、アップルの宣伝映像用に
「ブラックバード」を収録

　アップルの宣伝用に、レコード部門の広報を手掛けていたトニー・ブラムウェルが演出した16ミリ・フィルムが作られた。まず68年6月11日にメリー・ホプキンの「悲しき天使」のプレイバックをメリーがポールと聴いている場面などが映像に収められた。11日はポールの「ブラックバード」がレコーディングされた日でもあったが、その2日後の6月13日にポールが新曲「ブラックバード」をアコースティック・ギターで弾く場面が収録された。

6.14 (1965年)
「夢の人」「アイム・ダウン」「イエスタデイ」を
1日で録音

　アルバム『ヘルプ！』の映画未使用曲のレコーディングを続ける中、65年6月14日はポールの才能を特に感じさせる1日となった。この日のセッションは午後2時半から夜10時まで約8時間行なわれ、いずれもポールが書いた「夢の人」「イエスタデイ」「アイム・ダウン」というタイプの異なるそれぞれカントリー、ハード・ロック、クラシカル調の3曲を完成させた。

6.15 (1965年)
『ミュージック・ライフ』の星加ルミ子が
ビートルズを訪問

　65年6月15日、『ミュージック・ライフ』の星加ルミ子編集長が、EMIスタジオでアルバム『ヘルプ！』をレコーディング中のビートルズを訪ねた。取材は当初30分のみと言われていたものの、午後5時から8時過ぎまでの3時間行なわれたという。着物姿の若い女性が日本刀などのプレゼントを持参したことも、効果絶大だった。星加氏はこの時の様子を「何の気取りもなく非常に楽しい4人だったんです。清潔で明るくて茶目っ気たっぷりで。この人たちが世界一の人気者にならなくていったい誰がなるんだろうと実感しました」と語っている。

星加ルミ子編集長に手渡された『ミュージック・ライフ』を眺めるビートルズとジョージ・マーティン
©Koh Hasebe/ML Images/Shinko Music

6.15 (1968年)
ジョンとヨーコ、"平和のどんぐり"イヴェントを行なう

　ジョンとヨーコが、68年6月15日にイギリスのコヴェントリー大聖堂の庭に、平和のシンボルとして2粒のドングリの実を並べて植えるイヴェントを行なった。これは「全イギリス彫刻展」に出品したアートのひとつで、2粒のドングリの実を植え、東と西がひとつになるユートピアの観念を表わしたものだった。ヨーコによると、ジョンの発案だったという。翌69年に二人は世界各国の大統領や首相に、小さな箱に入れたどんぐりを「愛と平和の小包」として送り、植えてもらうように依頼するという平和イヴェントを行なった。ちなみに日本で受け取ったのは佐藤栄作首相だった。ヨーコは2005年10月14日にも再びこのイヴェントを行なった。

6.16 (1966年)
ポール、スコットランドに農場を購入

　66年6月16日、ポールはスコットランドのキンタイア半島の最南端にある農場を購入した。69年9月20日のジョンの脱退発言にショックを受けて引き籠ったのも、この農場だった。ポールがこの半島の名前をモ

チーフにして書いた「夢の旅人 (Mull Of Kintyre)」は、ウイングスのシングルとして77年11月11日に発売され、「シー・ラヴズ・ユー」の売り上げ記録 (160万枚) を更新する大ヒットとなった。

6.17 (1965年)
「イエスタデイ」に弦楽四重奏を導入

65年6月14日のレコーディングの際に、「通常のバンド編成ではないほうがいい」というジョージ・マーティンの提案を受け、「マントヴァーニみたいに大げさにはしたくない」とポールが要望。こうしてビートルズ初のソロ・レコーディング曲として不朽の名曲となった「イエスタデイ」のクラシカルなアレンジが生まれた。6月17日に行なわれた弦楽四重奏のレコーディング・メンバーは、トニー・ギルバート (第1ヴァイオリン)、シドニー・サックス (第2ヴァイオリン)、ケネス・エセックス (ヴィオラ)、フランシスコ・ガバーロ (チェロ) の4人である。

6.18 (1942年)
ポール・マッカートニー誕生

1942年6月18日、父ジェームズと母メアリーの長男としてリヴァプールに誕生。父はトラッド・ジャズ系のセミプロのミュージシャンで、母は看護師・助産師として働いていたが、56年に癌で死去。母の死を悼んでポールが書いたのが、「アイ・ロスト・マイ・リトル・ガール」だった。57年7月6日にジョンと出会い、10月18日にクォリー・メンに加入。リヴァプール・インスティテュートの1学年下にジョージがいた。ジョンと仲の良かったスチュアート・サトクリフが抜け、ベースを最初はやるハメになったものの、目立たないベースだからこそ派手にやる、とばかりに、のちに"リード・ベース"と呼ばれるダイナミックな奏法でビートルズ・サウンドに彩を添えた。63年から5年間付き合っていた女優のジェーン・アッシャーと別れた後、写真家のリンダ・イーストマンと69年3月12日に結婚。リンダはポールのバンド、ウイングスにも加わるなど、ポールを公私ともに支え続けたが、98年に死去。リンダとの間に長女メアリー (69年生まれ)、次女ステラ (71年生まれ)、長男ジェイムズ (77年生まれ) をもうけた。リンダの死後、2002年に再婚 (2008年に離婚) したヘザー・ミルズとの間に三女ベアトリス (2003年生まれ) がいる。その後、2011年にナンシー・シェヴェルと

結婚した。代表作は『ラム』(71年)、『バンド・オン・ザ・ラン』(73年)、『タッグ・オブ・ウォー』(82年)、『フラワーズ・イン・ザ・ダート』(89年)、『フレイミング・パイ』(97年)、『ケイオス・アンド・クリエイション・イン・ザ・バックヤード〜裏庭の混沌と創造』(2005年)、『エジプト・ステーション』(2018年) など。

6.18 (1963年)
ポールの21歳の誕生日に
ジョンがボブ・ウーラーを殴る

　63年6月18日、ポールの21回目の誕生パーティがリヴァプールで開かれたが、そこである事件が起きた。ジョンがキャヴァーン・クラブのDJで旧知のボブ・ウーラーをぶん殴ったのだ。事の発端は、4月28日から5月10日にブライアン・エプスタインとスペインに旅行に行ったことを引き合いに出して、ボブがジョンを同性愛者とからかったことにあった。酔っ払っていたジョンは激怒。「ホモセクシャルなんじゃないかというおそれが自分の中にあったから」とジョン。ボブは訴訟を起こす構えをみせたが、エプスタインが仲裁し、後日ジョンはボブに対して謝罪文を書いてお詫びし、それ以上の騒ぎにならずに済んだ。

6.19 (1964年)
EP「ロング・トール・サリー」発売

　5枚目のEP「ロング・トール・サリー」が64年6月19日にイギリスで発売された。EPチャートで7週連続1位を記録しただけでなく、シングル・チャートでも最高11位を記録した。アルバム『ハード・デイズ・ナイト』の映画未使用曲のセッションと同時期にレコーディングされた4曲——「ロング・トール・サリー」「アイ・コール・ユア・ネーム」「スロウ・ダウン」「マッチボックス」が収録されたが、イギリスでは76年6月11日に発売されたアルバム『ロックン・ロール・ミュージック』に収められるまでは、このEPのみの収録曲だった。

ビートルズ「ロング・トール・サリー」(1964年)

6.19 （1967年）
ポール、LSD体験を告白

67年6月19日、ポールが『ライフ』誌の取材を受け、「LSDをやったことがある」と告白した。ポールは過去のこととしながらも、「僕らは普段、脳の10分の1しか使っていない。その埋もれた部分を活用できたらどんなに素晴らしいことか」と、LSDを擁護する立場で発言した。だが、ちょうどLSDが違法になった時期での発言だったため、各メディアがその事実を取り上げ、ポールを非難した。対してポールは、「この責任は、発言を伝えたメディアにある」と反論した。

6.20 （1965年）
フランスを皮切りにヨーロッパ・ツアー開始

65年6月20日にフランス・パリ公演からヨーロッパ・ツアーが始まった。今回は7月3日のスペイン・バルセロナ公演までの短い期間だった。パリでは異例のアンコール曲が演奏されるほどの盛り上がりを見せたが、その後のイタリアやスペインはいずれも空席が目立ち、客席の半分以上が空席だった日もあった。プレスは、高いチケット料金と気温の高さが原因と分析。この結果を不満に思ったブライアン・エプスタインは、その後ヨーロッパ公演を実施しなかった。

6.21 （1962年）
ジョン、デルバート・マクリントンのハーモニカに感化

62年6月6日のEMIスタジオでの初レコーディング後、ブライアン・エプスタインはキャヴァーン・クラブを中心にライヴの本数をさらに増やしていった。6月21日には「ヘイ・ベイビー」（リンゴが76年にカヴァー）をヒットさせたばかりのブルース・チャネルをメインにしたライヴがニュー・ブライトンで行なわれた。そこでジョンは、「ヘイ・ベイビー」でハーモニカを吹くデルバート・マクリントンの演奏を目の当たりにして多大な影響を受けた。ジョンが吹く特徴的なハーモニカの音色は、マクリントンの奏法にヒントを得たものだった。

僕がシタールを弾き始めても、それを最先端の楽器にしようとするつもりはない。（ジョージ／66年）

6.22 （1961年）
トニー・シェリダンのバック・バンドとして初の公式録音

トニー・シェリダン＆ザ・ビート・ブラザーズ「マイ・ボニー・ツイスト」(1962年／写真は日本盤)

61年6月22日、ハンブルクでのライヴに明け暮れるビートルズは、トニー・シェリダンのバック・バンドとしてではあったものの、初のオフィシャル・レコーディングの機会を得た（23日も録音されたという説あり）。トップ・テン・クラブで演奏していたトニー・シェリダンを、ポリドールのプロデューサーのベルト・ケンプフェルトが気に入ったのが、事の始まりだった。バック・バンドが見つかり次第レコーディングしたいという話をケンプフェルトから聞いたシェリダンは、何度か共演していたビートルズを推薦。演奏曲はケンプフェルトとシェリダンが決め、「マイ・ボニー」「ザ・セインツ」「ホワイ」「ノーボディーズ・チャイルド」「イフ・ユー・ラヴ・ミー・ベイビー」の5曲をレコーディングした。ビートルズの演奏に好感をもったケンプフェルトは4人だけの演奏を提案。ジョンが歌う「エイント・シー・スウィート」と、珍しいジョージ＆ジョン作のインストゥルメンタル「クライ・フォー・ア・シャドウ」(収録時のタイトルは「ビートル・バップ」)の2曲をレコーディングすることになった。この中から「マイ・ボニー」が、トニー・シェリダン＆ザ・ビート・ブラザーズ名義で61年10月23日にまず西ドイツで発売された（日本でも「マイ・ボニー・ツイスト」のタイトルで62年4月20日に発売)。

6.23 （1994年）
"スリートルズ" による映像版『アンソロジー』セッション

"アンソロジー"用に「フリー・アズ・ア・バード」を完成させた"スリートルズ"ことポール、ジョージ、リンゴの3人は、続いて94年6月22日にポールのスタジオで同じくジョンの「ナウ・アンド・ゼン」に取り掛かった。だが、ジョージの反対で作業はすぐに中断された。ジョージはお詫びにその翌23日に自宅にポールとリンゴを招いた。昔の曲ならいい、ということだろう。

"アンソロジー"の映像集には、3人がジョージの自宅スタジオで気ままなセッションを行なう演奏場面が数多く収録されているが、それはこの

時の映像である。DVDのボーナス映像も含め、ファンなら目が釘付けになる演奏曲は、ビートルズ・デビュー前のポールの未発表曲「シンキング・オブ・リンキング」や、ジョージがビートルズ加入時に弾いた「ローンチー」、デビュー前のポリドール・セッションでジョンが歌った「エイント・シー・スウィート」など。ほかにも未収録ながら、デビュー曲「ラヴ・ミー・ドゥ」や「アイ・ソー・ハー・スタンディング・ゼア」も演奏されたという。さらにフライアー・パークの広大な庭園に3人で座り、ポールとジョージがそれぞれウクレレを弾きながら「アイ・ウィル」やジョージがインドで書いた未発表曲「デーラー・ドゥーン」などを披露する場面も映像版には収録されている。ポール、ジョージ、リンゴがスタジオで3人でセッションをしたのは、70年の「アイ・ミー・マイン」以来のことだった。

● 僕は田舎が好きなんだ。今度はこっそり日本にやってきて、田舎をたくさん見ようかな。(ポール／66年)

6.24 (1965年)
ジョンの2冊目の著作
『ア・スパニアード・イン・ザ・ワークス』出版

『絵本ジョン・レノンセンス (IN HIS OWN WRITE)』に続き、65年6月24日にジョンの2冊目の著作『ア・スパニアード・イン・ザ・ワークス (A SPANIARD IN THE WORKS)』が刊行された。今作も主にナンセンスな詩と短編小説、イラストを集めたもので、日本では長らく翻訳化されていなかったが、2002年に『らりるれレノン　ジョン・レノン・ナンセンス作品集』のタイトルで発売された。「ずっと抑え込んでいたものを外に吐き出すことができた。貯め込むよりも吐き出したほうがいいってことさ。気持ちを前向きにさせてくれた」とジョン。

ジョン・レノン『らりるれレノン　ジョン・レノン・ナンセンス作品集』(2002年)

6.24 (1966年)
ドイツ・日本・フィリピンを回る最後のワールド・ツアー開始

66年6月22日に『リボルバー』を完成させたビートルズは、24日から

日本、フィリピンを回るワールド・ツアーに出た。ドイツのハンブルク
は思い出の詰まった地であり、日本とフィリピンはブライアン・エプス
タインの極東戦略に加えて未知の世界に足を踏み入れる機会でもあっ
た。そのため、ライヴ活動にすでに興味を失っている時期ではあったも
のの、結果的に最後のワールド・ツアーとなった3ヵ国への期待も全く
ないわけではなかった。

6.25 (1967年)
衛星生中継番組で「愛こそはすべて」を演奏

　67年6月25日、ビートルズは5大陸計24ヵ国を結ぶ全世界同時生中継
テレビ番組『アワ・ワールド』にイギリス代表として出演した。前年に
BBC発案の企画がヨーロッパ放送連合に持ちかけられ、世界18ヵ国の国
営放送が映像を提供することに合意して実現したものだった。BBCから
の出演依頼の際に、スタジオで新曲をレコーディングしている模様を生
放送し、しかも全世界の視聴者に理解できるシンプルな歌詞とメロディ
にしてほしいという要請があったという。ビートルズの出演は午後9時
36分から6分、BBCの要望どおり、EMIスタジオから新曲「愛こそはす

「愛こそはすべて」をリハーサル中の4人
©Michael Ochs Archives/Getty Images

べて」を生演奏した。ただし、オンエア中の失敗を極力避けたいというジョージ・マーティンの配慮から、録音済みのリズム・トラックに合わせて演奏したが、ジョンのヴォーカル、ポールのベース、ジョージのギター、オーケストラは生演奏である。晴れの舞台を祝福するため、スタジオには友人たちが色鮮やかな衣装で駆けつけ、コーラスで参加した。

　世界初の試みとなった『アワ・ワールド』は125分の番組で、イギリスでは午後7時55分から10時まで放送され（日本はNHKで26日午前3時55分から6時まで放送。再放送は26日午後7時30分から9時40分）、4億人が観た。

6.26 (1963年)
ジョンとポール、ホテルで「シー・ラヴズ・ユー」を作曲

　63年6月26日、ニューカッスルでの公演を終えたジョンとポールは、宿泊先のニューカッスル・ホテルで新曲の「シー・ラヴズ・ユー」を書き上げた。ポールの回想によると、前3作のシングルが一人称のラヴ・ソングだったことから、今回は自分以外の人間が主役の恋愛をテーマにすることを思いついたのだという。今でこそ完璧とされている曲だが、作曲当時は大の大人は理解しづらかったようで、ポールの父からは「イエー」のコーラスを「イエス」に変えたほうがいいと指摘され、ジョージ・マーティンにも「古臭いコーラス・アレンジ」と苦言を呈された。しかし4人は耳を貸さずに自分たちの意志を貫き、5日後の7月1日に、思いのままにレコーディングした。

6.27 (1963年)
ポール、ビリー・J. クレイマーのセッションに立ち会う

　ブライアン・エプスタインが設立したNEMSの第3弾アーティストとしてデビューを飾ったビリー・J.クレイマー・ウィズ・ザ・ダコタスが、ビートルズの「ドゥ・ユー・ウォント・トゥ・ノウ・ア・シークレット」のカヴァー曲（B面はレノン=マッカートニーの提供曲「アイル・ビー・オン・マイ・ウェイ」）で63年4月26日にデビューを飾った。63年6月27日にはポール立ち合いのもと、セカンド・シングルのレコーディングが行なわれた。曲は、やはりレノン=マッカートニーの書き下ろし（実際はほぼジョン一人の作）による「バッド・トゥ・ミー」である。

6.28 (1968年)

ジュリアンへの子守唄「グッド・ナイト」を録音

『ザ・ビートルズ』の制作が始まってほぼ1ヵ月後の68年6月28日、EMIスタジオで午後7時から午前4時30分まで「グッド・ナイト」のレコーディングが行なわれた。作者のジョンは、5歳になる息子ジュリアンへの子守唄を、「気恥ずかしいから」と自分では歌わず、最初からリンゴに歌わせることに決めていた。何度か練習したあと、ジョンのアコースティック・ギターとリンゴのヴォーカルを5テイク録音。各テイクの初めにはリンゴの即興の台詞が入っていた。

6.29 (1966年)

ビートルズ初来日。明け方に羽田空港に到着

66年6月29日午前3時40分、ビートルズを乗せた日航機「松島」が、台風4号の影響で、当初の予定よりも11時間遅れて羽田空港に到着。4人はハッピを着て手を振りながらタラップに姿を現わした。空港には早朝にもかかわらず、1500人のファンがビートルズを一目見ようと詰めかけた。その後、旅客機に横付けされたキャディラックに乗り込み、宿泊先である東京ヒルトンホテル（現ザ・キャピトルホテル東急）に向かった。そして、その日の午後3時20分から、ホテル地下の"紅真珠の間"で共同記者会見が開かれた。

記者会見は4時45分に終わり、5時からは若大将こと加山雄三が、東芝レコードの専務取締役の石坂範一郎氏と東芝音楽工業のビートルズ担当ディレクターの高嶋弘之氏とともにヒルトンホテルを訪れた。そこで加山が持参したニュー・アルバム『ハワイの休日』（66年6月15日発売）を一緒に聴いた後、5人ですき焼きを食べた（石坂・高嶋の両氏はブライアン・エプスタインに仕事の話で別室に呼ばれたため、食べそこなったという）。

4人は、日本滞在中、貸切となったホテル最上階（10階）のプレジデンシャル・スイート（1005号室）にほぼ"缶詰め状態"となった。狂信的なファンと来日反対を訴える国粋主義者の暴走から4人を守るため――というのが（表向きの）理由だった。日本の警察は戒厳令を思わせる警備体制を敷き、過剰な護衛を敢行。その結果、4人の自由な外出時間は、公演と移動に限られた。「軍隊並み」（ジョン）、「車の座席位置まで決まっていた」（ポール）と、不自由さをのちに振り返った。

"ビートルズ台風"、日本に上陸 (手前からタラップを降りるポール、ジョン、リンゴ、ジョージ、ブライアン・エプスタイン)
©The Asahi Shimbun/Getty Images

　招聘元の共同企画は4人にニコンのカメラを与え、豪華な品物を持った商人をホテルの部屋に呼び、出張販売させるなど、気を紛らわせようと配慮。芸者を呼んで日本舞踊も見せたが、大した興味を示すこともなく、4人は部屋で絵を描きたいとエプスタインに伝え、すぐさま絵具と用紙が揃えられた。そこで描かれた絵のひとつは、30cm×40cmの紙の真ん中にランプを置き、四方から油彩や水彩絵の具で絵を描き上げたもの。のちにその絵には「イメージ・オブ・ウーマン」という題が付けられた。

6.30 (1966年)
ビートルズの日本公演、日本武道館で開催

　66年6月30日から7月2日にかけて、初の極東ツアーである日本公演が行なわれた。全部で5公演 (追加2公演を含む)、計3万枚のチケットに対して、21万件の申し込みがあったという。来日発表後の日本はビートルズ・ムード一色となっており、6月29日早朝の彼らが日本の地を踏んだ瞬間からの5日間で、その盛り上がりは頂点を迎えた。コンサートは5公演とも日本のミュージシャンによる前座の演奏があった。日によって出演者や曲順に違いがあったようだが、7月1日の前座と演奏曲は次のと

観客も警備員もおとなしく観戦　　　　　　　　©The Asahi Shimbun/Getty Images

おり。

　①ウェルカム・ビートルズ（ブルー・コメッツ&ブルージーンズ、尾藤イサオ、内田裕也）②のっぽのサリー（ザ・ドリフターズ）③ダイナマイト（尾藤イサオ）④朝日のない街（内田裕也）⑤恋にしびれて（望月浩）⑥キャラバン（ブルー・コメッツ）

　前座の演奏が終わり、午後7時35分に司会のE・H・エリックの紹介を受けて日本武道館のステージに登場した4人は、次の11曲を演奏した（カッコ内はリード・ヴォーカル）。

　①ロック・アンド・ロール・ミュージック（ジョン）②シーズ・ア・ウーマン（ポール）③恋をするなら（ジョージ）④デイ・トリッパー（ジョン&ポール）⑤ベイビーズ・イン・ブラック（ジョン&ポール）⑥アイ・フィール・ファイン（ジョン）⑦イエスタデイ（ポール）⑧アイ・ウォナ・ビー・ユア・マン（リンゴ）⑨ひとりぼっちのあいつ（ジョン）⑩ペイパーバック・ライター（ポール）⑪アイム・ダウン（ポール）

　6月30日の初日（夜）の公演は、翌7月1日の夜9時からテレビ放映され

る予定で収録されたものの、マイクの不備や観客がほとんど映らないカメラアングルなどを理由にブライアン・エプスタインの許可が下りず、翌1日の昼の公演を再度撮り直し、夜の放送に間に合わせた。84年に発売された『ザ・ビートルズ　武道館コンサート』には、お蔵入りとなった30日の公演が収録されている。

6.30 （2006年）
シルク・ドゥ・ソレイユの『LOVE』の上演開始

　ジョージと妻オリヴィアが関心を寄せていたカナダのサーカス／エンターテインメント集団シルク・ドゥ・ソレイユとビートルズのコラボレーション企画『LOVE』の上演が、2006年6月30日にラスヴェガスのミラージュホテル内の1階にある特設ステージ「LOVEシアター」で始まった。ビートルズの曲を流しながらシルク・ドゥ・ソレイユの団員がビートルズの歴史を表現していくというショーで、監修はジョージ・マーティン。ビートルズの曲を大胆にリミックスしたサウンドトラック・アルバム『LOVE』も2006年11月20日（アメリカは11月21日）に発売され、イギリス3位、アメリカ4位を記録した。シルク・ドゥ・ソレイユは、コロナ禍による世界的パンデミックの影響で2020年8月に経営困難になったが、再建後の2021年8月26日に公演を再開した。

リンゴに倣って全員で"ピース&ラヴ"サイン。左からポール、オリヴィア・ハリスン、オノ・ヨーコ、バーバラ・バック、リンゴ
©KMazur/WireImage/Getty Images

●見た目もカッコよく、堂々としていて、ゆっくり寝そべっていられる猫になりたい。（ジョン／66年）

7 July

17
- ●ジョージ、サリー州イーシャーに家（キンファウンス）を購入 (1964)
- ★映画『イエロー・サブマリン』の試写会にジョンとヨーコ出席 (1968)

18
- ★2枚目のアルバム『ウィズ・ザ・ビートルズ』の制作開始 (1963)
- ●ポール、取り壊されるシェイ・スタジアムの最後のコンサートとなったビリー・ジョエルのステージにアンコールで登場し、2曲で共演 (2008)

19
- ●テレビ番組『ブラックプール・ナイト・アウト』に出演。5曲を生演奏し、コントにも参加 (1964)
- ★ジョンとポール、ローリング・ストーンズの「この世界に愛を」に参加 (1967)

20
- ●アメリカ編集盤『サムシング・ニュー』発売 (1964)
- ★ジェーン・アッシャー、ポールとの婚約破棄を公表 (1968)
- ●映画『レット・イット・ビー』の210分のラフ・カットを観る (1969)

21
- ★ジェフ・エメリックの仕切りで「カム・トゥゲザー」を録音 (1969)
- ●ジョンとヨーコ、ドキュメンタリー・フィルム『イマジン』の撮影開始 (1971)

22
- ●アルバム『イントロデューシング・ザ・ビートルズ』、アメリカのヴィー・ジェイから発売 (1963)
- ★ポール、『アビイ・ロード』のジャケットを再現 (1993)

23
- ★10枚目のシングル「ヘルプ！」発売 (1965)
- ●「ジ・エンド」のドラム・ソロを録音 (1969)
- ●リンゴ、オール・スター・バンド（第1期）と初のソロ・ツアーを開始 (1989)

24
- ●リンゴ、サリー州ウェイブリッジに家（サニー・ハイツ）を購入 (1965)
- ★ビートルズとブライアン・エプスタイン、マリファナ擁護広告に署名 (1967)

25
- ★BBCテレビの『ジューク・ボックス・ジュリー』に出演 (1964)
- ●ポールとジョージとリンゴがロンドンで再会し、旧交を温める (1983)
- ●ポール、"LIPA"でジャーヴィス・コッカーと対談。ライヴも披露 (2018)

26
- ●ジョー・ブラウンと競演（27日も）。マル・エヴァンスが初めて警備 (1962)
- ●ポールの映画『ヤァ！ブロード・ストリート』の撮影終了 (1984)
- ★ポールがキャヴァーン・クラブで演奏 (2018)

27
- ●イングランド南西部の海岸保養地で、デゾ・ホフマンによるフォト・セッションが行なわれる (1963)
- ★ジョン、アメリカ永住権を獲得 (1976)
- ★ポール、ロンドン・オリンピックで「ヘイ・ジュード」を演奏 (2012)

28
- ●スウェーデンで2公演（29日も）(1964)
- ★フォト・セッション"マッド・デイ・アウト"を行なう (1968)
- ★ジョン、家族で3度目の来日。軽井沢を中心に1ヵ月滞在 (1979)

29
- ★映画『ヘルプ！』のワールド・プレミアがロンドンで開催 (1965)
- ●ジョンの"キリスト発言"、アメリカの『デート・ブック』に部分的に転載 (1966)

30
- ★『アビイ・ロード』のB面メドレーの曲順決定 (1969)
- ●リンダの父、リー・イーストマン他界 (1991)

31
- ●アメリカ南部を中心にビートルズ排斥運動が起こり、アラバマ州バーミングハムでレコードが燃やされる (1966)
- ★「ヘイ・ジュード」をトライデント・スタジオで録音 (1968)
- ★アップル・ブティック閉店 (1968)

※カッコ内の数字は西暦
★は本文で詳述した出来事

7.1 (1966年)
ジョンとポール、日本公演中にホテルを脱出

　日本滞在中、4人はヒルトンホテルに"軟禁状態"になったが、66年7月1日にジョンとポールは、警備の隙をついて外出。それぞれ仲の良いロード・マネージャー（ジョンはニール・アスピノール、ポールはマル・エヴァンス）を伴い、ジョンは午前9時過ぎに原宿の骨董品店「オリエンタルバザール」と麻布材木町の古美術店「朝日美術」に、ポールは11時20分頃に皇居に（四ツ谷の風俗店に行くのを断念して、とか）それぞれ向かった。警察官の護衛付きでポールとマルが皇居前でお堀にいる写真や、買い物を終えたジョンとニールがホテルの地下に戻ってくる写真などがスクープ的に公表された。

7.2 (2005年)
ポール、"ライヴ8"に出演

　85年7月13日に開催された"ライヴ・エイド"から20年後の2005年7月2日、同じくボブ・ゲルドフが提唱したチャリティ・コンサートにポールが出演。コンサートはロンドン、フィラデルフィアのほかに、日本、パリ、ローマ、ベルリン、トロント、ヨハネスブルグ、エディンバラ、モスクワの計8都市で開催され、ロンドンのハイド・パークのステージに立ったポールは、オープニングでU2と「サージェント・ペパー」で共演し、トリで「ゲット・バック」や「ヘイ・ジュード」などビートルズ・ナンバー5曲を演奏した。

7.3 (1966年)
ビートルズ、日本を離れる

　66年6月30日に始まった日本公演は、計5回の公演で約5万人の観客を動員し、7月2日に終了。翌3日の午前10時44分、4人は日航機でマニラに向けて出発した。日本公演は、7月1日の昼公演が、コンサートが行なわれた当日の午後9時から日本テレビで放映され、視聴率は関東で59.8%、関西で46.1%、瞬間最高63.1%を記録した。招聘元として関わった名古屋の中部日本放送はTBS（東京放送）系列だったため、名古屋でのテレビ放映は3日の夕方4時半からとなった。

7.4 (1969年)
プラスティック・オノ・バンドのデビュー・シングル
「平和を我等に」発売

　ジョンが新たに結成したプラスティック・オノ・バンドのデビュー・シングル「平和を我等に」が69年7月4日に発売され（アメリカは7月7日）、イギリスで2位、アメリカで14位を記録した。この曲についてジョンは、「〈勝利を我等に（We Shall Overcome）〉を超えるような歌を作りたいと思っていた。バスの中でも歌えるような歌だ。単なるラヴ・ソングではなく」と語っている。

プラスティック・オノ・バンド
「平和を我等に」(1969年／写真は日本盤)

7.4 (1980年)
ジョージ、自叙伝『アイ・ミー・マイン』を出版

　79年7月4日に、ジョージ初の著書『アイ・ミー・マイン』が発売された。ビートルズの広報担当者として特にジョージと懇意だったデレク・テイラーの聞き書きによる伝記をまじえたもので、ジョージの手書きの歌詞が83曲掲載されている。豪華版は限定2000冊で、ナンバーと直筆サイン入り。ペイパーバック仕様の通常盤も80年8月22日に発売された。さらにジョージの妻オリヴィアが序文を手掛けた再発版が2002年に、ジョージの手書きの歌詞59曲が新たに加わった増補新装版が2017年に発売された。日本でも『ジョージ・ハリスン自伝　I・ME・MINE』のタイトルで2002年12月1日に発売された。これを読んで「あんなに面倒をみてやったのにオレのことが書かれていない」と激怒したのはジョンである。

ジョージ・ハリスン『アイ・ミー・マイン』(1980年／写真は日本版)

7.5 (1966年)
フィリピン出国時に暴行を受ける

　66年7月3日、4人を乗せた飛行機は東京を飛び立ち、香港を経由してツアー最終公演地フィリピンのマニラに到着した。だが、イメルダ・マルコスのパーティに招待されていたものの、連絡の行き違いで昼食会を欠席。翌朝の新聞は「イメルダ夫人立腹」との見出しで大きく報道し、国民の反感を買うことになった。招待を受けていないとブライアン・エプスタインがテレビを通して声明を発表したが、5日の出国時には空港で軍隊警官などから暴力的いやがらせを受けたほか、フィリピンの税務長官が公演報酬の所得税を払わないとビートルズを出国させないと通告。エプスタインが不当ともいえる額の支払いに応じることで、午後4時45分にマニラ国際空港を離陸。バンコク経由でインドのニューデリーに向かった。このインド滞在時にジョージはシタールを購入した。

7.6 (1957年)
ジョンとポール、セント・ピーターズ教会で出会う

　57年7月6日は、ビートルズの歴史上、最も記念すべき1日となった。ジョン（16歳）とポール（15歳）が出会った日である（70年代には「56年6月15日」が定説だった）。

　リヴァプール、ウールトンのセント・ピーターズ教会でのパーティ（というよりも村祭り）に、ジョン率いるクォリー・メンが演奏する機会を得た。ジョンの中学の同級生で、高校はポールと同じだったアイヴァン・ヴォーンという知り合いに誘われて、ポールは自転車で教会にやって来た。トラックの荷台をステージ代わりに歌う目立つ男——それがジョンだった。ギターの腕前はそれほどでもなかったが、「カム・ゴー・ウィズ・ミー」をブルースの歌詞でいい加減に歌うジョンを見て「前髪をカールさせたカッコいいやつだ」とポールは思ったという。そして2回目のステージが始まる前の待ち合い室（ボーイスカウト小屋）で、アイヴァン・ヴォーンの紹介で二人は出会った。ポールによると、バンドの前で「ホール・ロッタ・シェイキン・ゴーイン・オン」「トゥッティ・フルッティ」「ロング・トール・サリー」をピアノで歌い、次に「トゥエンティ・フライト・ロック」と「ビー・バップ・ア・ルーラ」をギターで歌ったという。歌詞を覚える気のない（ビートルズのライヴでもしょ

っちゅう歌詞を間違えた）ジョンは、「トゥエンティ・フライト・ロック」を正確に歌えるポールに感心しつつ、自分と同じぐらいうまいやつをバンドに入れたらリーダーの座が奪われるんじゃないかと思ったそうだ。70年のインタビューでジョンは、「個人的なことにこだわるよりも、対等なパートナーシップに基づいて、グループを最強にすることを第一に考えよう」と決めてポールを仲間に引き入れることにしたという。「エルヴィスに似てた」とお互いが相手のことを言っていたのも面白い。

　数日後、ジョンの親友ピート・ショットンに偶然会ったポールは、ジョンがバンドに誘っていることを聞き、「キャンプから帰ってきたら」とポールはあえて間を置いてからアイヴァン・ヴォーンを介して参加の意思を伝えたのだった。ただし、クォリーメンの元メンバーは、57年7月6日にアイヴァン・ヴォーンがポールを連れてきたのではなく、翌週ぐらいにジョンの家に集まった時に二人は出会ったんじゃないかと言っている。

7.6（1961年）
『マージー・ビート』創刊。ジョンはバンド名の由来を寄稿

　61年7月6日、リヴァプールの音楽シーンを伝える音楽誌『マージー・ビート』が隔週誌として創刊された。編集長のビル・ハリーは、公務員のジム・アンダーソンから50ポンドの出資を受け、取材、執筆、デザイン、営業を一人で担当した。初回部数は5000部だった。ビートルズのマネージャーになる前のブライアン・エプスタインは、創刊時から雑誌の主旨に賛同し、広告を出稿したほか、執筆者として参加していた。

『マージー・ビート』創刊号
（1961年）

　その創刊号にジョンは、「ビートルズの怪しげな起源に関する短い気晴らし」というこんな一文を寄せた──『ビートルズってなんだ？』『なんでビートルズなんだ？』と訊かれる。ではお話しよう。一人の男が燃えさかるパイに乗って現われ、こう告げた。『今日からお前たちは、二つ目のEをAに変えたビートルズ（Beatles）だ』──と。この「燃えさかるパイ（"Fleming Pie"）を元にポールは97年に、アルバム・タイトルにもなった「フレイミング・パイ」を書き上げた。

7.7 (1940年)
リンゴ・スター (リチャード・スターキー) 誕生

　1940年7月7日、リチャード・スターキー (息子と同じ名前) とエルシー・グリーヴの長男としてリヴァプールに誕生。両親が3歳の時に離婚 (53年にエルシーはハリー・グレイヴスと再婚)。幼少の頃から病弱で入退院を繰り返していたが、叔父にドラムを買ってもらい、音楽に目覚めた。ロリー・ストーム＆ザ・ハリケーンズのメンバーとしてビートルズよりも早くリヴァプールやハンブルクで人気を得ていた。62年にビートルズに加入。65年にモーリン・コックスと結婚し、同年に長男ザックが誕生。70年の『センチメンタル・ジャーニー』の発表を機に、ソロ活動を開始。映画俳優としても活躍し、『キャンディ』(68年)、『マジック・クリスチャン』(69年) など出演作も数多い。75年にモーリンと離婚し、81年に女優バーバラ・バックと再婚。代表作は『リンゴ』(73年)、『バラの香りを』(81年)『タイム・テイクス・タイム』(92年)、『ヴァーティカル・マン』(98年) など。

7.7 (1967年)
15枚目のシングル「愛こそはすべて」発売

ビートルズ「愛こそはすべて」
(1967年／写真は日本盤)

　15枚目のシングル「愛こそはすべて」が67年7月7日 (アメリカは7月17日) に発売され、イギリス・アメリカともに1位を記録した。6月25日放送の『アワ・ワールド』用にジョンが書いた曲だが、臨時発売が決まったのは放送前日の24日だった。そのため4人は、生放送後、テレビ局のクルーやゲストが帰ってから急遽追加録音を行ない、その日のうちにすべての作業を終えた。翌日、モノ・ミックスの完成後、音源はすぐにプレス工場に送られ、通常は2週間以上かかる工程を8日で済ませ、EMIは見本のプレスを放送から4日で完了させたという。

7.8 (1968年)
映画『イエロー・サブマリン』のプレス向け試写会開催

　68年7月8日、ロンドンのナイツブリッジにあるボウォーター・ハウ

ス・シネマで映画『イエロー・サブマリン』のプレス向け試写会が開催され、ジョンを除く3人が顔を見せた。17日にはワールド・プレミアがロンドン・パヴィリオンで行なわれたが、イギリスでの評判は芳しくなく、配給会社は当初予定していた映画館の3分の1でしか公開しないことを決めた。だが、4ヵ月後の11月13日にアメリカで公開されると、アメリカのメディアは絶賛。監督のジョージ・ダニングは、翌69年、第3回全米批評家協会賞の特別賞を受賞した。

"アニメのジョン"を加えて勢揃い
©Popperfoto/Getty Images

7.9 (1972年)
ウイングス、初のヨーロッパ・ツアー開始

　9ヵ国、26都市を回ったウイングス初のヨーロッパ・ツアー"Wings Over Europe" が72年7月9日にフランスから始まり、コンサートは8月24日のドイツ、ベルリン公演まで続いた。7月14日のリヨン公演はチケットの売り上げが芳しくなくキャンセルとなり、8月4日のヘルシンキ公演では客の反応にショックを受けたポールが記者会見をすっぽかすという事態も招いた。さらに8月10日のスウェーデン公演では麻薬不法所持の容疑でポールが徹夜の取り調べを受け、翌朝早くにスウェーデンを立ち去ることを条件に釈放されるという出来事に見舞われた。

7.10 (1964年)
初の主演映画のプレミア・ショーで故郷に凱旋

　64年7月10日、映画『ハード・デイズ・ナイト』の北部プレミア上映会がリヴァプールで行なわれた。久しぶりの凱旋で街は大騒ぎとなり、沿道は10万人以上のリヴァプール市民であふれかえった。4人がバルコニーに立ち、観衆に向かって手を振ると、街は歓喜の渦に包まれた。

7.10 (1964年)
3枚目のアルバム『ア・ハード・デイズ・ナイト』発売

ビートルズ『ア・ハード・デイズ・ナイト』(1964年)

　64年7月10日、3枚目のオリジナル・アルバム『ア・ハード・デイズ・ナイト』がイギリスで発売された。この、初の主演映画のサウンドトラック盤は、次作『ビートルズ・フォー・セール』にトップの座を譲るまでイギリスで21週連続1位を記録した。また、自作曲だけ収録された初のアルバムとなり、大半の曲（13曲中10曲）をジョンが書き下ろしている。アメリカでは、映画配給元のユナイテッド・アーティスツから、映画に使われたジョージ・マーティン・オーケストラによる演奏も含む、よりサウンドトラック的な編集アルバムとして64年6月26日に発売された（14週連続1位を記録）。

7.10 （1964年）
7枚目のシングル「ア・ハード・デイズ・ナイト」発売

7枚目のシングル「ア・ハード・デイズ・ナイト」がアルバムと同じ64年7月10日（アメリカは7月13日）に発売され、イギリス・アメリカともに1位を記録した。リンゴのつぶやき "It's been a hard day...'s night" をヒントにジョンが書いた3枚目のアルバムのタイトル曲で、同名映画の主題歌となった。イントロの "ジャーン" の衝撃は永遠に色褪せない。

ビートルズ「ア・ハード・デイズ・ナイト」（1964年／写真は日本盤）

7.11 （1968年）
「レボリューション」にニッキー・ホプキンス参加

同時代のロック系ミュージシャンがビートルズのレコーディングに参加する機会はそれほど多くなく、あったとしてもコーラス程度だった。演奏自体では、ジャズやクラシックの演奏家の参加は目立っていたが、68年7月11日には、セッション・ピアニストのニッキー・ホプキンスがスタジオに呼ばれた。そして午後4時から午前3時45分までのセッションで、「レボリューション」のテイク15に、ニッキーのエレクトリック・ピアノとポールのベースがオーヴァーダビングされた。ニッキーには、6ポンド10シリング（6ポンド50ペンス）のギャラが支払われたという。

7.12 （1964年）
初のEP「ツイスト・アンド・シャウト」発売

64年7月12日に初のEP「ツイスト・アンド・シャウト」が発売され、4位を記録。EPとしては初めて『NME』誌のベスト・テンにも入った。収録されたのは、アルバム『プリーズ・プリーズ・ミー』からの4曲──「ツイスト・アンド・シャウト」「ドゥ・ユー・ウォント・トゥ・ノウ・ア・シークレット」「蜜の味」「ゼアズ・ア・プレイス」だった。

ビートルズ「ツイスト・アンド・シャウト」（1964年）

●インド音楽をヨーロッパやアメリカのポピュラー界に輸入する。素晴らしいことじゃないか。（ジョージ／67年）

7.13 (1965年)
「キャント・バイ・ミー・ラヴ」がアイヴァー・ノヴェロ賞を受賞

　65年7月13日、ロンドンのサヴォイ・ホテルでアイヴァー・ノヴェロ賞の授賞式が開催された。「キャント・バイ・ミー・ラヴ」が最多放送賞とベストセラー・シングル賞に選ばれ、ポールは4人を代表して授賞式に出席した。だが、ポールは授賞式のことをすっかり忘れていたために遅刻、ジョンは出席を拒否したという。「僕らが受賞したことで他の受賞者たちが賞をつき返さなければいいけど……」とMBE勲章騒動を茶化してポールは語った。

7.13 (1985年)
ポール、"ライヴ・エイド"に出演

　"ライヴ・エイド"は、ブームタウン・ラッツのボブ・ゲルドフの提唱により、アフリカ難民救済を目的としたチャリティ・コンサートで、85年7月13日にロンドンのウェンブリー・スタジアムとフィラデルフィアのJFKスタジアムの2ヵ所で開催された。日本を含む84ヵ国にテレビ中継された。ポールはクイーンの次にイギリス（ウェンブリー）のトリで出演し「レット・イット・ビー」を歌ったが、マイクの不備でヴォーカルが一部聞こえなくなるという不測の事態となった。「レット・イット・ビー」をポールと一緒に歌わないかとコンサート前日にボブ・ゲルドフから電話を受けたジョージは、参加を断ったという。「時差ボケだったし、有名なやつがたくさんいるから、僕がいなくてもいいだろうと思ったんだ」（ジョージ）。

7.13 (1992年)
ジョージのライヴ・アルバム
『ライヴ・イン・ジャパン』発売

　エリック・クラプトンが援助したジョージの91年12月の日本公演の中から、10日の大阪城ホール以後、最終日となった17日の東京ドームまでの6公演のベスト・テイクを元に編集された記念すべきライヴ・アルバム『ライヴ・イン・ジャパン』が、翌92年7月13日（アメリカは6月30日）に発売された。「アイ・ウォント・トゥ・テル・ユー」や「タックスマ

ン」「ピッギーズ」「オールド・ブラウン・シュー」など初披露のビートルズ・ナンバーが目白押し。ただし、クラプトンのヴォーカル曲4曲はいずれもカットされたため、クラプトン側が激怒したという話も伝わってきた。プロデューサーのスパイク＆ネルソン・ウィルベリーは、どちらもジョージの偽名。つまりジョージの単独プロデュース。

ジョージ・ハリスン『ライヴ・イン・ジャパン』（1992年）

7.14 (1958年)
クォリー・メン、初の自主制作盤を録音

　57年10月にポール、そして58年1月にジョージが加わって"ビートルズの母体"ができたクォリー・メンは、ピアニストのジョン・"ダフ"・ロウとドラマーのコリン・ハントンを加えた5人で、58年7月14日にリヴァプールのスタジオで78回転の自主制作盤を制作した（制作時期に関しては58年5月から6月にかけてというのが有力だが、ここでは公に伝えられている日にちとした）。レコーディングされたのは、バディ・ホリーのカヴァー「ザットル・ビー・ザ・デイ」と、ポールとジョージの共作曲「イン・スパイト・オブ・オール・ザ・デインジャー」の2曲である（ヴォーカルはともにジョン）。レコードはメンバー間で1週間ごとに交代で保管することになったが、「23年間ずっと持っていた」というロウからポールが81年に買い取り、その音源がビートルズの『アンソロジー 1』に収録された。ポールは日本を含む2016年以降のツアーで「イン・スパイト・オブ・オール・ザ・デインジャー」をライヴで初披露した。

7.15 (1958年)
ジョンの母ジュリア、非番の警官に轢かれて死去

　58年7月15日、ジョンの母ジュリアが、ミミ伯母（ジュリアの姉）の家からの帰宅途中に、非番の警官の車にはねられて死亡した。44歳だった。ジョンにとっては、ポールとジョージとの出会いで新たな道が開かれた矢先の出来事だった。「僕は母を2度も失った。関係を立て直そうと本気で考え始めた途端、母は殺されたんだ」と、のちにジョンはその時の辛い胸の内を明かした。ジョンは「ジュリア」（68年）、「マザー」「マイ・マミーズ・デッド」（ともに70年）などで母ジュリアへの思いを曲に込めた。

僕らがイメージを作ったんじゃない。みんなが勝手に僕らのイメージを作っているんだ。（ジョン／67年）

7.16 (1968年)
ジェフ・エメリック、ビートルズから"脱退"

68年5月30日に始まったアルバム『ザ・ビートルズ』のレコーディング・セッションは、ジョンがヨーコをスタジオ内に招き入れたことで緊張感を生むきっかけとなった。ヨーコに対して不快感を示した他のメンバーにジョンは反発し、不穏な空気はレコーディングが進むにつれ、次第に広がっていった。そして7月16日。『リボルバー』以降、ジョージ・マーティンとともに革新的なサウンド作りに取り組んできたエンジニアのジェフ・エメリックが、「クライ・ベイビー・クライ」の作業途中でスタジオを離れ、"ビートルズ・チーム"から去っていった。エメリックによると、その大きなきっかけとなったのは、(おそらく) 7月15日の「オブ・ラ・ディ、オブ・ラ・ダ」のセッション時での出来事だった。ヴォーカル録り直し中のポールに対しジョージ・マーティンが意見を伝えた時にポールが無礼な態度を取り、現場の最悪な雰囲気に耐え切れなくなったという。

7.16 (1983年)
ポール、大道芸人に扮し、「イエスタデイ」の弾き語り

ポールが脚本・音楽・主演を手掛けた映画『ヤァ! ブロード・ストリート』(84年) は、リンゴとのビートルズ・ナンバーの再演もあるなど、大きな話題となった (映画自体は大不評だったが)。その映画には、特に興味深い場面が出てくる。一人のストリート・ミュージシャンが、アコースティック・ギター片手に何やらノリのいい曲を演奏している。お金を投げ込む通行人に対し、"Thank you, Sir""Thank you, ma'am" などと歌いながら御礼を言う、サングラスをかけたちょっとくたびれたミュージシャンは、よくよく見ると、なんとポール本人。83年7月16日、ロンドンのレスター・スクエア駅の出入り口で撮影されたもので、演奏されている曲も、よくよく聴くと、「イエスタデイ」なのだ。

7.17 (1968年)
映画『イエロー・サブマリン』の試写会にジョンとヨーコ出席

68年7月17日、映画『イエロー・サブマリン』のプレミア・ショーが、

ロンドン・パヴィリオンで開催された。ビートルズはそれに続くパーティにも出席。しかし、ジョージとパティ、リンゴとモーリンは仲良く出席したものの、ジョンはシンシアではなくヨーコを伴い、ポールはジェーンを伴わずに一人で出席した。キース・リチャーズは、ファンと間違われてなかなか会場に入ることができず、招待券を見せてやっと会場入りできたという。

7.18 （1963年）
2枚目のアルバム『ウィズ・ザ・ビートルズ』の制作開始

　アルバム『プリーズ・プリーズ・ミー』が大ヒットを続けていた63年7月18日、4人は早くもセカンド・アルバムの制作に取り掛かった。1年に2枚のアルバムを発売するというEMIとの取り決めがあったからだ。作業はツアーの合間を縫って行なわれたため、完成までに3ヵ月を要し、4人はこのレコーディングで初めてスタジオ作業の奥深さを体験した。前半は主にカヴァー曲が中心で、この日には「ユー・リアリー・ゴッタ・ホールド・オン・ミー」ほか計4曲がレコーディングされた。だが「ティル・ゼア・ウォズ・ユー」のレコーディング中、ブライアン・エプスタインがジョージ・マーティンに「ポールのヴォーカルに問題がある」と指摘した際に、そのやりとりを耳にしたジョンは憤慨し、こう言い放った──「金を稼いでいるのは俺たちだ。あんたは自分の取り分でも計算してろ！」。

7.19 （1967年）
ジョンとポール、ストーンズの「この世界に愛を」に参加

　67年7月19日、ジョンとポールは、ローリング・ストーンズの「この世界に愛を」にバック・ヴォーカルで参加した。ミック・ジャガーとキース・リチャーズが、67年2月10日の「ア・デイ・イン・ザ・ライフ」のセッションに立ち合い、5月11日の「ベイビー・ユーアー・ア・リッチ・マン」のレコーディングに参加し、そして6月25日の「愛こそはすべて」の公開セッションにも顔を見せるなど、ビートルズとの交流を深めていたことに対するジョンとポールからのお礼の意味合いも込められていた。「この世界に愛を」は67年8月18日に発売され、イギリス8位、アメリカ50位を記録した。

● 登り坂にいる時は誰もが味方になってくれる。でも、登りつめると、その人気者を殴り倒したくなるんだ。（リンゴ／67年）

7.20（1968年）
ジェーン・アッシャー、ポールとの婚約破棄を公表

　68年7月20日、ジェーン・アッシャーがBBCテレビの『デイ・タイム』という番組に出演し、ポールとの婚約を破棄したと語り、二人の関係は終わりを告げた。この時期、短期間だがフランシー・シュワルツという女性と付き合っていたことや、リンダと再会したことなどがポールの心境に変化を与え、ジェーンとの関係に終止符が打たれる一因となったといわれる。

7.21（1969年）
ジェフ・エメリックの仕切りで「カム・トゥゲザー」を録音

　69年7月21日、『アビイ・ロード』制作中の4人は、「カム・トゥゲザー」のレコーディングに臨んだ。『アンソロジー 1』に収録されたテイク1を聴けば明らかなように、この日のジョンは、気合も十分。ギターを弾かずに、"Shoot me!"という歌詞の直後に入る手拍子を、ヴォーカルと同時に収録し、一部でタンバリンも叩いた。EMI退職後にアップル・スタジオのチーフ・バランス・エンジニアとなり、69年4月14日の「ジョンとヨーコのバラード」のセッションから復帰したジェフ・エメリックが、この日は最後まで現場作業を手掛けた。

7.22（1993年）
ポール、『アビイ・ロード』のジャケットを再現

ポール・マッカートニー『ポール・イズ・ライヴ』（1993年）

　ビートルズは知らなくても『アビイ・ロード』のジャケットは知っている——世界的にそれほど有名なジャケットを、ポールがライヴ・アルバム『ポール・イズ・ライヴ』のジャケット用に再現するために、93年7月22日に再びアビイ・ロードの横断歩道を渡った。『アビイ・ロード』のジャケットは"ポール死亡説"の理由のひとつに挙げられたが、根拠は「もし生きていたら28歳」——左に停車しているフォルクスワーゲン（別名ビートル）のナンバー・プレートの文字"28 IF"だ。そして24年後。同じフォルクスワーゲンのプレートの文字を

ポールはこう変更した――"51 IS"（現在51歳）と。アルバム・タイトルの"Live"に"ライヴとリヴ（生きている）の二重の意味を持たせ、"Paul Is Dead"（ポール死亡説）にも引っかけた粋な洒落だ。『ポール・イズ・ライヴ』は93年11月8日に発売され、イギリス34位、アメリカ78位を記録した。

7.23（1965年）
10枚目のシングル「ヘルプ！」発売

ビートルズ「ヘルプ！」（1965年／写真は日本盤）

10枚目のオリジナル・シングル「ヘルプ！」が65年7月23日に発売され（アメリカは7月19日発売）、イギリス・アメリカともに3週連続1位を記録した。ノリの良い軽快なロックに絶妙のコーラスが加わった中期の代表曲のひとつだが、これがジョン自身の"心の叫び"だったとは、当時誰が想像し得ただろうか。のちにジョンは「〈ヘルプ〉を作った時、僕は本当に助けを求めて叫んでいたんだよ。"太ったエルヴィス時代"だった。完全に自分を見失っていたね」と語っている。

7.24（1967年）
ビートルズとブライアン・エプスタイン、
マリファナ擁護広告に署名

67年7月24日の『タイムズ』誌に、「マリファナに関する法律はモラルに反したもので、実現不可能」という1ページの広告が掲載された。この広告料はポールの働きかけでビートルズ側が支払い、多くの著名人にまじってビートルズのメンバーとブライアン・エプスタインの署名があった。この広告には61人が署名していたが、うち15人は医師。この背景には、ローリング・ストーンズのミック・ジャガーとキース・リチャーズを見せしめとして逮捕し、ドラッグ・カルチャーを取り締まろうとする警察への抗議の意味があった。

7.25（1964年）
BBCテレビの『ジューク・ボックス・ジュリー』に出演

ロンドンのハマースミス地区にあるホワイト・シティ・スタジアムで

● 僕にはビートルズの一人だという自覚が全然ない。僕は僕でしかないし、有名でもない。（ジョン／67年）

公開放送されたBBCのテレビ番組『ジューク・ボックス・ジュリー』に、ジョージとリンゴが審査員として出演した (63年6月22日にジョンが出演し、12月7日には4人が審査員として出演している)。収録はロンドンのテレビジョン・センターで行なわれ、ジョージの収録分は64年7月25日に生放送され、リンゴの収録分は、1週間後の8月1日に放送された。

7.26 (2018年)
ポールがキャヴァーン・クラブで演奏

2018年6月9日にアメリカCBSのテレビ番組『ザ・レイト・レイト・ショウ』のためにリヴァプールを訪れ、フィルハーモニック・パブで"サプライズ・ギグ"を行なったのに続き、1ヵ月半後の7月26日にポールはリヴァプールを再訪し、今度は99年12月14日以来19年ぶりとなるキャヴァーン・クラブのステージに立った。運良く当選した300人のファンの前で、ジョンと出会った57年7月6日にも披露した「トゥエンティ・フライト・ロック」から「ゲット・バック」まで、『エジプト・ステーション』収録の新曲もまじえ、全22曲 (半分の11曲がビートルズ・ナンバー) を演奏した。

7.27 (1976年)
ジョン、アメリカ永住権を獲得

76年7月27日、ジョンがアメリカ移民局から待望の米国居住権を獲得した。グリーン・カードの番号は「A17-597-321」。約4年に及ぶアメリカ政府との闘争も終結を迎え、ジョンは以後5年間アメリカに住めば、自動的にアメリカ市民権を得られることになった。

7.27 (2012年)
ポール、ロンドン・オリンピックで「ヘイ・ジュード」を演奏

2012年7月27日、ロンドン・オリンピックの開会式のフィナーレにポールが登場し、「ヘイ・ジュード」を演奏。この日は、前もって用意された音に"口パク"で演奏するミュージシャンも多かったが、ポールはそれを拒否し、"生歌"を聴かせた。だが、冒頭ではテープの音声も同時に流れてしまうという、85年7月13日の"ライヴ・エイド"に続く不測の事態に見舞われた。

7.28 (1968年)
フォト・セッション"マッド・デイ・アウト"を行なう

68年7月28日、4人は久しぶりに丸一日かけてロンドン市内で大掛かりなフォト・セッションを行なった。67年以降は4人が揃って撮影に臨む機会は激減したが、自らの会社アップル設立間もない時期に宣伝活動は不可欠だった。そのためポールの呼びかけで実行に移されたのが、この"マッド・デイ・アウト（無謀な1日）"と呼ばれる撮影だった。硬派な報道写真家ドン・マッカランが中心となり、ロケはロンドン中心から郊外まで

ハイギット霊園近くで、リヴァプールFCの花飾りを付けたポールがジョンと握手
©Tom Murray/Camera Press/アフロ

計7ヵ所で行なわれた。ジョンとポールはそれぞれのガールフレンド、ヨーコとフランシー・シュワルツを同行させた。

7.28 (1979年)
ジョン、家族で3度目の来日。軽井沢を中心に1ヵ月滞在

79年7月28日から8月28日まで、ジョンはヨーコとショーンを連れて3度目の来日を果たし、軽井沢にあるヨーコの実家の別荘を中心に休

暇を過ごした。8月4日には、ショーンが付添い人と一緒に映画『スーパーマン』を観ている間、東京・東銀座に4日前に開店したばかりの喫茶店「樹の花」などを訪れた。その店には、ジョンとヨーコの似顔絵入り直筆サイン、ジョンが吸った煙草の灰皿が今でも置かれている。

7.29（1965年）
映画『ヘルプ！』のワールド・プレミアがロンドンで開催

　65年7月29日、ロンドンのピカデリー・サーカスで映画『ヘルプ！』のプレミア試写会が行なわれ、メンバーと家族や、マーガレット王女とスノードン卿などが参加した。4人はブライアン・エプスタインとともにタキシードを着て出席した（ジョンはシンシアを、リンゴはモーリンを伴っていた）。前年の『ハード・デイズ・ナイト』のプレミア試写会の時と同じく、この日も早朝から多くのファンが劇場周辺に集まり、午後3時には交通が遮断され、試写が始まる頃には1万人を超えたという。250人の警官が動員され警備にあたったが、7人の少女が倒れて病院に運ばれた。混乱のため、ピカデリー・サーカスの地下鉄駅の入り口のうち、2ヵ所が閉鎖され、マーガレット王女の到着が数分遅れたという。このプレミア・ショウはヴァラエティ・クラブが主催し、6000ポンドの収益は施設に寄付された。

7.30（1969年）
『アビイ・ロード』のB面メドレーの曲順決定

　69年7月30日、最後のスタジオ録音作『アビイ・ロード』収録の「カム・トゥゲザー」や「ユー・ネヴァー・ギヴ・ミー・ユア・マネー」などのオーヴァーダビング作業が午後2時から10時半まで行なわれたが、セッションはそれで終わりではなかった。続けて夜中の2時半まで、B面に収録されたメドレー（"The Long One"/"Huge Medley"）の流れを確認する作業に入った。ここでひとつ「ハー・マジェスティ」にまつわるエピソードが生まれた。「ハー・マジェスティ」は、もともと「ミーン・ミスター・マスタード」と「ポリシーン・パン」の間に入っていたが、その流れをポールが気に入らず、セカンド・エンジニアのジョン・カーランダーに「捨てちゃえ」と要求。だが、カーランダーは捨てずに20秒ほど空けて最後にくっつけておいたところ、翌日聴いたポールがその流れを気に入り、こうして最後に"おまけ"としてアンコール的に登場する1曲となった。

7.31 （1968年）
「ヘイ・ジュード」をトライデント・スタジオで録音

　68年7月31日、ロンドンのソーホーにあるトライデント・スタジオに導入してある8トラックのレコーディング設備を使い、「ヘイ・ジュード」が録音された。ジョージ・マーティンは、トライデントのバランス・エンジニア兼共同経営者のバリー・シェフィールドに手伝ってもらいながら、8トラックを無駄なく使ってレコーディングを仕切った。以後『ザ・ビートルズ』のセッションでは、「ディア・プルーデンス」「ハニー・パイ」「サボイ・トラッフル」「マーサ・マイ・ディア」の4曲がトライデントでレコーディングされた。

7.31 （1968年）
アップル・ブティック閉店

　ロンドンのベイカー・ストリートにあったアップル・ブティックが、68年7月31日に8ヵ月で閉店。ジョンのアイディアで在庫品を無料で放出（一人一着に限定）となった。ただ、ビートルズのメンバーと家族はその前日に店を訪れ、目ぼしいものをしっかりと手に入れていたらしい。

閉店無料セール（？）に群がる人々
©Bob Aylott/Keystone/Hulton Archive/Getty Images

8 August

1
- ★『ザ・ビートルズ・ブック』創刊 (1963)
- ★映画『ハード・デイズ・ナイト』、日本で公開 (1964)
- ★ジョージ主催の"バングラデシュ難民救済コンサート"開催
- ★ダニー・ハリスン誕生 (1978)

2
- ★ポール、バッドフィンガーの映画主題歌をプロデュース (1969)

3
- ★キャヴァーン・クラブに最後の出演 (1963)
- ●ポール、ニュー・グループの結成を発表（翌月に"ウイングス"と命名）(1971)

4
- ★ジョンとヨーコ、約5年ぶりにレコーディング開始 (1980)

5
- ★7枚目のオリジナル・アルバム『リボルバー』発売 (1966)
- ★13枚目のシングル「エリナー・リグビー／イエロー・サブマリン」発売 (1966)
- ●ジョージ、「ビコーズ」で初めてモーグ・シンセサイザーを使用 (1969)

6
- ★5枚目のオリジナル・アルバム『ヘルプ！』発売 (1965)

7
- ★ポール、アップル・ブティックに落書きをする (1968)
- ●「ジ・エンド」のギター・バトルを録音 (1969)

8
- ●ジョージとパティ、サンフランシスコのヒッピーの聖地ヘイト＝アシュベリーを訪問 (1967)
- ★『アビイ・ロード』のジャケット写真を撮影 (1969)

9
- ★ジョンとポールとジョージ、シルキーのデビュー曲に参加 (1965)
- ●ウイングス、『バンド・オン・ザ・ラン』制作のためナイジェリアへ (1973)

10
- ★マイケル・ジャクソン、ビートルズの曲の版権を獲得 (1985)

11
- ★4枚目のアルバム『ビートルズ・フォー・セール』の制作開始 (1964)
- ★ジョン、"キリスト発言"について会見で釈明 (1966)
- ●ジョンとヨーコ、アスコットにあるティッテンハースト・パークに移住 (1969)

12
- ★最後（4度目）のアメリカ・ツアー開始 (1966)

13
- ★ピート・ベストがドラマーとして加入 (1960)
- ●サウンドトラック盤『ヘルプ！』、アメリカで発売 (1965)

14
- ●リンゴ、ビートルズ加入の誘いを受ける (1962)
- ★テレビ番組『エド・サリヴァン・ショー』に最後の出演 (1965)

15
- ●ピート・ベスト、ビートルズとしての最後のステージ (1962)
- ★シェイ・スタジアム公演で、5万5600人の動員記録を達成 (1965)

16
- ●ハンブルクのバンビ・キーノでの寝泊まり開始 (1960)
- ★ブライアン・エプスタイン、ピート・ベストに解雇を伝える (1962)

17	★ビートルズと改名し、初のドイツ、ハンブルク遠征開始 (1960)	25	●マハリシの超越瞑想を学ぶため、ウェールズのバンゴアへ (1967) ★映画『レット・イット・ビー』、日本で公開 (1970)
18	★リンゴ、ビートルズ加入後の初ステージ (1962)	26	●ポール、スピード違反で31ポンドの罰金と1年間の運転免許停止に (1963) ★アップルからの第1弾となるシングル4枚がアメリカで発売 (1968)
19	★初の北米ツアー開始 (1964)	27	★エルヴィス・プレスリーの自宅を訪問 (1965) ★ブライアン・エプスタイン急死 (1967)
20	★4人揃っての最後のスタジオ作業 (1969)	28	★ボブ・ディランと初対面、マリファナを体験 (1964) ★ポールとリンダに第一子メアリー・マッカートニー誕生 (1969)
21	★シアトル公演後、宿泊先で釣りを楽しむ (1964)	29	★クォリー・メン、カスバ・コーヒー・クラブに初出演 (1959) ●ハリウッド・ボウル公演を、前年に続きライヴ録音 (30日も) (1965) ★キャンドルスティック・パークで最後のコンサート (1966)
22	★キャヴァーン・クラブで初のテレビ収録 (1962) ★リンゴ、ビートルズを一時脱退 (1968) ●シンシア、ジョンへの離婚訴訟 (1968) ★ジョンの自宅で4人揃っての最後のフォト・セッション (1969)	30	★18枚目のシングル「ヘイ・ジュード」発売 (1968) ★ジョンとヨーコ主催の"ワン・トゥ・ワン・コンサート"開催 (1972)
23	★ジョン、シンシア・パウエルと結婚 (1962) ★4枚目のシングル「シー・ラヴズ・ユー」発売 (1963) ●ハリウッド・ボウル公演をライヴ・レコーディング (1964)	31	★"ワイト島フェスティヴァル"でボブ・ディランを観る (1969) ●ジョンとヨーコ、ニューヨークに移住 (1971)
24	●ジョージ、殴られて顔にあざを作る (1962) ★『ウィズ・ザ・ビートルズ』のジャケット写真を撮影 (1963) ★ロンドンのヒルトン・ホテルでマハリシの講義を受ける (1967)		※カッコ内の数字は西暦 ★は本文で詳述した出来事

8.1 （1963年）
『ザ・ビートルズ・ブック』創刊

『ザ・ビートルズ・ブック』（1963年8月号）

　63年8月1日、ビートルズ・ファン最大の情報源となった月刊誌『ザ・ビートルズ・ブック』（通称『ビートルズ・マンスリー』）が創刊された。『ポップ・ウィークリー』という音楽誌を編集していたショーン・オマホニーがブライアン・エプスタインに企画を提案して実現し、69年12月号まで計77号が発行された。ビートルズ側の取り分は利益の33.3%だけだった。創刊時の11万部の部数が6号（64年1月号）では35万部に伸びた。その後復刊され、76年5月から82年9月まで続き、デビュー20周年となる翌82年10月号からは新装版が登場。2003年1月号まで新たに244冊が発行され、321号まで続いた。ちなみに創刊号の表紙は、イギリス人写真家のフィリップ・ゴトロップのスタジオで撮影された、襟なしスーツを着た初期の有名な写真である。

8.1 （1964年）
映画『ハード・デイズ・ナイト』、日本で公開

　64年8月1日、初の主演映画『ハード・デイズ・ナイト』が、『ビートルズがやって来る ヤァ！ヤァ！ヤァ！』のタイトルで日本で初公開された。イギリスは7月6日、アメリカは日本よりも遅い8月16日公開だった。邦題を付けたのは、日本ユナイテッド・アーティストの宣伝次長だった水野和夫。のちに映画評論家として知られることになる水野晴郎だった。イギリスのファンとは違い、日本のファンは、デビュー・シングル「抱きしめたい」発売の半年後（以内）に“動くビートルズ”を観ることができた。

8.1 （1971年）
ジョージ主催の“バングラデシュ難民救済コンサート”開催

　71年8月1日、ニューヨークのマディソン・スクエア・ガーデンで、チ

ジョージとリンゴの、解散後初の共演ステージ
©Thomas Monaster/New York Daily News Archive/Getty Images

ャリティ・コンサート"バングラデシュ難民救済コンサート"が開催された。シタールの師ラヴィ・シャンカールからバングラデシュ救済の相談を受けたジョージの提唱により、リンゴやエリック・クラプトン、ボブ・ディランらも出演したこのベネフィット・コンサートは、チャリティ・イヴェントの先駆けとして高い評価を得た。7月17日の正式発表時には夜公演のみの予定だったが、豪華アーティストが多数共演するとあって、大反響を呼び、急遽、昼の部が加えられた。ビートルズ解散後、ジョージとリンゴの初の共演ライヴという大きな話題もあり、2回分3万6000枚のチケットは2時間で完売したという。ジョージはビートルズ・ナンバーや『オール・シングス・マスト・パス』収録曲などを歌ったほか、リンゴ、ビリー・プレストン、レオン・ラッセル、ボブ・ディランなどの曲ではサポートにまわるなど、縦横無尽の活躍ぶりで、"ソロで最初に成功を収めたビートル"として称えられた。

8.1 (1978年)
ジョージとオリヴィアの長男ダニー・ハリスン誕生

78年8月1日、ジョージとオリヴィアの間に長男ダニーが誕生した。ダニーは2006年にthenewno2を結成し、父親同様、一筋縄ではいかないサウンド作りで人気を得た。2013年には「GAP」の宣伝用に「フォー・ユー・ブルー」をカヴァーした。ちなみに「カナ表記」は「ダニー」と「ダーニ」の2種類あるが、「ダーニ」が正しい。ジョンの息子ショーンと同じく、21世紀に入ってからは、父親の音楽作品を後世に残す作業を続けている。

8.2 (1969年)
ポール、バッドフィンガーの映画主題歌をプロデュース

アップルからデビューしたアイヴィーズを後押しするため、『アビイ・ロード』制作の合間の69年8月2日、ポールがEMIスタジオでアイヴィーズのレコーディングを仕切った。録音されたのは、リンゴの主演映画『マジック・クリスチャン』の主題歌としてポールが書き下ろした「カム・アンド・ゲット・イット」。7月24日にポールが一人でデモを録音し、そのデモ・テープをアイヴィーズにそっくりそのままコピーさせた。このセッションの直後にベーシストのロン・グリフィスが脱退し、新メンバーのジョーイ・モーランドが加入。バンド名を、ニール・アス

ピノール考案のバッドフィンガーに改めて再スタートを切った。

8.3 (1963年)
キャヴァーン・クラブに最後の出演

　63年8月3日、キャヴァーン・クラブでの最後の公演が行なわれた。61年2月9日の初出演から2年半、これが通算292回の出演となった。4ヵ月ぶりの凱旋公演ということで、7月21日に発売されたチケットは30分で完売したが、それでも定員500の会場に900人を詰め込んだという。最初は5ポンドだったギャラも、この時には311ポンドにまで上昇。ギャラの面でも出演が不可能になっていた。この日のステージについて「ふざけたりせず、どんどん曲を演奏していった」とDJのボブ・ウーラーは語っている。

8.4 (1980年)
ジョンとヨーコ、約5年ぶりにレコーディング開始

　「ショーンが5歳ぐらいになるまでは音楽活動をしないだろう」。77年10月4日に東京のホテル・オークラでそう語ったジョンは、その言葉どおり、ショーンがまもなく5歳になろうという80年8月4日から、ニュー・アルバム『ダブル・ファンタジー』のレコーディングをニューヨークのヒット・ファクトリーで開始した。バックのミュージシャンはほとんど初顔合わせだった。また両親の仕事ぶりを見せるためにショーンをスタジオに連れて行ったほか、制作中に『プレイボーイ』と『ニューズウィーク』のインタビューもこなし、新たな出発を世間に公表した。

8.5 (1966年)
7枚目のオリジナル・アルバム『リボルバー』発売

ビートルズ『リボルバー』(1966年)

　66年8月5日に7枚目のオリジナル・アルバム『リボルバー』がイギリスで発売され、7週連続1位を記録した。アメリカではジョン作の3曲が"ブッチャー・カヴァー"騒動のあったキャピトルの編集盤『イエスタデ

イ・アンド・トゥデイ』に収録され"先行発売"されたため、8月8日に発売されたアメリカ盤の『リボルバー』は、イギリス盤とジャケットは全く同じなのに内容が異なる（3曲少ない計11曲）という、構成無視の内容となった（6週連続1位を記録）。ジャケットはハンブルク時代からの盟友クラウス・フォアマン。エンジニアがジェフ・エメリックに代わり、革新的な音作りでアイドルからアーティストへと転身した傑作である。

8.5（1966年）
13枚目のシングル
「エリナー・リグビー／イエロー・サブマリン」発売

ビートルズ「イエロー・サブマリン」（1966年／写真は日本盤）

　　両A面扱いとなった13枚目のシングル「エリナー・リグビー／イエロー・サブマリン」が、『リボルバー』と同じ66年8月5日（アメリカは8月8日）に発売され、イギリスで1位を記録した。アメリカでは、ポールが歌うクラシカルな「エリナー・リグビー」（11位）より、リンゴが歌うほのぼのとした「イエロー・サブマリン」（2位）のほうが、より万人受けするヒットとなった。

8.6（1965年）
5枚目のオリジナル・アルバム『ヘルプ！』発売

ビートルズ『ヘルプ！』（1965年）

　　65年8月6日、2作目の主演映画のサウンドトラック盤でもある5枚目のオリジナル・アルバム『ヘルプ！』がイギリスで発売され、イギリスで15週連続1位を記録した。アメリカ盤はイギリス盤のB面収録曲を外し、ケン・ソーンによるオーケストラを収録した映画のサウンドトラック盤的要素を強めた独自の編集盤として8月13日に発売され、予約だけで100万枚に達し、9週連続1位を記録した。キーボードやパーカッションの多用をはじめ、円熟味を増した音作りが楽しめる。

8.7（1968年）

ポール、アップル・ブティックに落書きをする

『ザ・ビートルズ』用にジョージの「ノット・ギルティ」のレコーディングを開始した68年8月7日、セッションは夜8時45分に始まり、翌朝5時半までの長丁場となった。実際には8日の明け方になるが、ポールはフランシー・シュワルツとともにそのまま閉店1週間後のアップル・ブティックに向かった。そして無人のブティックの窓ガラスに、ニュー・シングル「ヘイ・ジュード」と「レボリューション」の曲名をペンキで落書きした。新曲の派手で大胆な宣伝でもあったが、周囲の住民から「ヘイ・ジュード」がアンチ・ユダヤの中傷と誤解されたため、すぐに窓を覆って隠すハメになった。

8.8（1969年）

『アビイ・ロード』のジャケット写真を撮影

69年8月8日、レコーディングの合間を縫って『アビイ・ロード』のジャケット写真が撮影された。午前11時35分、カメラマンのイアン・マクミランは、アビイ・ロードの通りの中央に脚立を設置し、4人がEMIスタジオのすぐそばにある横断歩道を歩く姿を脚立に登って撮影した。好意的な警官が車を止めてくれている間、何度か横断歩道を往復し、マクミランはすばやく6枚の写真を撮影。作業は10分ほどで終了した。その後、ポールが拡大鏡を使ってカラー・ポジを検討、6枚の中で一番いい写真──奇跡的に4人の足並みが揃った5カット目を『アビイ・ロード』のジャケット用に選んだ。

8.9（1965年）

ジョンとポールとジョージ、シルキーのデビュー曲に参加

NEMS所属の大学生フォーク・グループ、シルキーが「悲しみはぶっとばせ」のカヴァーでデビューをすることになり、65年8月9日にジョンによるプロデュースのもと、レコーディングが行なわれた。ポールはギター、ジョージはタンバリンで参加するなど、新人としては破格の扱いとなった。

● 僕は保守的で、物事を点検しないと気が済まない。マリファナもLSDも花模様のシャツも僕が最後だった。（ポール／67年）

8.10 (1985年)
マイケル・ジャクソン、ビートルズの曲の版権を獲得

マイケル・ジャクソン&ポール・マッカートニー「ガール・イズ・マイン」（82年）

　85年8月10日、マイケル・ジャクソンがビートルズ（レノン=マッカートニー）の曲の版権の多くを得た。発端は、ビートルズの楽曲を管理するノーザン・ソングスの株を、ジョンとポールに無断で69年3月28日にディック・ジェイムスがATVに売却したことだ。そしてジョンの死後の81年、オーストラリアの大富豪ロバート・ホームズ・ア・コートがATVを買収し、82年と84年に二度、ポールとヨーコの"買い戻し"が失敗に終わった後、マイケルがATVの音楽部門の版権を3100万ポンド（約47億円）で買い取り、ビートルズの主要楽曲の権利を手に入れた。その後、95年にソニーがATVと共同でソニーATVミュージック・パブリッシングを設立し、2016年のマイケルの死後にはマイケルの株をソニーが7億5000万ドル（約840億円）で買い取った。

　ちなみにマイケルが手に入れられなかったのは最初のシングル計4曲で、「ラヴ・ミー・ドゥ」と「P.S.アイ・ラヴ・ユー」はポールの会社MPL、「プリーズ・プリーズ・ミー」とアスク・ミー・ホワイ」はユニバーサル・ミュージックとディック・ジェイムスの会社DJMが所有している。ポールとマイケルは82年から83年にかけて「ガール・イズ・マイン」「セイ・セイ・セイ」「ザ・マン」の3曲で共作・共演を果たすほど仲が良かったが、この"版権買取"の出来事で袂を分かった。その後、98年にポールの呼びかけで和解した。

8.11 (1964年)
4枚目のアルバム『ビートルズ・フォー・セール』の制作開始

　64年8月11日、EMIスタジオで4枚目のアルバム『ビートルズ・フォー・セール』のレコーディングが始まった。この日は午後7時から11時までセッションを行ない、「ベイビーズ・イン・ブラック」を14テイク録音して完成させた。

8.11 (1966年)
ジョン、"キリスト発言"について会見で釈明

　66年8月12日から行なわれる4度目のアメリカ公演のためにロンドンのヒースロー空港を発った4人は、8月11日の午後4時55分にシカゴに到着した。記者会見は1都市1回ずつ行なわれることになっていたが、シカゴでの会見での注目の的となったのは、ジョンの"キリスト発言"についてだった。66年3月4日付のイギリスの新聞『イヴニング・スタンダード』に掲載されたジョンの「キリスト教はやがてなくなる。今、僕らはキリストよりもポピュラー」という発言が7月29日発売のアメリカの雑誌『デイトブック』に転載され、アメリカ南部を中心にビートルズ排斥運動へと発展していたからだ。お詫び会見を開く事態となるまで追い込まれたジョンは、しかしながら「キリストじゃなくて"テレビ"と言えば良かった」と釈明。会場に苦笑まじりの笑いが起きた。

8.12 (1966年)
最後 (4度目) のアメリカ・ツアー開始

　最後のツアーとなった北米ツアーが、66年8月12日にシカゴからスタートした。6月後半から7月にかけて行なったドイツ、日本、フィリピンでの公演がトラブル続きであったこと、新作『リボルバー』にはライヴ演奏向きの曲が1曲も収録されていなかったこと、さらにはジョンの"キリスト発言"の問題によって、4人はツアーへの興味を完全に失っていた。演奏曲も、先のドイツ・日本・フィリピン・ツアーと変わりなく、最後の「アイム・ダウン」だけが、たまに「ロング・トール・サリー」に変わるだけの違いしかなかった。ツアー初日のこの日は、シカゴのインターナショナル・アンフィシアターで2回公演が行なわれ、満員にはわずかに満たない1万3000人の観客の前で演奏した。ツアーは29日まで計14日間、19公演が開催された。

8.13 (1960年)
ピート・ベストがドラマーとして加入

　ピート・ベストの母モナ・ベストが経営するカスバ・コーヒー・クラブに59年8月29日から60年6月24日まで出演していたクォリー・メン

● 「愛こそはすべて」を作るのに正味30分しかかけていない。でも、歌いこなすのには1週間もかかった。(ジョン／67年)

は、その縁でピートと知り合った。ピートはドラムの経験がほとんどなかったが、新品のドラム・キットを持っていた。初のドイツ、ハンブルク遠征は4日後に迫っていたが、「5人編成で」という条件だったため、ドラマー不在の解消も兼ねて60年8月13日にピート・ベストを加え、グループ名をビートルズに改めてハンブルクへと向かうことになった。

8.14 （1965年）
テレビ番組『エド・サリヴァン・ショー』に最後の出演

　65年8月14日、午後2時半にニューヨークに到着した4人は、翌15日から始まる3度目のアメリカ・ツアーの景気づけ（？）に、64年2月の初渡米時と同じように、まず『エド・サリヴァン・ショー』の収録を行なった。最新シングルの「涙の乗車券（ティケット・トゥ・ライド）」「ヘルプ！」や「イエスタデイ」など計6曲を演奏。事前に収録済みの3台のヴァイオリンに合わせて「イエスタデイ」をソロで歌い終わったポールに対して、ジョンは茶化してこう言った——「ありがとう。まるでポールみたいだったよ」。番組は9月13日に放送された。これが、3度目にして最後の出演となった。

8.15 （1965年）
シェイ・スタジアム公演で、5万5600人の動員記録を達成

　3度目のアメリカ・ツアーが、66年8月15日に開始された。前回（25都市32公演）と比べ、今回は31日のサンフランシスコ、カウ・パレス公演まで計10都市16公演と、日程も公演回数も減らしたものの、大観衆を収容できる野球場を使用したため、前回以上の観客動員数となった。中でも初日のシェイ・スタジアムでは5万5600人という観客動員記録だけでなく、30万ドルという当時の最高収益も記録した。64年2月の初のアメリカ公演の際にビートルズの売り出しに貢献したシド・バーンスタインは、ブライアン・エプスタインにこう助言した。「今回の北米ツアーも仕切った。収容人員のなるべく多い会場を選び、入場料も安くすれば、一度のコンサートで多くのファンを集めることができるし、公演回数を減らすこともできる」と。エプスタインは最初は頑なに拒否したというが、「もし空席が出たら自分がその分を買い取る」と伝えたバーンスタインの言葉を信じ、シェイ・スタジアム公演を承諾したそうだ。ビ

ートルズの人気は相変わらず凄まじく、ファンの殺到を恐れて、会場入りにはニューヨークのホテルからヘリコプターや装甲車を利用した。

8.16 (1962年)
ブライアン・エプスタイン、ピート・ベストに解雇を伝える

　62年8月16日、NEMSのオフィスに呼び出されたピート・ベストは、ブライアン・エプスタインから「ビートルズを辞めてほしい」と唐突に言われ、新しいドラマーとしてリンゴが加入することを告げられた。6月6日のEMIでのレコーディング後、ジョン、ポール、ジョージの3人は、エプスタインから、こう告げられた。「プロデューサーのジョージ・マーティンがピートのドラムに難色を示している」と。ピートの腕前に違和感を覚えていた3人は、水面下で新しいドラマー選びに動き出した。最初に名前が挙がったのはビッグ・スリーのジョニー・ハッチンスで、もう一人がリンゴだった。ジョンは、もしピートを解雇してくれればリンゴを引き抜くとエプスタインに告げ、8月14日にジョンはリンゴに電話して加入を要請。そして16日を迎えた。当のピートは事務所に入ってエプスタインの顔を見たとたんに何を言われるかを察したというが、思わず「僕がドラマーに不向きであることがわかるまでに2年も

かかったんですか？」と食ってかかったという。しかしその後は無言で、30分後に事務所を後にした。残された公演はドラムを叩いてほしいという要請にはOKしたものの、その後、ピートがビートルズのメンバーとして人前に出ることは二度となかった。この日の夜のチェシアでのステージでピートの代わりにステージに上がったのは、皮肉にもジョニー・ハッチンスだった。

8.17（1960年）
ビートルズと改名し、初のドイツ、ハンブルク遠征開始

　ピート・ベストの加入でジョン、ポール、ジョージ、スチュ、ピートの5人組となったビートルズ（シルヴァー・ビートルズから改名）は、60年8月17日、初の長期ハンブルク遠征を開始した。契約は、8月17日から10月16日までの2ヵ月間、インドラ・クラブで平日の夜は4時間半、土曜の夜は6時間、日曜の夜も6時間演奏するという条件で、報酬は一人1日あたり30ドイツマルク（2.5ポンド）だった。だが、騒音に対する苦情が相次ぎ、10月3日で出演が打ち切られ、10月4日からはカイザーケラーに出演するようになる。

ハンブルクのインドラ・クラブ（2019年10月11日撮影）

8.18 (1962年)
リンゴ、ビートルズ加入後の初ステージ

　ビートルズの新しいドラマーとして加入することになったリンゴは、ジョンに言われて髭を剃り、髪を切ってヘア・スタイルを変え、62年8月18日に、ついにビートルズの一員となった。ビートルズは、バーゲンヘッドのヒューム・ホールで午後10時過ぎから行なわれた園芸協会の恒例のダンス・パーティにトリとして出演。これがリンゴが加入後の最初の正式なライヴ演奏となった。

8.19 (1964年)
初の北米ツアー開始

　64年8月19日、1ヵ月間で25公演をこなす初のアメリカ・ツアーがサンフランシスコからスタートした。2月の訪米の際はニューヨークとワシントンの2公演だけだったが、今回はアメリカ全土を巡る長期ツアー。しかも各会場とも収容人数1万人クラスの大ホールが使用された。チケットはまたたく間に完売し、フランク・シナトラやディーン・マーチンですらチケットを手に入れることができなかったという。8月23日に行なわれたハリウッド・ボウル公演は、通常のクラシックではなく初めてロックのコンサートとして使われることになり、2万枚すべてのチケットが3時間で売り切れた。この日の公演はキャピトルからの依頼でジョージ・マーティンがレコーディングしたものの、ファンの歓声や演奏の質、マイクの不調等々の理由でライヴ・アルバムとしての発売は見送られた。その後、65年8月30日のハリウッド・ボウル公演の演奏と合わせて77年5月に『ザ・ビートルズ・スーパー・ライヴ！』として発売された。

8.20 (1969年)
4人揃っての最後のスタジオ作業

　69年8月20日、『アビイ・ロード』の制作も佳境となる中、EMIの第3スタジオでの午後2時から6時までのセッションでまず「アイ・ウォント・ユー」を完成させた。午後6時から午前1時15分までは、いつも使っている第2スタジオに移り、『アビイ・ロード』のマスター・テープの試作品を作成した。この時点ではA面とB面が逆で、B面が「アイ・ウォン

ト・ユー」の唐突な終わりで幕を閉じていた。また、「オクトパス・ガーデン」と「オー！ ダーリン」の曲順も逆だった。この日のセッションは、4人が全員EMIの建物内に集まった最後の日となった。

8.21 (1964年)
シアトル公演後、宿泊先で釣りを楽しむ

　初のアメリカ・ツアーの3日目となる64年8月21日、シアトルのコロシアムに1万4270人の観客を集めたコンサートを行なったあと、4人は、宿泊先のエッジウォーターインで、珍しく釣りを楽しんだ。

8.22 (1962年)
キャヴァーン・クラブで初のテレビ収録

　ドラマー交代からわずか4日後となる62年8月22日、キャヴァーン・クラブでビートルズのライヴ撮影が行なわれた。発端は、ファンの一人がグラダナTVに送った「ビートルズを取材してください」と書かれた手紙だった。テレビ局は『ノウ・ザ・ノース』という番組で紹介することを目的にキャヴァーンを訪れた。手紙を書いたファンもまさか、その間にドラマーが交代するとは思いもしなかったはずだ。映像の最後には「ピートを出せ！」というファンの野次が聞こえ、生々しい現場の混乱ぶりが伝わってくる。「サム・アザー・ガイ」と「カンサス・シティ／ヘイ・ヘイ・ヘイ・ヘイ！」をおそらくどちらも数テイク撮影したものの、薄暗い映像は放送するレベルではないとの理由でお蔵入りとなり、結局、「サム・アザー・ガイ」だけが、人気が出た後の63年11月6日に『シーン・アット・6:30』という番組で放送されるにとどまった。ただし、この曲の演奏場面は、その後、ビートルズ最初期の貴重なライヴ映像として頻繁に登場することになった。

8.22 (1968年)
リンゴ、ビートルズを一時脱退

　68年8月22日、『ザ・ビートルズ』制作中の淀んだ雰囲気に耐えきれなくなったリンゴが、セッションが始まってすぐにスタジオを去った。リンゴ自身の自信喪失と仲間外れの意識も、リンゴがバンドを離れる大きな要

因となった。リンゴはその後イタリアのサルデーニャ島に家族で休暇旅行をし、ボートの船長に聞いたタコにまつわる話を元に、2曲目のオリジナル曲「オクトパス・ガーデン」を書き上げた。ドラマー不在の最初のセッションとなったものの、残る3人は「バック・イン・ザ・U.S.S.R.」のレコーディングを開始。ドラム（ポール）、リード・ギター（ジョージ）、ベース（ジョン）という編成で、ベーシック・リズム・トラックを5テイク録音した。のちにリンゴはこの曲でのポールのドラムの腕前をほめている。

8.22（1969年）
ジョンの自宅で4人揃っての最後のフォト・セッション

『アビイ・ロード』の作業がほぼ終わった69年8月22日、ジョンの自宅ティッテンハースト・パークで、4人が揃った最後のフォト・セッションが行なわれた。ロンドン西部のバークシャー州にあるティッテンハースト・パークは、ジョンが69年5月4日に購入し、ジョンとヨーコが8月11日に住み始めた白い大邸宅。映画『イマジン』のレコーディング場所としても知られている。リンダが撮影した映像が、"アンソロジー"の映像版の最後に使われた。

ジョンの自宅で最後の記念写真（左からリンゴ、ポール、ジョン、ジョージ）
©Photofest／アフロ

8.23 (1962年)
ジョン、シンシア・パウエルと結婚

　62年8月23日、ジョンとシンシアがマウント・プレザント登記所で結婚した。きっかけは7月にシンシアの妊娠がわかったこと。人気者の結婚について否定的な考えを持っていたブライアン・エプスタインは「結婚は早い」との意見を述べたが、ジョンの決意が固いことを知ると、結婚式の費用をすべて負担し、自分が所有するフラットに新婚の二人を住まわせた。ファン心理を考え、秘密裏に行なわれた結婚式には、エプスタイン、ポール、ジョージと、シンシアの兄トニーと妻マージョリーだけが出席。結婚を認めないミミ伯母は不参加だった。バンドに参加してまだ日の浅かったリンゴは、結婚したことを後日に知らされた。式後のパーティは近くのカフェでランチをとる質素なもので、水で祝杯を挙げたという。

8.23 (1963年)
4枚目のシングル「シー・ラヴズ・ユー」発売

ビートルズ「シー・ラヴズ・ユー」
(1963年／写真は日本盤)

　4枚目のオリジナル・シングル「シー・ラヴズ・ユー」が63年8月23日に発売され、イギリスで1位を記録した。予約だけで50万枚に達し、半年足らずで150万枚のセールスを記録。その後、合計166万7000万枚を売り上げ、当時のイギリスでのシングル最高記録を打ち立てた。この記録を破ったのは、77年に（ポール率いる）ウイングスが発表した「夢の旅人」(219万3000枚)だった。イギリスでこんなに大ヒットしたヒット曲が、アメリカでは当時はマイナーなスワン・レーベルから63年9月16日に発売されただけで全くヒットせず、である。5枚目のシングル「抱きしめたい」が全米1位となった後にようやく大手キャピトルから再発売され、64年3月に全米1位となり、250万枚以上も売り上げた。64年度の年間シングル・チャートでも「抱きしめたい」に次いで2位を記録している。ドラムの2連打で始まる斬新なイントロや"イェー、イェー、イェー"のコーラスをはじめ、初期のビートルズ・サウンドの魅力が詰め込まれている。

8.24 (1963年)
『ウィズ・ザ・ビートルズ』のジャケット写真を撮影

　63年8月24日、ボーンマス公演中に滞在していたホテル、パレス・コートで、完成間近だったアルバム『ウィズ・ザ・ビートルズ』のジャケット写真が撮影された。カメラマンは、ブライアン・エプスタインに売り込み、ツアーに同行していたロバート・フリーマン。「白黒写真で撮ったらどうか」というフリーマンのアイディアが尊重され、その日の正午、私物の黒いタートルネックを着用した4人がホテルの食堂に集まり、撮影が始まった。黒いタートルネックとハーフ・シャドウは、ハンブルクで出会ったアストリット・キルヒヘルの影響を受けたものでもあった。4人は仕上がりを気に入り、エプスタインはジャケットにロゴも文字も入れないデザインを考えた。EMIは当初、白黒写真にも難色を示していたが、ジョージ・マーティンの助力もあり、50年代のジャズの名盤のようなジャケットがこうして生まれた。

8.24 (1967年)
ロンドンのヒルトン・ホテルでマハリシの講義を受ける

　67年8月24日、ジョンとシンシア、ポールとジェーン、ジョージとパティは、ロンドンのヒルトン・ホテルで行なわれたマハリシ・マヘーシュ・

マハリシの話にありがたく耳を傾ける (左から) ポール、ジョージ、ジョン
©C. Maher/Daily Express/Hulton Archive/Getty Images

ヨーギーの講義に参加した（リンゴは次男誕生のため不参加）。マハリシの言う「内なる平和」に魅せられた彼らは、週末からウェールズのバンゴアで行なわれるサマー・セミナーに招待され、翌25日、超越瞑想を学ぶためユーストン駅から列車でバンゴアへ向かった。だが、シンシアは列車に乗り遅れ、ブライアン・エプスタインも不在という、その後を暗示する旅ともなった。

8.25 (1970年)
映画『レット・イット・ビー』、日本で公開

　70年8月25日、映画『レット・イット・ビー』が日本で初公開された。公開は東京・有楽町スバル座で、11月6日までの2ヵ月半。1日の上映は最初は6回で、9月16日からは5回だった。スバル座はその後も71年11月に再度上映し、75年6月には『ハード・デイズ・ナイト』と『ヘルプ！』との3本立て、さらに79年10月には『ハード・デイズ・ナイト』との2本立てでリバイバル上映した。

8.26 (1968年)
アップルからの第1弾となるシングル4枚がアメリカで発売

メリー・ホプキン「悲しき天使」
(1968年)

　アップルからの第1弾となる4枚のシングル──ビートルズ「ヘイ・ジュード」、メリー・ホプキン「悲しき天使」、ジャッキー・ロマックス「サワー・ミルク・シー」、ブラック・ダイク・ミルズ・バンド「シングミーボブ」が、68年8月26日にアメリカで先行発売された。発売前にアップルは、〈Our First Four〉というステッカーを貼った贈呈用の箱を作り、そこに各アーティストの資料とレコードを収め、大量に送付した。送付先にはイギリス王室や首相も含まれていたという。

8.27 (1965年)
エルヴィス・プレスリーの自宅を訪問

　65年8月27日、3度目のアメリカ公演中の4人が、夜11時にロサンゼルスにあるエルヴィス・プレスリーの自宅を訪れた。同行した広報担当

のトニー・バーロウによると、4人はエルヴィス邸に向かう車中から寡黙で、邸宅内に招き入れられたあとも終始緊張した面持ちだったという。エルヴィスから「彼らはいつもあんなにシャイなの？」と問いかけられたトニーは「今晩は4人にとって特別な日なので無理もない」と説明したという。盛り上がる会話もなく時間ばかりが過ぎていく中、エルヴィスが「もしお前らが一晩中俺を睨み付けているならもう寝るよ」と言ってレコードをかけ、音楽に合わせてギターを弾き始めるとその場の雰囲気が一気に明るくなり、そのまま5人でジャム・セッションを楽しみ、夜中の2時に家を後にした。帰り際にポールが自分たちのライヴ（8月30日のハリウッド・ボウル公演）に誘い、ジョンがその後にパーティを開くことを提案したが、会場にエルヴィスが現われることはなかった。

8.27 (1967年)
ブライアン・エプスタイン急死

　67年8月27日午後2時45分、ブライアン・エプスタインがロンドンの自宅のベッドで死亡しているのを執事に発見された。32歳の若さだった。9月8日の検死の結果、睡眠薬の過剰接収と判明した。葬儀はリヴァプールの墓地で身内だけで執り行なわれたが、10月17日にニュー・ロンドン・シナゴーグで行なわれた追悼式に4人はスーツ姿で関係者とともに出席した。

8.28 (1964年)
ボブ・ディランと初対面、マリファナを体験

　64年8月28日、最初のアメリカ公演中の4人は、ニューヨークのフォレスト・ヒルズ・テニス・スタジアムでの公演後、宿泊先のデルモニコ・ホテルでボブ・ディランと初めて会った。ディランはマネージャーとジャーナリストを引き連れ、スイートルームを訪問。そこでディランは4人にマリファナを勧め、「これがジョイントだ」と言って自分で巻いた細い煙草をジョンに渡した。ディランは「抱きしめたい」の歌詞"アイ・キャント・ハイド"を"アイ・ゲット・ハイ"と聴き違いし、「君に触るとどんどんハイになるって曲あるよね？」と質問。するとジョンは「隠せないという意味だ」と正した。4人はハンブルク時代にマリファナの経験はあったが、ハイになったことはなかった。しかしこの日は「笑

い転げて足が溶けそう」(ジョージ) というハイな状態を初体験した。

8.28 (1969年)
ポールとリンダに第一子メアリー・マッカートニー誕生

　69年8月28日、ポールとリンダの間にメアリーが誕生した。69年3月12日にリンダと結婚し、リンダの長女ヘザーの父親となったポールにとっては最初の子どもだった。メアリーは、母リンダと同じく写真家／映像作家として活動中。

8.29 (1959年)
クォリーメン、カスバ・コーヒー・クラブに初出演

　ピート・ベストの母モナ・ベストが59年8月29日にリヴァプールの自宅の地下にカスバ・コーヒー・クラブを開店し、この日からビートルズはレギュラー・バンドとして出演することになった。ただし当初は開店記念のオープニング・アクトをジョージが別に参加していたレス・スチュアート・カルテットが務める予定だったが、直前に解散。そのバンドのケン・ブラウンをジョン、ポール、ジョージのトリオ"ジェイペイジ・スリー"に加え、新生クォリーメン (クォリー・メンから改名) としてこの日から活動を開始した。カスバ・クラブが62年6月24日に閉店するまでに、ビートルズは37回出演した。

8.29 (1966年)
キャンドルスティック・パークで最後のコンサート

　66年8月29日、サンフランシスコのキャンドルスティック・パークで、4度目のアメリカ・ツアーの最終公演が行なわれた。強風が吹く肌寒い天候の中、集まった観客は、収容人数4万42500人のうちの2万5000人。空席が目立つ会場も含め、ライヴ活動は、4人にとってもすでに野球の消化試合のようなものになっていた。4人はこれが"ラスト・ライヴ"だとわかって臨んだため、ジョンはカメラを持ち込み、曲の合間にメンバーの写真を撮ったり、腕を伸ばして自身の写真も撮影した。ポールも同じように撮影し、NEMSの広報担当トニー・バーロウにコンサートをカセットで録音するように頼んでいた。演奏終了後、即座に装甲車に押し込まれ、す

©Koh Hasebe/ML Images/Shinko Music

カメラ片手に、いざ最後のステージへ

● ビートルズが食事をする場所なんて、はやりの店だけに決まってるじゃないか。（ポール／68年）

ごい勢いでスタジアムをあとにする4人。誰もが口を揃えて「もうやってらんない」「こりごりだ」と思ったという。ブライアン・エプスタインは、ロサンゼルスで盗難事件に遭ったとも、ホテルに放心状態で閉じこもっていたともいわれているが、いずれにしても会場に姿を現わさなかった。

8.30 (1968年)
18枚目のシングル「ヘイ・ジュード」発売

　18枚目のオリジナル・シングル「ヘイ・ジュード」が、68年8月30日にイギリスで発売された。7分を超える長尺の演奏時間だったため、ヒットするかどうかポールは不安を感じていたという。だが、アップルの北米局長のケン・マンスフィールドがアメリカのラジオ関係者に曲を聴かせ、大絶賛されたため、改めて「ヘイ・ジュード」をA面にすることが決まった。イギリス・アメリカともに1位を記録したが、アメリカでは9週連続1位と、ビートルズ最大のヒット・シングルとなった。ジョン作のB面曲「レボリューション」も、アメリカで12位を記録している。そして、「ヘイ・ジュード」と入れ替

ビートルズ「ヘイ・ジュード」
（1968年／写真は日本盤）

わるように、アメリカとイギリスのチャートで1位を獲得したのが、アップルからデビューしたメリー・ホプキンの「悲しき天使」だった。

8.30 (1972年)
ジョンとヨーコ主催の"ワン・トゥ・ワン・コンサート"開催

　71年8月30日、ニューヨークのマディソン・スクエア・ガーデンで、ジョンとヨーコ主催のチャリティ・コンサート"ワン・トゥ・ワン・コンサート"が昼夜2回開催された。これは、ニューヨーク市長のジョン・リンゼイの提唱する運動の一環で、知的ハンディキャップを追った子どもたちへの基金作りを目的としていた。シャ・ナ・ナ、スティーヴィー・ワンダー、ロバータ・フラックに続き、メイン・アクトとして登場したジョンとヨーコは、エレファンツ・メモリー（プラスティック・エレファンツ・メモリー・バンド）とジム・ケルトナーをバックに昼の公演で16曲、夜の公演で13曲を演奏した。70年代のジョンの唯一の（最後の）コンサートとなった。昼の公演で演奏中に「リハーサルへようこそ」と言うジョンは正直すぎて最高、である。

8.31 (1969年)
"ワイト島フェスティヴァル"でボブ・ディランを観る

　69年8月31日、ジョン、ジョージ、リンゴは、前日から開催されていたアイルランドのワイト島でのロック・フェスティヴァルに足を運んだ。目当ては、親交の深いボブ・ディラン。66年のバイク事故以降、再起不能説が囁かれていたディランが長期の療養生活を経て、3年ぶりにステージに立つということで、ロック・ファンの間でも大きな話題になっていた。ワイト島に前乗りしたジョージは、ディランの宿泊先を訪ねて旧交を温めたが、そこでディランはハーモニカをアメリカに忘れてきてしまったことに気づいた。早速ジョージはアップルに電話をかけ、ソーホーの楽器屋でハーモニカを買い、ワイト島まで届けるようにスタッフに指示。ディランは無事にライヴでハーモニカを吹くことができた。ステージで使用したギター（ギブソンJ-200）も、ジョージからプレゼントされたものだった。ジョージはディランと過ごした家で「アイド・ハヴ・ユー・エニイタイム」（70年の『オール・シングス・マスト・パス』に収録）を共作し、余暇に二人でテニスも楽しんだ。

9 September

1
★テレビ映画『マジカル・ミステリー・ツアー』の制作決定 (1967)

2
●ペンシルヴァニア州フィラデルフィア公演開催。白人ばかりの客席に強い不快感を覚える (1964)
★ジョージ、オリヴィア・アライアスと結婚 (1978)

3
●BBCのラジオ番組『ポップ・ゴー・ザ・ビートルズ』の最終回となる第15回を収録 (1963)
★リンゴが戻り、ジョージ・マーティンが抜ける (1968)

4
★デビュー・シングル「ラヴ・ミー・ドゥ」を録音 (1962)
★「ヘイ・ジュード」「レボリューション」のMVを撮影 (1968)

5
★「ホワイル・マイ・ギター・ジェントリー・ウィープス」にエリック・クラプトン参加 (1968)

6
●EP「ザ・ビートルズ・ヒッツ」発売 (1963)
★ジョン、映画出演のために髪を切り、丸眼鏡をかける (1966)

7
●「マイ・スウィート・ロード」の盗作訴訟で、"潜在的な盗用"としてジョージの敗訴が決定 (1976)
●ポール、"バディ・ホリー・ウィーク"を開催 (1976)
★リンゴに初孫誕生 (1985)

8
★リンゴ、急病でミドルセックスの病院に入院 (1969)
●ジミー・マッカロウがウイングスを脱退 (1977)

9
●リンゴの著書『ビートルズからのラブ・レター』刊行 (2004)
★初のリマスターによるステレオ&モノCDボックス発売 (2009)
●ビートルズの音楽ビデオ・ゲーム『THE BEATLES ROCK BAND』発売 (2009)

10
★ローリング・ストーンズに「彼氏になりたい」を提供 (1963)

11
★リンゴ、屈辱の2度目のデビュー・シングル・セッション (1962)
●フロリダ州ジャクソンヴィル公演の記者会見で、客席の人種隔離に抗議 (1964)
★映画『マジカル・ミステリー・ツアー』の撮影開始 (1967)

12
★ポールとリンダの長男ジェイムズ・マッカートニー誕生 (1977)

13
★ザック・スターキー誕生 (1965)
★プラスティック・オノ・バンド、トロントで初ライヴ (1969)
★ステラ・マッカートニー誕生 (1971)
★リミックス・アルバム『イエロー・サブマリン～ソングトラック～』発売 (1999)

14
★ジョージ、ラヴィ・シャンカールからシタールを教わる (1966)

15
★ジョンとヨーコのアルバム『ダブル・ファンタジー』のジャケット写真を篠山紀信が撮影 (1980)
●ポール、"モンセラット島救済コンサート"に出演 (1997)

16
★ジョージ、アメリカに移住した姉イーズを訪問 (1963)
●シングル「シー・ラヴズ・ユー」、アメリカのスワンから発売 (1963)

17
- ●ミズーリ州カンサス・シティで追加公演。「カンサス・シティ／ヘイ ヘイ ヘイ ヘイ」を特別に演奏 (1964)
- ★ドレイク大学の学生新聞に"ポール死亡説"掲載 (1969)

18
- ★映画『マジカル・ミステリー・ツアー』のストリップ劇場のシーンを撮影 (1967)
- ●リンゴ、ジョンが9月9日に売りに出したアスコットのティッテンハースト・パークを購入 (1973)

19
- ★ブライアン・エプスタイン生まれる (1934)
- ●ジョン、スペインで映画『ジョン・レノンの僕の戦争』の撮影を続行 (1966)
- ●ケント州の空港基地で『マジカル・ミステリー・ツアー』の撮影を続行 (1967)

20
- ★ジョン、ビートルズ脱退をポールとリンゴに告げる (1969)

21
- ★国連事務総長が"ビートルズ再結成"を要望 (1979)

22
- ★映画『マジカル・ミステリー・ツアー』の冒頭の場面を撮影 (1967)
- ●ポールとリンダ、リンゴとバーバラ、ロンドンのロイヤル・アルバート・ホールで開催されたエヴァリー・ブラザーズのカムバック・コンサートを観る (1983)

23
- ★イリノイ州の学生新聞にも"ポール死亡説"掲載 (1969)
- ●ポール、「タッグ・オブ・ウォー」のMVの撮影を開始 (1982)

24
- ★ポール、妻リンダの誕生日に「リンダ」を贈る (1986)

25
- ★テレビ・アニメ番組『アニメ・ザ・ビートルズ』放送開始 (1965)
- ★星加ルミ子がEMIスタジオのビートルズを再訪 (1967)
- ●プラスティック・オノ・バンド、「コールド・ターキー」を録音 (1969)

26
- ★11枚目のオリジナル・アルバム『アビイ・ロード』発売 (1969)
- ★ポール、ノルウェーを皮切りにソロ初のツアーを開始 (1989)

27
- ★リヴァプール市議会、ビートルズに"自由市民"の称号 (1983)

28
- ★映画『マジカル・ミステリー・ツアー』、日本武道館で公開 (1968)

29
- ★ジョンとジョージ、テレビ番組『ザ・フロスト・プログラム』で超越瞑想について語る (1967)

30
- ★ジョンとポール、パリへ休暇旅行 (1961)
- ●ハンター・デイヴィスによる公認の伝記本『ビートルズ』刊行 (1968)

※カッコ内の数字は西暦
★は本文で詳述した出来事

9.1 (1967年)
テレビ映画『マジカル・ミステリー・ツアー』の制作決定

　67年9月1日、ブライアン・エプスタイン亡き後、今後についての打ち合わせがポールの家で行なわれた。ポールはまず他のメンバーが到着する前に、トニー・バーロウと話し合い、その後、4人が集まった際に『マジカル・ミステリー・ツアー』のプロジェクトを最優先し、インド行きをはじめ、67年に予定していた他の仕事はすべて保留にすることにした。

9.2 (1978年)
ジョージ、オリヴィア・アライアスと結婚

　78年8月1日に息子ダニーが生まれて1ヵ月後となる9月2日、ジョージはオリヴィア・トリニダッド・アライアスと、自宅近くのヘンリー・オン・テムズ登記所に婚姻届を提出。式はオリヴィアの両親の立会いの元で進められ、二人はその後チュニジアへ新婚旅行に出かけた。

9.3 (1968年)
リンゴが戻り、ジョージ・マーティンが抜ける

　68年9月3日、リンゴがスタジオに戻ってきた。マル・エヴァンスは、リンゴのドラム・セットに花をいっぱい飾りつけて迎えたものの、この日はリンゴの出番はなかった。代わりに（?）ジョージ・マーティンが、以前から予定していた長期の休暇のため10月1日まで不在となった。7月16日に現場を離れたジェフ・エメリックに続きまとめ役がいなくなり、しばらくの間ケン・スコットが代役を務めた後、9月9日からは21歳のクリス・トーマスが現場の仕切り役を務めた。

9.4 (1962年)
デビュー・シングル「ラヴ・ミー・ドゥ」を録音

　62年9月4日、EMIスタジオでデビュー・シングルのレコーディングが行なわれた。午後2時から5時までまずリハーサルを行ない、「プリーズ・プリーズ・ミー」を含む6曲を演奏した中から「ラヴ・ミー・ドゥ」と「ハウ・ドゥ・ユー・ドゥ・イット」がシングル候補に選ばれた。ジ

ョージ・マーティンは、ミッチ・マレー作の「ハウ・ドゥ・ユー・ドゥ・イット」を推したが、ビートルズ（ジョンとポール）はこの曲を気に入らず、オリジナル曲の「ラヴ・ミー・ドゥ」で勝負したいとマーティンに告げた。午後7時から11時15分までレコーディングは続けられ、その2曲を演奏。マーティンとエンジニアのノーマン・スミスは、マーティンとブライアン・エプスタインの試聴用にアセテート盤をすぐに作った。

9.4 (1968年)
「ヘイ・ジュード」「レボリューション」のMVを撮影

ビートルズ「ヘイ・ジュード」(1968年／写真はイギリスの再発盤)

　68年9月4日、ニュー・シングル「ヘイ・ジュード」と「レボリューション」のプロモーション・フィルムの撮影がトゥイッケナム・フィルム・スタジオで行なわれた。監督は「レイン」「ペイパーバック・ライター」以来の再会となるマイケル・リンゼイ＝ホッグ。この日は1曲につき2本、計4本のフィルムが撮影された。当初「ヘイ・ジュード」は台本のある凝った作りのフィルムになる予定で、『マジカル・ミステリー・ツアー』で仕事をしたロイ・ベンソンのアイディアに同意していたが、撮影に3日かかると知り却下、演奏シーンのみの撮影となった。まず「ヘイ・ジュード」に取り掛かり、3日がかりで組まれたセットに36人編成のオーケストラを用意し、さらに300名のエキストラをバックに演奏するシーンが撮影された。それが終わると今度は4人だけで「レボリューション」を演奏した。

9.5 (1968年)
「ホワイル・マイ・ギター・ジェントリー・ウィープス」にエリック・クラプトン参加

　68年9月5日、EMIスタジオで午後7時から午前2時までのセッションで「ホワイル・マイ・ギター・ジェントリー・ウィープス」のオーヴァーダビング・セッションが行なわれ、ジョージの誘いでクリームのエリック・クラプトンがレコーディングに参加。ギブソン・レスポール・スタンダードでギター・ソロを弾いた。翌6日にもクラプトンは参加し、

曲が完成となった。「ビートルズのレコーディングになぜ自分が？」とクラプトンは気後れしたらしいが、ジョージの希望どおりの素晴らしい仕上がりとなった。

9.6（1966年）
ジョン、映画出演のために髪を切り、丸眼鏡をかける

　66年9月5日、ジョンは映画『ジョン・レノンの僕の戦争』の撮影のため、ロケ地の西ドイツ、ハノーバーへと向かった。その理由をジョンは、「ツアーをやめたので何をしたらいいかわからず、生活の変化から

髪を切ってすっきりしたジョン（右はニール・アスピノール）
©Keystone/Getty Images

来る憂鬱を映画に出ることで避けようとした」と語った。加えて、リチャード・レスターからの頼みだったことと、反戦をテーマとした内容だったことを挙げている。そして翌6日、役作りのために髪を切り、丸い眼鏡（健康保険で支給されたもの）をかけた。以後これがジョンのトレードマークとなる。それでも、映画出演がジョンの心の中にあるジレンマを解消することはなく、「撮影は退屈だった」とのちに明かしている。ジョンはすべての撮影には参加していなかったので、同行したニール・アスピノールとともにハンブルクに出かけ、よく顔を出していた店で買い物を楽しんだそうだ。ジョンは、滞在中に「ストロベリー・フィールズ・フォーエバー」も作曲した。

9.7（1985年）
リンゴに初孫誕生

　85年9月7日、リンゴの長男ザック・スターキーとサラ・メニキデス（85年1月22日に結婚）との間に長女ターシャ・ジェイソン・スターキーが誕生。リンゴはビートルズのメンバーで最初の"おじいさん"になった。ターシャは、その後ベーシストとなり、シャドウズのドラマー、トニー・ミーハンの息子ルアリー・ミーハンなどとベラキスを結成。2011年7月27日に『ベラキス』で日本先行デビューを果たした。さらに2016年8月14日、ターシャとアダム・ロウとの間に長男ストーン・ザコモ・ロウが誕生。リンゴは同じく最初の"ひいおじいさん"にもなった。

9.8（1969年）
リンゴ、急病でミドルセックスの病院に入院

　69年9月8日、リンゴが腸の疾患の検査のため、ロンドンのミドルセックス病院に緊急入院した（11日に退院）。その日か翌9日頃にジョン、ポール、ジョージは今後のビートルズとしての活動についてアップル・ビルで話し合いの場を設けたが、入院中のリンゴにも聞かせようと、その模様をジョンが録音した。その衝撃的な内容が、2019年9月11日にイギリス『ガーディアン』紙のウェブサイトで公表された。マーク・ルイソンが入手したテープに残された会話によると、『アビイ・ロード』の次のアルバムにはジョン、ポール、ジョージを4曲ずつ収録し、望むならリンゴの曲も2曲収録することや、それぞれがシングルの候補曲を持ち寄

り、クリスマスの時期にシングルを出すこと、"レノン＝マッカートニー"という共作名義はやめて、それぞれ単独のクレジットにすることなど、この時点では、バンド存続への意欲を感じさせるやりとりとなった。

9.9（2009年）
初のリマスターによるステレオ＆モノCDボックス発売

87年から88年にかけて初CD化されたビートルズの全作品が新たにリマスターされ、計14作品をまとめた『ザ・ビートルズBOX』（16枚組、DVD付）と限定の『ザ・ビートルズ MONO BOX』（13枚組）として2009年9月9日に発売された。『ザ・ビートルズBOX』の各CDの最後にミニ・ドキュメンタリーが収めら

ビートルズ『ザ・ビートルズBOX』（2009年）
ビートルズ『ザ・ビートルズ MONO BOX』（2009年）

れ、『ザ・ビートルズ MONO BOX』には『ヘルプ！』と『ラバー・ソウル』の"1965年オリジナル・ステレオ・ミックス"も併せて収録された。

9.10（1963年）
ローリング・ストーンズに「彼氏になりたい」を提供

63年9月10日、スタジオでリハーサル中のローリング・ストーンズを訪ねたジョンとポールは、ミック・ジャガーとキース・リチャーズの目の前で新曲「アイ・ウォナ・ビー・ユア・マン」を完成させ、ストーンズに提供した。この"離れ業"に触発されたミックとキースは自分たちで曲を作るようになる。翌11日にビートルズは『ウィズ・ザ・ビートルズ』のレコーディングを再開し、リンゴのヴォーカルで早速その新曲をレコーディングした。ストーンズは10月7日にレコーディングし、11月1日にセカンド・シングル（邦題は「彼氏になりたい」）として発表、初のトップ20ヒットとなった。69年1月の"ゲット・バック・セッション"でジョンは、63年3月5日のシングル「フロム・ミー・トゥ・ユー」のセッションで録られたボツ曲「ワン・アフター・909」をストーンズに提供するつもりだったが、彼らが興味を示さなかったと語っている。

9.11 (1962年)
リンゴ、屈辱の2度目のデビュー・シングル・セッション

　62年9月11日の2度目のデビュー・シングル・セッションは、新参者だったリンゴにとって、一生忘れることのできない日になったに違いない。1週間前の9月4日のセッションの際、ドラムの腕前に不安を覚えたジョージ・マーティンが、この日はセッション・ドラマーのアンディ・ホワイトを起用したからだ。ドラムの座を奪われたリンゴは、「ラヴ・ミー・ドゥ」でタンバリンを叩く役割へと"格下げ"になった。もう1曲、ジョンとポールのオリジナル曲「P.S.アイ・ラヴ・ユー」も収録されたが、ここでもリンゴはマラカスを振るハメになった。しかしセッションはそれで終わらず、さらにもう1曲、オリジナルで勝負したいという意気込みの強かったジョンとポールが準備したのが、4日のリハーサルで演奏した「プリーズ・プリーズ・ミー」だった。この日のテイクは『アンソロジー1』で初めて公表されたが、ドラムはアンディ・ホワイトが叩き、リンゴは不参加だった。

9.11 (1967年)
映画『マジカル・ミステリー・ツアー』の撮影開始

　67年9月11日、映画『マジカル・ミステリー・ツアー』の撮影が開始された。午前10時45分、ポールの希望で出発地点となったロンドンのオルソップ・プレイスに、総勢43名の乗客が集まった。俳優やコメディアンにまざって、ファンクラブのフリーダ・ケリーや68年にアップルのエレクトロニクス部門の責任者となるアレクシス・マーダスなど、関係者や友人も顔を揃えた。2時間遅れで到着した"マジカル・バス"に乗り込み、まずはコーンウォールに向けて5日間の撮影の旅に出発した。

9.12 (1977年)
ポールとリンダの長男ジェイムズ・マッカートニー誕生

　77年9月12日、ポールとリンダの間に長男ジェイムズ・ルイス・マッカートニーが誕生した。父親と同じくミュージシャンを志し、ポールの『フレイミング・パイ』(97年)、『ドライヴィング・レイン』(2001年)、リンダの『ワイド・プレイリー』(98年)への参加後、2010年にEP『Available

Light』でデビュー。セカンド・フル・アルバム『ザ・ブラックベリー・トレイン』(2016年) にはジョージの息子ダニーも参加している。

9.13 (1965年)
リンゴとモーリンの長男ザック・スターキー誕生

　65年9月13日、リンゴとモーリンの間に長男ザック・スターキーが誕生した。ザックという名前は「力強そうで、これ以上縮められない名前を考えて」という理由からだった。リンゴは「ザックはドラマーにはさせない」と言っていたものの、幼い頃からドラムが好きで、ザ・フーのキース・ムーンからドラムを教わったりした。17歳でプロ・デビュー。90年にはアイスを結成し、来日公演も行なった。父リンゴのオール・スター・バンドへのゲスト参加のほか、96年以降はオアシスやザ・フーなどのサポート・メンバーとしても活動した。

9.13 (1969年)
プラスティック・オノ・バンド、トロントでの
"ロックンロール・リヴァイヴァル・ショー" に出演

　69年9月13日、プラスティック・オノ・バンドは、カナダ・トロントのヴァーシティ・スタジアムで開催された"ロックンロール・リヴァイヴァル・ショー"に出演した。チケットの売れ行きが芳しくなく、ジョンが出演依頼を受けたのは前日のことだったが、チャック・ベリー、リトル・リチャード、ボー・ディドリー、ジェリー・リー・ルイスら、ジョンのロックンロール・ヒーローが一同に会するショーへの出演は、ジョンにとっても願ってもないことだったに違いない。ジョンはエリック・クラプトン、クラウス・フォアマン、アラン・ホワイトにすぐさま声をかけ、特別にチャーターした飛行機の機内で即席のリハーサルを行ない、本番に備えた (ジョンは機内でビートルズ脱退を3人に伝えた)。

　満員の2万7000人の観客の前で、バンドは前半は「ブルー・スウェード・シューズ」「マネー」「ディジー・ミス・リジー」「ヤー・ブルース」「コールド・ターキー」「平和を我等に」の6曲を演奏し、後半はヨーコが「ドント・ウォリー・キョーコ」と「ジョン・ジョン」を絶唱した。この時の模様を収めたライヴ・アルバム『平和の祈りをこめて』は、69年12月12日に発売された。

9.13 （1971年）
ポールとリンダの第二子ステラ・マッカートニー誕生

　71年9月13日、ポールとリンダの間に次女ステラが誕生した。ステラは、ファッション・デザイナーとして今では世界的に知られる存在となった。2001年にファッション・ブランド "Stella McCartney" を立ち上げ、2008年には日本初の直営店を東京・銀座に開店。六本木、青山などにも店舗を増やし、2008年、13年、15年には宣伝も兼ねて来日した。

9.13 （1999年）
初のリミックス・アルバム
『イエロー・サブマリン〜ソングトラック〜』発売

　99年9月13日、「ヘイ・ブルドッグ」を加えた映画『イエロー・サブマリン』の完全版が映像作品として DVD 化され、それと同時に、初のリミックス・アルバム『イエロー・サブマリン〜ソングトラック〜』も発売され、イギリスで8位、アメリカで15位を記録した。アルバム『イエロー・サブマリン』にはジョージ・マーティン・オーケストラによる曲が半分収録されていたが、こちらは映

ビートルズ『イエロー・サブマリン〜ソングトラック〜』(1999年)

画に使われた曲の中から「ア・デイ・イン・ザ・ライフ」を除く15曲で構成されている。

9.14 （1966年）
ジョージ、ラヴィ・シャンカールからシタールを教わる

　66年9月14日、ジョージは本格的にインドの文化を学ぶため、パティを連れてインドのボンベイ（現ムンバイ）へ向かい、10月22日まで滞在した。ボンベイのタジ・マハール・ホテルに偽名でチェック・インしたが、すぐに正体がばれてしまったため、19日に記者会見を開き、翌20日には BBC のインタビューに応えた。その後、ボンベイを離れたジョージは、ラヴィ・シャンカールにシタールのレッスンを受けたり、ヒマラヤではハウスボートに宿泊したり、ベナレス（バラナシ）では宗教的な祭り

を体験したりと東洋的な思想に目覚める。ジョージはインドに出発前にラヴィ・シャンカールから薦められ、口ひげを伸ばし、髪を切った。

9.15 (1980年)
ジョンとヨーコのアルバム『ダブル・ファンタジー』の ジャケット写真を篠山紀信が撮影

「日本の写真家に二人を撮ってもらいたい」というヨーコの希望で、80年9月15日に篠山紀信がジョンとヨーコの復活アルバム『ダブル・ファンタジー』のジャケット写真を撮影

左／ジョン・レノン&ヨーコ・オノ『ダブル・ファンタジー』(1980年)
右／ジョン・レノン&ヨーコ・オノ『ミルク・アンド・ハニー』(1984年)

した (18日も撮影)。まずニューヨークのヒット・ファクトリーで「ウーマン」をレコーディング中のジョンの様子などが撮影され、夕方にヨーコの提案でジャケット写真の撮影が決まったという。3人はスタジオを出て、一度ダコタハウスに立ち寄り、それからセントラルパークへと向かった。「キスをしてみましょう」という篠山紀信の提案で撮影された写真は、『ダブル・ファンタジー』にはモノクロで、遺作として84年1月27日に発売された『ミルク・アンド・ハニー』にはカラーで使用された。

9.16 (1963年)
ジョージ、アメリカに移住した姉ルイーズを訪問

63年9月16日から10月2日まで4人は休暇を取り、ジョンはシンシアとパリへ、ポールとリンゴはそれぞれジェーンとモーリンとともにギリシャへ向かった。ジョージはアメリカ、イリノイ州のベントンに移住した姉ルイーズの元を兄ピーターとともに訪ねた。ビートルズのアメリカ初上陸は64年2月だが、ジョージ個人では、一足早い、初のアメリカ体験となった。

9.17 (1969年)
ドレイク大学の学生新聞に"ポール死亡説"掲載

　69年9月17日、アメリカのアイオワ州にあるドレイク大学の学生新聞『ノーザン・スター』に、「レボリューション9」を逆回転すると「オレをハイにしてくれ、死者よ」と聞こえるということを証拠として「ビートルズの一人ポール・マッカートニーは死んでいる？」と題した記事が掲載された。これをきっかけに、"ポール死亡説"は、67年1月7日にロンドンで広まった時よりも大きな騒動へと発展していくことになる。

9.18 (1967年)
映画『マジカル・ミステリー・ツアー』の ストリップ劇場のシーンを撮影

　映画『マジカル・ミステリー・ツアー』の撮影は、67年9月18日からロンドン近郊に場所を移して撮影が再開された。18日には、ソーホーにあるストリップ劇場「レイモンド・レビュー・バー」でボンゾ・ドッグ・ドゥー・ダー・バンドの演奏シーンの撮影が行なわれた。ちなみに翌19日から24日にかけて、ケント州のウェスト・モーリング空軍基地で撮影が行なわれ、「ブルー・ジェイ・ウェイ」「ユア・マザー・シュッド・ノウ」「アイ・アム・ザ・ウォルラス」など重要な場面がフィルムに収められた。

9.19 (1934年)
ブライアン・エプスタイン生まれる

　1934年9月19日、ブライアン・エプスタインが、リヴァプールで家具店（North End Music Store）を経営するハリーとクイーニー・エプスタインの長男として生まれた。スポーツ嫌いでやや内向的だったエプスタインは学校側とうまくいかず退学処分を受けるなど、7回も転校したという。その後、デザイナーになろうとしたが、父親の反対で家業を継ぐも長続きせず、元来の芝居好きが高じて俳優になろうと決心し、22歳の時にロンドンへと向かう。だが、"他人に興味がなく敗北を異常に恐れる"俳優たちを目の当たりにして失望し、再びリヴァプールに舞い戻り、58年からNEMSの経営者として家具店のレコード売り場を切り盛りすることになった。そしてシングル「マイ・ボニー」をきっかけに61年11月9日に

ビートルズとの運命的な出会いを果たした。

9.20 (1969年)
ジョン、ビートルズ脱退をポールとリンゴに告げる

　69年9月20日、ジョージを除く3人とアラン・クラインが一堂に会したキャピトル・レコードとの新たな契約に関する会議がアップルのオフィスで開かれた。その時に、ライヴ活動再開を呼びかけたポールに対し、ジョンはこう返した——「頭がおかしいんじゃないか？」「キャピトルの契約書にサインするまでは何も言わないつもりだったけど、俺はグループを抜けさせてもらうぜ」。リンゴが入院中の9月上旬にはバンド存続への意欲を見せていたジョンのいきなりの脱退宣言だった。だが、ビートルズの契約を有利に進めるためにというクラインの助言をジョンは受け入れ、脱退は半年ほど公にはならなかった。

9.21 (1979年)
国連事務総長が“ビートルズ再結成”を要望

　ジョンの死で永遠に不可能となってしまったが、“ビートルズ再結成”報道は70年代にたびたびあった。中でも79年9月は大きな話題となった。まず9日に、ビートルズのシェイ・スタジアム公演を手掛けたプロモーター、シド・バーンスタインが5億ドルのギャラを提示して呼びかけ、続いて21日には国際連合事務総長のクルト・ワルトハイムが、ベトナムの難民救済を目的に再結成を要望した。ともに実現せずに終わったが、ワルトハイムの要望を受け、ポール（ウイングス）は79年12月29日に（ベトナムではなく）“カンボジア難民救済コンサート”に出演した。

9.22 (1967年)
映画『マジカル・ミステリー・ツアー』の冒頭の場面を撮影

　67年9月22日、映画『マジカル・ミステリー・ツアー』の冒頭に登場するシーンが、「アイ・アム・ザ・ウォルラス」などの撮影場面の前後にウェスト・モーリングのハイ・ストリートで収録された。リンゴが店に入ってジョンから“ミステリー・ツアー”のチケットを購入する場面である。ちなみに、最初の2作の主演映画も、オープニング・シーンの

撮影は遅く、『ハード・デイズ・ナイト』は64年3月2日開始で4月5日撮影、『ヘルプ！』は65年2月23日開始で4月14日撮影だった。

9.23 (2003年)
イリノイ州の学生新聞にも "ポール死亡説" 掲載

69年9月17日のドレイク大学の学生新聞『ノーザン・スター』に続き、23日にはイリノイ大学の学生新聞にも、「ストロベリー・フィールズ・フォーエバー」の最後に「私はポールを埋葬した」という声が聞こえるという記事が掲載された。さらに9月26日の『アビイ・ロード』発売後は、新作のジャケットに手掛かりがあるという騒動にまで発展した。いわく、ポールの裸足は死者を意味し、他の3人は葬列に参加しているのを表わしている（ジョンは牧師、リンゴは葬儀屋、ジョージは墓堀人…）とか、左利きのポールが右手でタバコを持っているのはニセモノだからだとか、停車しているフォルクス・ワーゲンのナンバーの "28 IF" は、「もし彼が生きていたら28歳」という意味がある……など、これでもかという "後付け情報" が世界中を駆け巡った。10月12日にはデトロイトのFM局のDJも "ポール死亡説" を特集したが、11月7日の『ライフ』誌にポール自身のインタビューが掲載され、噂は沈静化していった。

9.24 (1986年)
ポール、妻リンダの誕生日に「リンダ」を贈る

86年9月24日、リンダの45回目の誕生日にポールは自作の「リンダ」という曲をプレゼントした。リンダが「リンダ」という曲を贈られたのは2回目のこと。1歳の誕生日に、弁護士として音楽関係の仕事を主にしていた父から、同名の曲をプレゼントされていた。その曲は、父がソングライターのジャック・ローレンスに依頼して書いてもらったもので、1947年にレイ・ノーブル楽団（全米1位）、63年にジャン＆ディーン（全米28位）のヒットとなった有名曲だった。

9.25 (1965年)
テレビ・アニメ番組『アニメ・ザ・ビートルズ』放送開始

ビートルズをキャラクター化したテレビ・アニメ・シリーズ『アニ

制作決定時（64年11月11日）、誰が最も似ているかを競う（？）4人
©Mark and Colleen Hayward/Redferns/Getty Images

メ・ザ・ビートルズ』の放送が、65年9月25日よりアメリカABCテレビ
で始まった。制作を任されたピーター・サンダーは、映画『ハード・デイ
ズ・ナイト』における4人のキャラクターをデフォルメしつつ、視聴ター
ゲットである子どもに合わせて、さらにコミカルに仕上げた。4人は、自
分たちの姿がアニメで描かれることに好意を持っていなかったが、番組
は人気を集め全3シーズン、39エピソードが放送され、67年10月21日ま
で続いた。日本では70年代から80年代にかけて東京12チャンネル（現テ
レビ東京）をはじめ、UHF局などで放映された。ニューヨークに移り住ん
だジョンは、この番組の再放送を観るのを楽しみにしていたという。

9.25 (1967年)
星加ルミ子がEMIスタジオのビートルズを再訪

　67年9月25日、『ミュージック・ライフ』の編集長・星加ルミ子が、

「フール・オン・ザ・ヒル」を練習中の4人
©Koh Hasebe/ML Images/Shinko Music

65年6月15日に続いてEMIスタジオで作業中のビートルズに再び面会した。前回は日本側からの依頼だったが、今回はビートルズ側からの招待で両者の顔合わせが実現した。前日に映画の長期ロケから戻ったばかりの4人は、この日から「フール・オン・ザ・ヒル」のレコーディングを始めたばかりで、ポールの手書きの歌詞にジョンが赤字を入れたり、リコーダーを試しに演奏してみたりという貴重な制作現場の様子が誌面を飾ることになった。また、スタジオにはヨーコがいたことも、同行した専属カメラマンの長谷部宏がたまたま撮影した写真で判明した。

9.26 (1969年)
11枚目のオリジナル・アルバム『アビイ・ロード』発売

　69年9月26日（アメリカは10月1日）、11枚目のオリジナル・アルバム『アビイ・ロード』が発売され、イギリスで17週、アメリカで11週1位を記録した。4人揃っての最後のスタジオ・レコーディング・アルバムとなった本作について、「このLPは幅広い層にアピールすると思ってい

ビートルズ『アビイ・ロード』
(1969年)

る。非常に覚えやすいサウンドだし、新境地を切り開くという意味で画期的な作品だ」とジョージ・マーティンは語った。このアルバムの大ヒット後、"アビイ・ロード"という地名が世界中で有名になり、70年代初めにEMIスタジオはアビイ・ロード・スタジオに改称された。2019年9月27日には、50周年記念盤も発売された。

9.26 (1989年)
ポール、ノルウェーを皮切りにソロ初のツアーを開始

　ポールは、89年6月5日に発表したアルバム『フラワーズ・イン・ザ・ダート』の参加メンバーを中心に、久しぶりにツアー用のバンドを結成。9月26日にノルウェーのオスロ公演を皮切りにワールド・ツアーを開始した。コンサート・ツアーは79年12月以来10年ぶり、ワールド・ツアーは76年10月以来13年ぶりとなった。ライヴはニュー・アルバム収録の「フィギュア・オブ・エイト」からライヴ初披露となる『アビイ・ロード』B面最後のメドレーまで、ビートルズ・ナンバーが半数以上の17曲を占める全30曲。ワールド・ツアーは、90年3月の初来日公演を含め、7月29日のアメリカ、シカゴ公演まで10ヵ月13ヵ国102公演という大規模なツアーとなった。

9.27 (1983年)
リヴァプール市議会、ビートルズに"自由市民"の称号

　83年9月27日、ビートルズの功績を称え、リヴァプール市議会が"自由市民"の称号を贈ることを決めた。こうした動きもあり、リヴァプールは、特に90年代以降は徐々に"観光地化"していった。

9.28 (1968年)
映画『マジカル・ミステリー・ツアー』、日本武道館で公開

　68年9月28日の午後3時から、映画『マジカル・ミステリー・ツアー』

が日本武道館で初公開された。主催は不二家で、協賛は東芝音楽工業と『ミュージック・ライフ』。抽選で1万人が招待された。10月6日にはTBS系列で全国ネットで放映されたが、4本あったロールの順番を間違えて放送してしまうというハプニングが起きた。そこでTBSの独自の判断で即座に再放送が決定となり、10月10日に正しい順番で再放送された。

9.29 (1967年)
ジョンとジョージ、テレビ番組
『ザ・フロスト・プログラム』で超越瞑想について語る

67年9月29日、『マジカル・ミステリー・ツアー』の撮影とレコーディングの合間を縫って、ジョンとジョージがイギリスのテレビ番組『ザ・フロスト・プログラム』に出演。司会のデヴィッド・フロストを相手にマハリシの"超越瞑想"について語った。番組は午後6時から7時までウェンブリー・スタジオで収録され、午後10時半から11時15分に放送された。番組は好評だったため、二人は10月4日にも出演した。

9.30 (1961年)
ジョンとポール、パリへ休暇旅行

キャヴァーン・クラブを中心にライヴ活動を続ける中、ジョンは、当時のイギリスでの成人年齢となる21歳の誕生日（61年10月9日）の前祝いとして、スコットランドの叔母エリザベスから100ポンドをもらった。大金を手にしたジョンは、スペインにヒッチハイクの旅に出ることを思いつき、ポールに声をかけた。そして9月30日から10月14日までの2週間、たまに電車を使いながらパリに辿り着いたものの、スペイン行きは諦め、パリに留まることにした。二人がハンブルクで知り合ったアストリット・キルヒヘルとクラウス・フォアマンの友人の写真家ユルゲン・フォルマーとパリで会い、10月12日（または13日）にユルゲンに頼んで"同じ髪型"にしてもらうことにした。こうして、すでにその髪型にしていたスチュとジョージに続き、ジョンとポールの"マッシュルーム・カット"が誕生した。

●怖いんだよ。初めてビートルズじゃないメンバーと一緒にステージに立とうとしているんだ。（ジョン／69年）

10 October

1
★「イエスタデイ」、アメリカで1位に (1965)
●ハンドメイド・フィルムズの設立10周年記念パーティにジョージが出席 (1988)

2
●ジョージ・マーティン、チャリティ・アルバム用に「アクロス・ザ・ユニバース」をミキシング (1969)
★ジョージ、生前最後のレコーディング (2001)

3
●アメリカのテレビ番組『シンディグ』の収録(10月7日放送) (1964)
★ポール、"ロケストラ"のレコーディングを行なう (1978)
★ポールの絵本『あの雲のむこうに』出版 (2005)

4
★ハンブルクのカイザーケラーで初演奏 (1960)
●イギリスのテレビ番組『レディ・ステディ・ゴー』に初出演 (1963)
●リンゴが映画撮影中のジョンに会うためスペインへ (1966)

5
★「ラヴ・ミー・ドゥ」でレコード・デビュー (1962)
●短期スコットランド・ツアー(7日まで) (1963)

6
★ジョンの3冊目の著作集『スカイライティング・バイ・ワード・オブ・マウス』出版 (1986)

7
●ジョンの30歳の誕生日を祝い、ジョージが「ジョニーの誕生日」を録音 (1970)
★ニューヨーク最高裁、ジョンの国外退去命令破棄の判決 (1975)

8
★EMI提供のラジオ・ルクセンブルクの番組に初出演 (1962)
●ポール、カリフォルニア州インディオで開催された"デザート・トリップ・フェスティヴァル"に出演 (2016)

9
★ジョン・レノン誕生 (1940)
●5度目のイギリス・ツアー (1964)
★ショーン・レノン誕生 (1975)
★リンゴがナレーションを務めた『きかんしゃトーマス』放映開始 (1984)
●ポール、ナンシー・シェヴェルと再婚 (2011)

10
●リンゴ出演の映画『リストマニア』のワールド・プレミア開催 (1975)
★リンゴ、「サイン依頼の手紙は送らないで」と呼びかける (2008)
●ポール、ニューヨークのタイムズ・スクエアでサプライズ・ギグを開催 (2013)

11
★ジョンが資金援助したヨーコの個展『ハーフ・ア・ウィンド』開催 (1967)
●ジョンのシングル「イマジン」、アメリカで発売 (1971)
●リンゴとバーバラ、アリゾナ州でアルコール依存症の治療開始 (1988)

12
●ジョンとポール、ユルゲン・フォルマーにパリで髪を切ってもらう(13日の可能性もあり) (1961)
★6枚目のアルバム『ラバー・ソウル』の制作開始 (1965)

13
★"ビートルマニア"誕生 (1963)

14
★ポールとジョージ、スウェーデンでマハリシに会う (1967)
●リンゴが休暇のためサルジニア島へ (1968)

15
★ハンブルクでビートルズがリンゴと初レコーディング (1960)
★幻のアルバム『ゲット・バック』も収録された『レット・イット・ビー』の記念盤発売 (2021)

16
●ジョンとヨーコ、ニューヨークのグリニッジ・ヴィレッジにアパートを借りる (1971)
★ジョージ、ボブ・ディランのデビュー30周年記念コンサートに出演 (1992)

17
★テレビ初出演 (1962)
●「抱きしめたい」のレコーディングで初めて4トラックの機材を使用 (1963)
★リンゴ、アルバム宣伝とCM撮影で10年ぶりに来日 (1976)

18
★ポール、クォリー・メンに加入 (1957)
●ジョンの出演映画『ジョン・レノンの僕の戦争』のワールド・プレミア開催。4人とも出席 (1967)
●ジョンとヨーコ、大麻不法所持で逮捕 (1968)

19
★未発表に終わったクリスマス用のメッセージを収録 (1965)

20
★クラウス・フォアマン、ハンブルクでビートルズを初体験 (1960)
★ポール、"ザ・コンサート・フォー・ニューヨーク・シティ"開催 (2001)

21
●クラウス・フォアマン、アストリット・キルヒヘル、ユルゲン・フォルマーがカイザーケラーでビートルズと出会う (1961)
★ジョージとリンゴ、カール・パーキンスのテレビ番組で共演 (1985)

22
★ジョージ・マーティン、「イン・マイ・ライフ」にピアノを追加 (1965)
★ジョージ・マーティン・オーケストラ、アルバム『イエロー・サブマリン』のB面収録曲を録音 (1968)

23
★トニー・シェリダン&ザ・ビート・ブラザーズのシングル「マイ・ボニー」、西ドイツで発売 (1961)

24
★初の海外スウェーデン・ツアー開始 (1963)
★トラヴェリング・ウィルベリーズのファースト・アルバム『ヴォリューム・ワン』発売 (1988)

25
★BBCのラジオ番組『ヒア・ウィ・ゴー』に3度目の出演 (1962)
●リンゴ、銃撲滅キャンペーンに参加 (1981)

26
★バッキンガム宮殿でエリザベス女王からMBE勲章を授与 (1965)

27
★リンゴ、アルバム『センチメンタル・ジャーニー』の制作開始 (1969)
●ポール、未発表に終わったアニメのサウンドトラック盤『ルパート・ザ・ベア』の録音をジョージ・マーティンと開始 (1980)

28
★NEMSにレイモンド・ジョーンズ来店 (1961)
★アルバム『アンソロジー 3』発売 (1996)
●ポールとヘザーの長女ベアトリス・ミリー・マッカートニー誕生 (2003)

29
★ブライアン・エプスタイン、ユナイテッド・アーティスツと契約 (1963)
●トラヴェリング・ウィルベリーズのセカンド・アルバム『VOL.3』発売 (1990)

30
★ポール、テレビ番組用に、「フール・オン・ザ・ヒル」のシーンを撮影 (1967)
★"自由の女神とジョン"の写真をボブ・グルーエンが撮影 (1974)
★リンゴ、オール・スター・バンドと初の日本公演開始 (1989)

31
★21枚目のシングル「サムシング／カム・トゥゲザー」発売 (1969)
●ポールのソロ・アルバム『CHOBA B CCCP』、ロシアで発売 (1988)
●ポール、初の両国国技館公演を含む7度目の日本公演開催 (2018)

※カッコ内の数字は西暦
★は本文で詳述した出来事

10.1（1965年）
「イエスタデイ」、アメリカで1位に

アメリカで65年9月13日にシングル・カットされた「イエスタデイ」が、10月1日に1位を記録し、以後計4週連続その座を守った。もともとはリンゴが歌う「アクト・ナチュラリー」のB面として発表されたものだったが、"逆転現象"が起き、ポールのこのソロ曲が人気を得た。イギリスでは66年3月に4曲入りのEPとして発売されるにとどまったが、イギリスでシングル・カットされなかったことについてポールはのちにこう語っている——「ソロ曲をシングルになんてしたら、身のほど知らずになるからね。お互いにうぬぼれの兆候がないかどうか目を光らせていたんだ。ある日、撮影にグレーのスーツを着て行ったら、他のみんなは黒のスーツを着ていた。何色を着て来ることになっていたか知らなくて、僕だけが目立つとからかわれたんだ。僕らはそれくらい民主的なバンドだったのさ。〈イエスタデイ〉は僕にスポットライトが当たる曲だから、当時はシングルにならなかった」。

イギリスでは76年3月8日にようやくシングルとして発売され、8位を記録した。2000以上のアーティストに取り上げられ、「世界で最もカヴァーされた曲」としてギネス・ブックに認定され、いまでは"ビートルズの代表曲"になっているが、発売当時は異色の存在だった。

10.2（2001年）
ジョージ、生前最後のレコーディング

ジュールズ・ホランド『ジュールズ
と素晴らしき仲間たち』（2001年）

97年8月に咽頭がんの手術を受けたジョージは、遺作となった『ブレインウォッシュド』のレコーディングを数年かけて続けていた。だがジョージの意欲は衰えることはなかった。2001年11月29日に亡くなる2ヵ月前の10月2日、ジュールズ・ホランド・アンド・ヒズ・リズム＆ブルース・オーケストラのアルバム『ジュールズと素晴らしき仲間たち』用に「ホース・トゥ・ザ・ウォーター」をレコーディングしたのだ。その曲には、「馬を水辺まで連れて行くことはできるが、水を飲ませることはできない」というジョージのラス

ト・メッセージが込められていた。ジュールズ・ホランドのアルバムは、2002年1月30日に発売された。

10.3 (1978年)
ポール、“ロケストラ”のレコーディングを行なう

　ウイングスの最後のアルバムとなった『バック・トゥ・ジ・エッグ』（79年）を制作中のポールは、78年10月3日、ロックとオーケストラの融合という、ポールが長年温めていたアイディアだった“ロケストラ”のレコーディングをアビイ・ロード・スタジオで行なった。ポールが自ら電話してミュージシャンを誘い、セッションにはピート・タウンゼント、デイヴ・ギルモア、ジョン・ポール・ジョーンズ、ゲイリー・ブルッカー、ジョン・ボーナムら総勢23人が参加。エンジニアのマイク・ヴィッカーズは、スタジオに60本のマイクを立て、レコード用と映画のサウンドトラック用に24トラックの録音機材を2台ずつ用意し、「ロケストラのテーマ」と「ソー・グラッド」の2曲がレコーディングされた。

10.3 (2005年)
ポールの絵本『あの雲のむこうに』出版

　ポールが、人気アニメーターのジェフ・ダンバーと、人気作家のフィリップ・アーダーと作った絵本『あの雲のむこうに』が、2005年10月3日に出版された。リスやカエルなど、動物のキャラクターが登場する地球環境保護の児童書で、原題は『HIGH in the CLOUDS』。

ポール・マッカートニー『あの雲のむこうに』（2005年／写真は日本語版）

10.4 (1960年)
ハンブルクのカイザーケラーで初演奏

　ピート・ベストを加えて5人組となり、ビートルズを名乗って60年8月15日にハンブルクのインドラ・クラブで演奏を始めたものの、騒音が元で近所から苦情があったため、予定よりも2週間早く契約が打ち切ら

僕には演技ができない。どうするのかもわからない。おそらくそれが演技ってもんなんじゃないかな。（リンゴ／69年）

ハンブルクのカイザーケラー（2019年10月11日撮影）

れた。そして10月4日からは、カイザーケラーに出演することになった。9月30日にリンゴがドラマーとして加入していたロリー・ストーム＆ザ・ハリケーンズもハンブルクに到着し、2バンドはカイザーケラーに交互に出演するようになる。ジョン、ポール、ジョージとリンゴとの交流は、この時から始まった。

10.5 (1962年)
「ラヴ・ミー・ドゥ」でレコード・デビュー

　62年10月5日、記念すべきデビュー・シングル「ラヴ・ミー・ドゥ」がEMI（パーロフォン・レーベル）から発売された。ブライアン・エプスタインは、家族や友人を町中のレコード屋に行かせて在庫があるかどうかを尋ねさせたり、母親に旅行先からBBCにリクエスト・カードを書かせたりと、販売促進に務めた。ちなみに、9月4日録音版は、この日に出たイギリスのオリジナル・シングルの初回版に収録され（CD『パスト・マスターズ』にも収録）、9月11日録音版は、アルバム『プリーズ・プリーズ・ミ

ー』に収録された。ハーモニカをフィーチャーしたブルージーな曲調と簡潔な歌詞には、他のシングルにはない呪術的な深みと味わいがある。アメリカでは"初上陸"後の64年4月27日に発売され、1位を記録した。

ビートルズ「ラヴ・ミー・ドゥ」（1962年／写真は日本盤）

10.6（1986年）
ジョンの3冊目の著作集
『スカイライティング・バイ・ワード・オブ・マウス』出版

86年10月6日、ジョンの3冊目の著作集『スカイライティング・バイ・ワード・オブ・マウス』が刊行された。79年9月の日本滞在後、ジョンは、ブロードウェイ・ミュージカル『ジョンとヨーコのバラード』用に、ビートルズの解散やヨーコとの出会い、"ベッド・イン"、平和運動、政治活動、ショーンの誕生などを振り返った自伝的な内容の台本を書く準備を始めた。二人はミュージカルのための曲作りも行なっていたが、そのプロジェクトは実現せず、ジョンが手掛けた脚本が本書に収録された。75年から80年の主夫時代に書かれた価値の高い一冊である。日本語版は『空に書く――ジョン・レノン自伝&作品集』のタイトルで2002年12月12日に発売された。

ジョン・レノン『スカイライティング・バイ・ワード・オブ・マウス』（1986年／写真は日本語版）

10.7（1975年）
ニューヨーク最高裁、ジョンの国外退去命令破棄の判決

75年10月7日、ニューヨーク州最高裁判所が「大麻不法所持による有罪判決は国外退去の理由にはならない」と、ジョンの国外退去命令を破棄する判決を下した。72年3月16日にジョンに国外退去命令が出て以来、アメリカ政府との長い闘いが続いていたが、ウォーターゲート事件で74年8月9日にニクソン大統領が失脚し、事態が好転。75年9月23日

にヨーコの妊娠を理由にジョンの国外退去命令が差し止められたのを受けて、この日の判決に至った。そして76年7月27日にジョンは、ついにアメリカ永住権を獲得した。

10.8 (1962年)
EMI提供のラジオ・ルクセンブルクの番組に初出演

デビュー・シングル発売3日後の62年10月8日、4人はキャヴァーン・クラブでの昼のステージをキャンセルし、ロンドンへと向かった。EMIがスポンサーになっているラジオ・ルクセンブルクの番組『ザ・フライデイ・スペクタキュラー』に出演するためだ。EMI本社の地下スタジオで100人のファンを前にインタビューを受けたが、観客の前での生演奏はなく、デビュー・シングル「ラヴ・ミー・ドゥ」と「P.S.アイ・ラヴ・ユー」のレコードがスタジオで流された。

10.9 (1940年)
ジョン・レノン誕生

1940年10月9日、リヴァプールのオックスフォード通りの産院で、船のウェイターとして働くフレッドとジュリアの長男として生まれた。両親の離婚によりメアリー・スミス (ミミ伯母さん) 夫婦に育てられる。クォリー・バンク中学に通っている時にクォリー・メンを結成。ビートルズではリーダー的存在で、リズム・ギターを担当。62年にシンシア・パウエルと結婚。66年にオノ・ヨーコと出会い、69年に結婚 (シンシアとは68年に離婚)。75年以降は息子ショーンの子育てのために5年間"主夫"となる。80年に音楽活動を再開し、ヨーコとの共作・共演アルバム『ダブル・ファンタジー』を発表したが、その矢先の80年12月8日、マーク・チャップマンに銃で撃たれ、40歳の若さで死去。代表作は『ジョンの魂』(70年)、『イマジン』(71年)、『心の壁、愛の橋』(74年)、『ダブル・ファンタジー』(80年) など。

10.9 (1975年)
ジョンとヨーコの長男ショーン・レノン誕生

75年10月9日、ジョンとヨーコの間に長男が生まれ、ショーン・タロ

ウ・オノ・レノンと名づけられた。「ショーン」の名付け親はエルトン・ジョンで、ミドルネームの「タロウ」は、日本名を持つべきだとジョンが言ったため、ヨーコが付けた。ジョンは「エンパイア・ステート・ビルよりもハイな気分だ」と喜びを露わにした。ショーンは、ヨーコのカヴァー・アルバム『エヴ

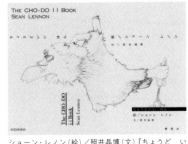

ショーン・レノン（絵）/照井晶博（文）『ちょうど いいほん』（2009年／写真は日本語版）

リマン・ハズ・ア・ウーマン』(84年) 収録の「イッツ・オールライト」への参加を機に、98年に『イントゥ・ザ・サン』でミュージシャンとしてデビュー。2009年には自らのレーベル、キメラ・ミュージックを設立し、多数のユニット作も含めて音楽を中心に活動を続けている。絵本『ちょうどいい　ほん』（文は照井晶博）も2009年1月17日に出版した。2010年代以降は、両親の作品を新たな形で世に残す作業にも力を注いでいる。

10.9 （1984年）
リンゴがナレーションを務めたテレビ番組『きかんしゃトーマス』放映開始

　84年10月9日、リンゴがナレーターを務めた幼児向けのイギリスのテレビ番組『きかんしゃトーマス』の放送が開始された。その「シーズン1」の放送は12月25日まで続き、86年9月24日から12月27日まで放送の「シーズン2」(1週2話放送／各13週全26話) でもリンゴはナレーションを務めた。

10.10 （2008年）
リンゴ、「サイン依頼の手紙は送らないで」と呼びかける

　2008年10月10日、リンゴは自身のサイトで「10月20日以降はサインを依頼する手紙を送らないでほしい」とファンに呼びかけた。その理由について問われたリンゴは、15日にこう答えた──「僕がサインした

アイテムがインターネットに大量に出品されていることや、同じ人が何度もサインを求める手紙を送ってくることに対しての呼びかけで、本当のファンに向けたものじゃない」。

10.11 (1967年)
ジョンが資金援助したヨーコの個展『ハーフ・ア・ウィンド』開催

67年9月25日の「フール・オン・ザ・ヒル」のセッションにヨーコを招いてから2週間後となる10月11日、ロンドンのリッソン・ギャラリーで、ジョンが匿名で資金を援助したヨーコの個展『ハーフ・ア・ウィンド』が開催された（11月14日まで）。白く塗られ、半分に切断されたさまざまな日用品が展示されていたこの個展のタイトルには"ヨーコ・プラス・ミー"という副題が付けられていた。"ミー"とはジョンのことだったと、のちにヨーコは明かした。この個展でジョンはヨーコから自作の詩集『グレープフルーツ』をプレゼントされ、これを機に二人は文通を始めたという。

10.12 (1965年)
6枚目のアルバム『ラバー・ソウル』の制作開始

65年10月12日、EMIスタジオで6枚目のアルバム『ラバー・ソウル』のレコーディングが始まった。この日は午後2時30分からのセッションで、ジョン作の「浮気娘」と「ノルウェーの森」の2曲がレコーディングされた。「ノルウェーの森」では、ジョージの弾く、まだぎこちないシタールも登場。アルバム制作は11月11日まで続けられた。

10.13 (1963年)
"ビートルマニア" 誕生

63年10月13日、人気音楽番組『サンデイ・ナイト・アット・ザ・ロンドン・パラディアム』に出演し、「フロム・ミー・トゥ・ユー」「アイル・ゲット・ユー」「シー・ラヴズ・ユー」「ツイスト・アンド・シャウト」を演奏。この番組は、ロンドン・パラディアムから午後8時25分から9時25分というゴールデン・タイムに生中継され、1500万人が視聴したと伝えられた。"スターの殿堂"といわれるロンドン・パラディア

ムの屋内外でファンは絶叫し、会場に入れなかったファンでアーガイル・ストリートの交通は麻痺。翌日の新聞は、ビートルズ・ファンの熱狂ぶりを一斉に伝え、"社会現象" とも言えるこの時の光景を "ビートルマニア" という言葉で初めて表現した。

10.14 (1967年)
ポールとジョージ、スウェーデンでマハリシに会う

67年10月14日、『マジカル・ミステリー・ツアー』の撮影とレコーディングの合間にポールとジョージは、スウェーデンの南端のスケーン州ファルスターボにいるマハリシ・マヘーシュ・ヨーギーの元を訪ねた（15日帰国）。ただしこの時は、4人が熱心に入れ込んでいた超越瞑想アカデミーへの参加ではなく、ビートルズの名前を利用しないでほしいという申し入れを直接行なうためだったようだ。また二人はネクタイを締めていなかったため、地元のレストランへの入店を断られたという。

10.15 (1960年)
ハンブルクでビートルズがリンゴと初レコーディング

60年10月15日、ハンブルクのカイザーケラーに出演中のビートルズのジョン、ポール、ジョージが、ハリケーンズのドラマーのリンゴとベーシストのルー・"ウォリー"・ウォーターズを加えた5人で、自主制作盤のレコーディングを行なった。ジョージ・ガーシュウィンの「サマータイム」と、ウォーターズの持ち歌だったペギー・リーの「フィーヴァー」、それに映画『旅愁』の主題歌として知られるクルト・ワイルの「セプテンバー・ソング」の3曲が収録されたが、これはルー・ウォーターズを売り出そうと決めたアラン・ウィリアムズの発案で生まれたセッションだった。図らずも "ビートルズの4人" の初レコーディングが実現したものの、この歴史的音源は残念ながら残っていない。

10.15 (2021年)
幻のアルバム『ゲット・バック』も収録された
『レット・イット・ビー』の記念盤発売

当初の予定よりも1年遅れになった映画『ザ・ビートルズ：Get Back』の公

ビートルズ『レット・イット・ビー』(スペシャル・エディション[スーパー・デラックス])(2021年)

開(2021年11月25日)に合わせ、最後のオリジナル・アルバム『レット・イット・ビー』の特別版が、2021年10月15日に発売になるという情報が、8月26日に公表された。グリン・ジョンズがミックスした未発表アルバム『ゲット・バック』("スーパー・デラックス"に収録)がついにオフィシャル化、である。

10.16 (1992年)
ジョージ、ボブ・ディランの
デビュー30周年記念コンサートに出演

　4人の中でボブ・ディランと最も仲の良かったジョージが、92年10月16日にニューヨークのマディソン・スクエア・ガーデンで開催されたデ

ボブ・ディランを祝う(左から)ジョージ、ジョニー・キャッシュ、ロジャー・マッギン
©KMazur/WireImage/Getty Images

ィランのデビュー30周年を祝う記念コンサートに出演した。ジョニー・キャッシュ、ロジャー・マッギン、ニール・ヤング、エリック・クラプトン、スティーヴィー・ワンダー、トム・ペティなどにまじってジョージは「イフ・ノット・フォー・ユー」と「アブソリュートリー・スイート・マリー」を歌ったほか、「マイ・バック・ペイジズ」をディランほか6人で歌い、最後に「天国への階段」を出演者全員で演奏した。ライヴの模様は93年8月24日に『30』のタイトルで発売されたのに続き、2014年3月4日には初の映像作品も含め『ボブ・ディラン30周年記念コンサート』のタイトルで発売された（いずれも「イフ・ノット・フォー・ユー」は未収録）。

10.17 (1962年)
テレビ初出演

　レコード・デビュー後まもなく2週間になろうとしている62年10月17日、昼と夜に行なわれるキャヴァーン・クラブでのステージの合間に、グラナダ・テレビの番組『ピープル・アンド・プレイシズ』に生出演した。この番組は、イギリスの北部および北西部のみで午後6時35分から7時に生放送された。午後3時から4時までと、4時15分から6時までの2回のカメラ・リハーサルを行ない、「サム・アザー・ガイ」と「ラヴ・ミー・ドゥ」の2曲を演奏。ローカル番組ではあったものの、これがテレビ初出演となった。

10.17 (1976年)
リンゴ、アルバム宣伝とCM撮影で10年ぶりに来日

　76年10月17日、リンゴがビートルズの来日公演以来10年ぶりに日本にやって来た。9月25日に発売されたニュー・アルバム『リンゴズ・ロートグラヴィア』の宣伝とレナウンの「シンプル・ライフ」のCM撮影を兼ねての来日で、当時の婚約者ナンシー・アンドリュースとともに10月31日までの半月間滞在した。宿泊先は、ビートルズや71年のジョンとヨーコと同じ東京ヒルトンホテルだった。ビートルズの日本公演以来10年ぶりの来日とあって、日本のメディアの関心は高く、テレビや雑誌の取材・対談などもあった。羽田空港到着時にタラップを降りる時にリンゴはかなり酔っぱらっていたようだ。翌18日にホテルオークラで行なわれた記者会見でも、日本酒を大量に飲んでいたという。この時すで

に、80年代半ばに苦しむアル中の予備軍になっていたのかもしれない。フジテレビ系の『スター千一夜』に出演したり、ジョンの勧めで銀座の歌舞伎座にも足を運んだりしたほか、後半には京都や北海道まで出向き、北海道では「シンプル・ライフ」の撮影も行なった。

ホテルオークラで上機嫌のリンゴ
©Koh Hasebe/Shinko Music/Getty Images

10.18（1957年）
ポール、クォリー・メンに加入

　57年10月18日、15歳のポールは、クォリー・メンのメンバーとして、リヴァプールのニュー・クラブムーア・ホールで、ジョンと同じステージに初めて立った。ポールはクォリー・メンのギタリストとして参加。だが、アーサー・スミスの1946年のヒット曲「ギター・ブギー」を演奏中、リハーサルではうまく弾けたギター・ソロを、緊張のあまりミスってしまった。「リード・ギタリストとして客席の視線を一斉に浴びるのは荷が重過ぎたんだ」とポールは90年代半ばに振り返っている。

10.19（1965年）
未発表に終わったクリスマス用のメッセージを収録

『ラバー・ソウル』の制作の合間を縫って、65年10月19日にロンドンのマーキー・スタジオで、トニー・バーロウの脚本によるクリスマス・メッセージが収録された。63年と64年のファンクラブ向けのクリスマ

トニー・バーロウの台本に困惑する（？）（左から）リンゴ、ジョージ、ポール、ジョン
©Robert Whitaker/Getty Images

ス・レコードでもトニーは台本を手掛けていたが、65年の台本に関しては4人とも満足できず、26分以上費やされたこの日の収録は、あえなくお蔵入りとなった。トニーの台本の一部は、『ザ・ビートルズ・ブック』の65年12月号に掲載された。

10.20（1960年）
クラウス・フォアマン、ハンブルクでビートルズを初体験

　60年10月20日、ハンブルクの遠征中に、自主制作盤のレコーディングに続いてもうひとつ大きな出来事があった。10月20日、カイザーケラーで演奏中のバンドの音が道路にまで聞こえてきて興味を覚えたクラウス・フォアマンが、ビートルズを観て衝撃を受け、翌日、友人二人を誘ったのだ。クラウスが声をかけた友人は、「僕が話しかける気になった最初のドイツ人だ」とジョンが言うアストリット・キルヒヘルと、ジョンのアルバム『ロックン・ロール』(75年)のジャケットを撮影したユルゲン・フォルマーだった。クラウスは66年に『リボルバー』のジャケットを手掛け、70年代前半にはジョン、ジョージ、リンゴのソロ・アル

バムにも参加するなど、この時の出会いをきっかけに、ビートルズのメンバーとは長い交友関係が今でも続いている。

10.20（2001年）
ポール、"ザ・コンサート・フォー・ニューヨーク・シティ" 開催

2001年9月11日の"アメリカ同時多発テロ事件"の約1ヵ月後の10月20日、ポールの呼びかけで、ニューヨークのマディソン・スクエア・ガーデンでチャリティ・コンサート"ザ・コンサート・フォー・ニューヨーク・シティ"が開催された。ポールは"9.11"後に急遽書いた「フリーダム」や「アイム・ダウン」などを披露した。

10.21（1985年）
ジョージとリンゴ、カール・パーキンスのテレビ番組で共演

85年10月21日、ロンドンで行なわれたテレビ・ショー『ブルー・スウェ

カール・パーキンス（中央）に肩を組まれて笑顔のジョージと
エリック・クラプトン。（手前は）リンゴとデイヴ・エドモンズ ©Terry O'Neill/Iconic Images/Getty Images

ード・シューズ』でジョージとリンゴが共演した。これは二人が敬愛する
カール・パーキンスの「ブルー・スウェード・シューズ」録音30周年記念
として制作された番組で、エリック・クラプトンやデイヴ・エドモンズな
ど、カールに影響を受けたミュージシャンが多数出演した。ジョージは
「みんないい娘」や「グラッド・オール・オーヴァー」など4曲、リンゴは
「ハニー・ドント」と「マッチボックス」を披露した。

10.22 (1965年)
ジョージ・マーティン、「イン・マイ・ライフ」にピアノを追加

　65年10月22日の午前10時30分から11時30分まで行なわれたセッ
ションで、ジョージ・マーティンが「イン・マイ・ライフ」の間奏に、印
象的なピアノを加えた。最初はハモンド・オルガンで試したがうまくい
かず、ピアノを弾いてみたら、イメージしていた音の感触を得られた。
そこで、バロック調の質感を出すために、マーティンは半分の速度で演
奏し、それを倍速で再生したものをダビングした。

10.22 (1968年)
ジョージ・マーティン・オーケストラ、
アルバム『イエロー・サブマリン』のB面収録曲を録音

　68年10月22日、アルバム『イエロー・サブマリン』のB面収録用に、
ジョージ・マーティン・オーケストラが7曲をレコーディング。作業は
翌23日まで続いた。

10.23 (1961年)
トニー・シェリダン&ザ・ビート・ブラ
ザーズのシングル「マイ・ボニー」、
西ドイツで発売

　ベルト・ケンプフェルトの立ち会いのも
と、61年6月22日（または23日も）にトニー・
シェリダンのバック・バンドとしてハンブ
ルクでレコーディングされた曲の中から、
「マイ・ボニー」が61年10月23日に西ドイツ

トニー・シェリダン&ザ・ビート・
ブラザーズ「マイ・ボニー」（1961
年／写真は西ドイツ盤）

で発売された。"ビートルズの演奏"が公にレコードとして発売される
のはこれが初めてだったが、トニー・シェリダンのバック・バンドはす
べて"ビート・ブラザーズ"と呼ばれていたため、どの曲が正真正銘の
ビートルズの演奏なのか、判断がしづらい。ちなみにイギリス発売は
62年1月5日で「ラヴ・ミー・ドゥ」よりもはるかに早く、クレジットは
"ビート・ブラザーズ"ではなく"ビートルズ"となっていた。

10.24（1963年）
初の海外スウェーデン・ツアー開始

　63年10月24日にスウェーデン公演が開始された。23日から30日まで
の滞在中に4ヵ所で公演（26日ストックホルム、27日ゴーセンバーグ、28日ブロー
ス、29日エスキュルストーナ）が行なわれたほか、ラジオやテレビ番組への出
演、レコード店でのサイン会など、約1週間、休む間もなくスケジュール
をこなした。イギリスのビートルズ旋風はスウェーデンにもすでに広が
っていた。4人を乗せた飛行機が空港に着陸すると、学校を休んで駆けつ
けた女学生ファンで空港内は大混乱となった。ハンブルク以来の初の海
外公演ということで、4人とも気合十分。『アンソロジー 1』に収録された
24日のラジオ番組『ポップ63』出演時の演奏は、その証でもある。

10.24（1988年）
トラヴェリング・ウィルベリーズの
ファースト・アルバム『ヴォリューム・ワン』発売

トラヴェリング・ウィルベリーズ
『ヴォリューム・ワン』（1988年）

　ロック史上最大最高の"覆面"バンドと断
言できるトラヴェリング・ウィルベリーズ
のデビュー・アルバム『ヴォリューム・ワ
ン』が、88年10月24日に発売された。メン
バーはジョージ、ロイ・オービソン、ボブ・
ディラン、ジェフ・リン、トム・ペティの5
人。契約上、"ウィルベリー兄弟"と親戚によ
るバンドという扱いだったが、顔を見れば一
目瞭然、である。ジョージの『クラウド・ナ
イン』（87年11月2日発売）の好セールスを受け、同アルバムからのヨーロッ
パでのサード・シングル「ディス・イズ・ラヴ」のB面収録曲としてジ

ョージとジェフが用意した新曲「ハンドル・ウィズ・ケア」が、巡り巡ってスーパー・バンド誕生の契機となった。『ヴォリューム・ワン』の発売直後にロイ・オービソンが急死したが、残された4人でもう一枚『ヴォリューム3』を制作し、90年10月29日に発表した。

10.25（1962年）
BBCのラジオ番組『ヒア・ウィ・ゴー』に3度目の出演

　62年10月25日、デビュー後としては初となるBBCのラジオ番組『ヒア・ウィ・ゴー』に3度目の出演を果たした。午後8時から45分間、観客の前で「ラヴ・ミー・ドゥ」「蜜の味」「P.S.アイ・ラヴ・ユー」と、トミー・ロウの最新ヒット「シェイラ」の4曲を演奏した。番組は翌26日の午後5時から5時29分まで放送されたが、時間の関係で、「シェイラ」はカットされた。

10.26（1965年）
バッキンガム宮殿でエリザベス女王からMBE勲章を授与

　65年10月26日、ロンドンのバッキンガム宮殿でエリザベス女王から

バッキンガム宮殿での記念撮影
©LE TELLIER Philippe/Paris Match Archive/Getty Images

MBE勲章を授与される栄誉式典が行なわれた。勲章授与の理由は、外貨獲得の功績が認められたこと。ビートルズに勲章が授与されたことに反論し、勲章を返還する人が続出。対してジョンは、「多くの叙勲者は戦争でたくさんの人を殺したことで栄誉を得ている。音楽で世界中のたくさんの人を楽しませて、勲章をもらうんだ。どちらが正しいかわかるだろう」と返した。のちにジョンは、「宮殿のトイレでマリファナを吸った」とも語っている。授与式での女王からの「どのくらい一緒に音楽をやっているのかしら？」という質問に対して「40年です」と答えたのはリンゴだ。

10.27（1969年）
リンゴ、アルバム『センチメンタル・ジャーニー』の制作開始

69年10月27日、リンゴがEMIスタジオでアルバム『センチメンタル・ジャーニー』の制作開始した。この日はコール・ポーター作のスタンダード・ナンバー「ナイト・アンド・デイ」をレコーディング。セッションには17人編成のオーケストラが参加した。このアルバムはジョージ・マーティンのプロデュースによるもの。レコーディングは70年3月6日まで断続的に続き、3月27日に発売された。ちなみにこのアルバムには当初は『リンゴ・スターダスト』という仮題が付けられていて、69年1月の"ゲット・バック・セッション"でもすでに構想があったことがリンゴとポールの会話で明らかになった。

10.28（1961年）
NEMSにレイモンド・ジョーンズ来店

61年10月28日、レイモンド・ジョーンズという印刷見習い工の18歳の少年が、NEMSのホワイトチャペル店を訪れ、たまたま店に出ていたブライアン・エプスタインに「ビートルズというグループの『マイ・ボニー』はないか？」と尋ねた。レイモンドは、ハンブルトン・ホールでDJのボブ・ウーラーにそのレコードのことを聞き、NEMSにやって来たが、エプスタインには心当たりがなく、レコードは店にも置いていなかった。トニー・シェリダン＆ザ・ビート・ブラザーズ名義だったことも災いした。翌日にも二人の女性客から同じことを訊かれ、「無名のレコ

ードに2日間で3件の問い合わせがあったことには、何か大きな意味があるに違いないと思った」エプスタインは、11月9日にキャヴァーン・クラブに足を運び、ビートルズを"初体験"した。

　ただしエプスタインは、執筆や広告出稿でも深く関わっていた『マージー・ビート』でビートルズのことを知っていた可能性は強い。また、レイモンド・ジョーンズも長い間"架空の人物"といわれてきたが、2004年のイギリスの音楽雑誌『MOJO』の別冊に、現在スペインで暮らすレイモンドの近況と若き日の写真が公表され、実在の人物であることが判明した。

10.28 (1996年)
アルバム『アンソロジー 3』発売

　96年10月28日、好評の未発表音源集の第3弾となる『アンソロジー 3』が発売された（アメリカは10月29日発売）。"スリートルズ"による第3の新曲は収録されなかったものの、イギリスで4位、アメリカで1位を記録した。完結編となるこのシリーズ3作目には、68年のアルバム『ザ・ビートルズ』から70年の『レット・イット・ビー』までの音源が2枚組計50曲収録された。

ビートルズ『アンソロジー 3』
(1996年)

10.29 (1963年)
ブライアン・エプスタイン、
ユナイテッド・アーティスツと契約

　初の主演映画『ハード・デイズ・ナイト』は、64年2月のアメリカ上陸後に話がまとまったわけでなく、63年夏頃から水面下で話は進められていた。配給元となったユナイテッド・アーティスツのヨーロッパ支局長ジョージ・"バド"・オーンスタインがプロデューサーのウォルター・シェンソンに話を持ち込み、監督はリチャード・レスターで、脚本はアラン・オーウェンに決まった。そして63年10月29日、ブライアン・エプスタインはユナイテッド・アーティスツと出演契約を正式に結んだ。

●人々が"型にはめよう"とした瞬間が、次に移る時なんだ。（ジョージ／70年）

10.30 (1967年)
ポール、映画『マジカル・ミステリー・ツアー』用に「フール・オン・ザ・ヒル」のシーンを撮影

67年10月20日に「フール・オン・ザ・ヒル」のレコーディングが完了し、それを受けて、この曲が映画『マジカル・ミステリー・ツアー』の重要なシーンになると考えていたポールは、10月30日にフランスのニースへ向かった。そして、同行した写真家オーブリー・デュワーが、山岳地帯ほかポールをフィーチャーした場面を撮影した。撮影場所は、地元の運転手にいちばん美しい日の出が見られる場所をポールが聞いて決めたという。この日は1日中、山の上での撮影となり、翌日にはニース周辺での撮影も行なわれたが、映画に使われたのはこの早朝のシーンだけだった。ニースの他の場面は、2012年10月8日にブルーレイで初めて発売された『マジカル・ミステリー・ツアー』のデジタル修復版収録の「フール・オン・ザ・ヒル」のボーナス映像で観ることができる。

10.30 (1974年)
"自由の女神とジョン"の写真をボブ・グルーエンが撮影

71年10月16日にニューヨークに移住したジョンとヨーコの近所に住んでいたということもあり、その後、二人のパーソナル・フォトグラファーとして行動を共にしたのがボブ・グルーエンだった。交流はジョンが亡くなる直前まで続いたが、74年10月30日に、グルーエンがニューヨークで"失われた週末"を送っていたジョンの写真を撮影することになった。前日の10月29日にグルーエンはジョンに、「世界中のどんな人間でも受け入れるはずのアメリカが、世界的に知られている偉大なアーティストであるジョン・レノンを追い出そうとしていることに対して抗議の意味を込めて、自由の女神の前で写真を撮ろう」と持ちかけたのだ。ジョンが自由の女神像の前でピース・サインをする有名な写真は、こうして撮られた。

10.30 (1989年)
リンゴ、オール・スター・バンドと初の日本公演開始

89年にアルコール依存症患者更生施設での治療を経てカムバックし

たリンゴは、ツアー用のバンド"リンゴ・スター＆ヒズ・オール・スター・バンド"を結成した。メンバーは、ザ・バンドのリヴォン・ヘルムとリック・ダンコ、イーグルスのジョー・ウォルシュ、ブルース・スプリングスティーンのEストリート・バンドのニルス・ロフグレンとクラレンス・クレモンズ、ビリー・プレストン、ドクタージョン、それにジム・ケルトナーという豪華な顔ぶれだった。

　89年7月23日、第1期オール・スター・バンドのメンバーとともにテキサス州ダラスを皮切りに9月4日まで27都市30公演を行なったリンゴは、その流れで、10月30日に日本公演も実現。名古屋・大阪・広島・北九州・東京・横浜の6都市7公演が開催された。リンゴを中心に各自が持ち歌を披露するという内容は好評を博し、その後も、息子のザックも含め、60年代から80年代に活躍したミュージシャンを流動的にメンバーに加えてほぼ2年に一度はアメリカを中心にツアーを続けている。日本公演は、89年（第1期）、95年（第3期）、2013年（第12期）、16年（第12期）、19年（第14期）の計5回行なわれた。

10.31（1969年）
21枚目のシングル「サムシング／カム・トゥゲザー」発売

　両A面扱いとなった21枚目のシングル「サムシング／カム・トゥゲザー」が、69年10月31日（アメリカは10月6日）に発売され、イギリス4位、アメリカ1位を記録した。アルバム『アビイ・ロード』の中でジョンもポールもベスト・ソングだと言う「サムシング」は、ジョージにとって初のシングルA面曲となった。「サムシング」はジョージがジェイムス・テイラーの「サムシング・イン・ザ・ウェイ・シー・ムーヴス」の出だしの歌詞を

ビートルズ「サムシング／カム・トゥゲザー」（1969年／写真は日本盤）

借用し、「カム・トゥゲザー」はジョンがチャック・ベリーの「ユー・キャント・キャッチ・ミー」の歌詞の一部とメロディを借用して書いた曲でもあった。イギリスでアルバム発売後にアルバムの中からシングル・カットされたのはこれが初めてのことだった。

11 November

1
- 4度目のハンブルク遠征 (1962)
- 4度目のイギリス・ツアー開始 (1963)
- EP「ビートルズ No.1」発売 (1963)
- ★レノン=マッカートニー特番収録 (1965)
- ★ジョージの初のソロ・アルバム『不思議の壁』発売 (1968)

2
- ★ジョージ、ソロ初となるアメリカ・ツアーを開始 (1974)
- ジョージのソロ・アルバム『クラウド・ナイン』発売 (1987)

3
- ★映画『マジカル・ミステリー・ツアー』の撮影終了 (1967)

4
- ★王室主催の"ロイヤル・ヴァラエティ・ショー"に出演 (1963)

5
- リンゴとポール、チャリティ・ショー"ファッション・エイド"に協力 (1985)
- ★ポール、両国国技館での初の公演が実現 (2018)

6
- EP「『ビートルズがって来るヤァ！ヤァ！ヤァ！』同名映画サントラ盤 (No.1)」「同 No.2」発売 (1964)
- ★ポール、変装姿でフランスへ (1966)

7
- ★ジョン、インディカ・ギャラリーでオノ・ヨーコと出会う (1966)
- ポールが米国の『ライフ』紙の表紙を飾り、死亡説に終止符 (1969)
- ジョンとヨーコの『ウェディング・アルバム』発売 (1969)

8
- ★ジョン、シンシアと離婚 (1968)
- ジョージ、ノーザン・ソングスとの5年契約が満了するも更新せず (1968)
- ★ポールの新バンド、ウイングスのお披露目パーティ開催 (1971)

9
- ★ブライアン・エプスタイン、キャヴァーン・クラブでビートルズを初めて観る (1961)
- ジョージ、ノーザン・ソングスと契約を結ぶ (1963)
- リンゴのアルバム『リンゴ』発売 (1973)

10
- ★「ハロー・グッドバイ」のMVをサヴィル・シアターで撮影 (1967)
- ポールとリンダ、麻薬所持の前歴を理由に法務省から入国ビザが取り消される (1975)

11
- リンゴとモーリンの第三子 (長女) リー・パーキン・スターキー誕生 (1970)
- ★ウイングス初の日本公演中止 (1975)
- ★『オン・エア〜ライヴ・アット・ザ・BBC Vol.2』発売 (2013)
- ポール、4度目の日本公演開始 (2013)

12
- ポールがインフルエンザに罹り、公演延期に (1963)
- ★ジョン、遺言状を書く (1979)
- ポール、2度目の日本公演開始 (1993)
- ★ポールとリンゴ、病床のジョージを見舞う (2001)

13
- ★2作目の主演映画『ヘルプ！』、日本で公開 (1965)
- ★21世紀のベスト・アルバム『ザ・ビートルズ 1』発売 (2000)

14
- テレビ番組『サンク・ユア・ラッキー・スターズ』用に4曲収録 (1964)
- ★『レット・イット・ビー...ネイキッド』、日本先行発売 (2003)
- ★日本公演中のポール、福岡で大相撲九州場所を観戦 (2013)

15
- ジョン、「真夜中を突っ走れ」のMVを撮影 (1974)
- ★リンゴ、ジョンから「ノーバディ・トールド・ミー」のデモ・テープを受け取る (1980)

16
- ★公式213曲のインターネット配信開始 (2010)

17
★ジョンとヨーコのアルバム『ダブル・ファンタジー』発売 (1980)

18
★ポール、日本の音楽番組『夜のヒットスタジオ』に生出演 (1987)
★ジョージの遺作『ブレインウォッシュド』発売 (2002)

19
●リンゴ、サリー州エルステッドの家 (ブルックフィールズ) に転居 (1968)
★映像版『ザ・ビートルズ・アンソロジー』放送 (1995)

20
●マンチェスター公演が一部カラーで撮影され、ニュース映画として上映 (1963)
★未発表音源を収録したアルバム『アンソロジー1』発売 (1995)
★コラージュ・アルバム『LOVE』発売 (2006)

21
★日本公演中のポール、大相撲九州場所に懸賞金を出す (2013)

22
★セカンド・アルバム『ウィズ・ザ・ビートルズ』発売 (1963)
●ジョージ、映画『不思議の壁』のサントラのレコーディング開始 (1967)
★9枚目のオリジナル・アルバム『ザ・ビートルズ』発売 (1968)

23
●テレビ番組『レディ・ステディ・ゴー』収録。最後の出演 (1964)
●アメリカで『ビートルズ物語』発売 (1964)
★初のプロモーション・フィルムを制作 (1965)

24
★ピート・ベスト生まれる (1941)
★ライヴ活動休止後、5ヵ月ぶりにスタジオに集結 (1966)
★16枚目のシングル「ハロー・グッドバイ」発売 (1967)

25
●ロンドンの百貨店ハロッズで閉店後にクリスマスの買い物を楽しむ (1965)
★ジョン、MBE勲章を返却 (1969)
★映画『ザ・ビートルズ：Get Back』、動画配信でまず公開 (2021)

26
★セカンド・シングル「プリーズ・プリーズ・ミー」を録音 (1962)
●ウイングスの映画『ロックショウ』のワールド・プレミア開催 (1980)
●セントラル・パークを歩くジョンとヨーコの映像が撮影される (1980)

27
★8枚目のシングル「アイ・フィール・ファイン」発売 (1964)
★ジョン、『ノット・オンリー・バット・オールソー』に出演 (1966)
★アルバム『マジカル・ミステリー・ツアー』、アメリカで発売 (1967)

28
★ジョン、エルトン・ジョンのライヴに飛び入り出演 (1974)
●ポール、ビートルズを代表してリヴァプール市議会より名誉市民賞を授与 (1984)

29
★シングル「抱きしめたい」発売 (1963)
★ジョンとヨーコの初共同作『トゥー・ヴァージンズ』発売 (1968)
★ジョージ逝去 (2001)
★ジョージ追悼の"コンサート・フォー・ジョージ"開催 (2002)

30
★放火の疑いでジョン、ポール、スチュ、ピート逮捕 (1960)
★ジョージのソロ・アルバム『オール・シングス・マスト・パス』発売 (1970)
★『ザ・ビートルズ・ライヴ!! アット・ザ・BBC』発売 (1994)

※カッコ内の数字は西暦
★は本文で詳述した出来事

11.1 (1965年)
レノン＝マッカートニーの特番を収録

　作曲家としてのジョンとポールの才能に焦点を当てた音楽番組『ザ・ミュージック・オブ・レノン・アンド・マッカートニー』の収録が、65年11月1日と2日にマンチェスターのグラナダ・テレビのスタジオで行なわれた（12月17日放送）。この番組はレノン＝マッカートニー・コンビによって作られた曲を、他のアーティストがカヴァーすることによって、彼らの類まれな作曲能力を広く知らしめようとするもの。司会はジョンとポールの二人で、ジョージ・マーティン・オーケストラやシラ・ブラックなどが登場し、全16曲が演奏された。番組の前半と最後にビートルズも登場し、12月3日にシングルとして発売される「デイ・トリッパー」と「恋を抱きしめよう」を疑似演奏（いわゆるロパク）した。

11.1 (1968年)
ジョージの初のソロ・アルバム『不思議の壁』発売

ジョージ・ハリスン『不思議の壁』
（1968年）

　ジョージの初ソロ・アルバム『不思議の壁』が、68年11月1日に発売され（アメリカは12月2日発売）、アメリカで49位を記録した（イギリスはチャート・インせず）。初ソロ・アルバムといっても、純然たるオリジナル作品というわけではなく、ジェーン・バーキン主演の同名映画のサウンドトラックをジョージが手掛けたものだった。監督のジョー・マソットから「好きなようにやっていい」と言われたジョージは、映画の各場面の時間をストップ・ウォッチを使って計り、そこに自作曲を当てはめていったという。67年11月22日から68年1月12日にかけてロンドンとインドのボンベイでレコーディングされ、ロンドンのセッションにはリンゴとエリック・クラプトンなどが参加。インドのセッションではビートルズ（ジョージ作）の「ジ・インナー・ライト」のベーシック・トラックも収録された。

11.2 (1974年)
ジョージ、ソロ初となるアメリカ・ツアーを開始

　74年11月2日、ジョージにとって初のソロ・ツアーとなるアメリカ公演が、カナダ・バンクーバーで始まった。ツアーは12月20日のニューヨ

74年11月7日、ツアー4公演目となるサンフランシスコのカウ・パレスのステージに立つジョージ
©Larry Hulst/Michael Ochs Archives/Getty Images

ーク、マディソン・スクエア・ガーデンでの公演まで、1ヵ月半で26都市45公演を回る大規模なものとなった。バック・バンドはビリー・プレストン、トム・スコット、アンディ・ニューマーク、ウィリー・ウィークスなど計8名のミュージシャンが務め、ラヴィ・シャンカールが率いるインド人ミュージシャンもオープニング・アクトとして出演した。だが、レコーディングやツアーの準備などに追われて喉を痛めたジョージは、声の調子が悪く、ビートルズ時代の曲も歌詞やアレンジを変えて歌ったため、多くのファンを失望させ、評論家からも酷評された。対してジョージは「僕が選んだイメージはビートル・ジョージじゃない。そういうのが目当てならウイングスを観にいけばいいんだ」とコメントした。

11.3 (1967年)
映画『マジカル・ミステリー・ツアー』の撮影終了

　67年11月3日、リンゴの自宅で映画『マジカル・ミステリー・ツアー』の最後の撮影が行なわれた。10月6日のレコーディングで「ブルー・ジェイ・ウェイ」にチェロがダビングされたため、9月19日から24日にかけて収録されたウェスト・モーリング空軍基地でのこの曲の演奏シーン（ジョージが地面にあぐらをかいてキーボードを弾くシーン）に、新たに追加の撮影が必要になった。そして、この日には、ジョンがチェロを弾き、他の3人がリンゴの家の庭でサッカーボールで遊ぶ場面や、リンゴの家の中でマル・エヴァンスが上半身裸になったり、ジョンが木馬にまたがったりしている場面が撮影された。9月11日に始まった映画の制作はこれで終了した。

11.4 (1963年)
王室主催の"ロイヤル・ヴァラエティ・ショー"に出演

　63年11月4日、ロンドンのプリンス・オブ・ウェールズで"ロイヤル・ヴァラエティ・ショー"が開催され、ビートルズは19組中7番目に出演した。これは英国王室主催のチャリティ・コンサートで、その年に活躍した芸能人が王室の前でパフォーマンスを披露し、収益はすべて寄付されるという慈善活動のひとつ。プロモーターのバーナード・デルフォントの10歳の娘からの推薦で、ビートルズの出演が決まったという。4人は「フロム・ミー・トゥ・ユー」「シー・ラヴズ・ユー」「ティル・ゼア・ウォズ・ユー」「ツイスト・アンド・シャウト」の4曲を演奏した。だが、観客

プリンス・オブ・ウェールズのステージに立つ4人（左からポール、ジョージ、リンゴ、ジョン）
©Freddie Reed O.B.E./Mirrorpix/Getty Images

は常に王室の反応を確かめてから拍手をしなければならないという慣習があったため、「ティル・ゼア・ウォズ・ユー」を演奏する前に、明らかに緊張しているポールがとばした冗談は空回り。そして、最後の「ツイスト・アンド・シャウト」を始める前に、拍手が収まるのを待って、ジョンがこう喋った──「安い席の方は手拍子を、その他の方は宝石をジャラジャラ鳴らしてください」。これが日本だったら愛国党が激しい抗議を行なったに違いないが、そこはイギリス。場内は笑いに包まれ、翌日の各紙も“悪意のない冗談”として報道し、むしろビートルズの好感度アップに貢献した。番組は11月10日に放送され、2600万人が視聴した。

11.5（2018年）
ポール、両国国技館での初の公演が実現

　2018年10月31日、7度目となるポールの日本公演が東京ドームから開始された。“フレッシュン・アップ・ジャパン・ツアー2018”と付けられたこのツアーは、11月8日の初の名古屋公演（ナゴヤドーム）までの計4公演となったが、目玉は何といっても、11月5日に行なわれた初の東

両国国技館前の「のぼり」の四股名は、全部"ポール・マッカートニー"（2018年11月5日撮影）

京・両国国技館での公演。日本武道館よりも規模の小さい"特設会場"での演奏は、他では見られない独特の雰囲気があった。たとえば優勝額に囲まれた中での演奏や、「ドスコイ」という掛け声とともに四股を踏むポールの仕草などだ。そしてポールは最後に「ゴッツァンデス」と左手で手刀を切り、会場を後にした。

$\mathbf{11.6}$ (1966年)
ポール、変装姿でフランスへ

　ビートルズが最後のツアーを終えて時間ができたポールは、66年11月6日、一人でヨーロッパへドライヴ旅行に出かけた。まず、ケント州のリド空港から愛車のアストン・マーティンを航空フェリーに乗せてフランスへ飛んだが、ポールはファンに見つからないようにするために、かつらをかぶり、口ひげをつけ、黒縁の眼鏡をかけて変装した。ボルドーでマル・エヴァンスと落ち合い、その後スペインのアルメリアでジョンと合流するはずだったが、映画撮影を終えていたジョンはすでにイギリスに戻っていた（ジョンは翌7日にヨーコと出会う）。そこで急遽予定を変更して、アフリカでジェーンと会い、マルを乗せたままセビリアへ向かった。

さらに、そこからマドリッドへ飛び、ナイロビにまで足を延ばした。この旅行についてポールは「車で一人旅をする孤独な詩人だった。無名の状態を味わい、ひとりで芸術的な思索に耽った」と、のちに語っている。ポールは、旅の様子をすべて撮影し、旅行日記もつけていたが、その映像の何本かは、帰宅後、自宅に入った泥棒に盗まれてしまったという。

11.7 (1966年)
ジョン、インディカ・ギャラリーでオノ・ヨーコと出会う

66年11月7日、ジョンがインディカ・ギャラリーでオノ・ヨーコと出会った。ジョンは、翌8日から18日まで開催されるヨーコの『未完成絵画とオブジェ』の内覧会を訪れた際に、ギャラリーの経営者ジョン・ダンバーにヨーコを紹介されたのだ。画廊では、ヨーコが関わっていた前衛芸術家集団フルクサスの作品も66年3月31日の開店当初から扱っていて、ヨーコの詩集『グレープフルーツ』もその中には含まれていた。ヨーコとの出会いについてジョンは、こんなふうに語っている——「天井へ続くはしごを登ると虫眼鏡が吊るされていて、それで天井を見ると、そこに"YES"と書かれてあった。肯定的な言葉が書かれていたことが何より気に入った」。また、開店にあたり、ポールが5000ポンドの資金援助を行ない、開店翌日にジョンと二人で画廊を訪れ、そこでジョンが手にしたティモシー・リアリーの著書『チベットの死』の一節が「トゥモロー・ネバー・ノウズ」のヒントになるという因果な出来事もあった。

11.8 (1968年)
ジョン、シンシアとの離婚が成立

68年8月22日にシンシアが起こした離婚訴訟が11月8日に裁判所から認められ、ジョンとシンシアの離婚が決まった。理由はジョンがヨーコと同居していることが「不貞行為」とされたため。

11.8 (1971年)
ポールの新バンド、ウイングスのお披露目パーティ開催

71年9月13日に娘ステラが生まれた後、スコットランドの農場で過ごしていたポールは、11月8日、レスター・スクエアのエンパイア・ボー

● 20歳の頃に思ったんだ。30歳になって「シー・ラヴズ・ユー」を歌っているなんて、到底思えないと。(ジョン／71年)

ルルームで、新しいバンド、ウイングスの盛大なお披露目パーティを開催した。バンド名は、難産だったステラの出産を終えたリンダに付き添っていた時にポールの脳裏に浮かんだ"天使の羽"から命名されたものだったという。会場にはジミー・ペイジやエルトン・ジョン、キース・ムーンのほかに、マスコミ関係も含めて総勢800人が駆けつけ、ポールの新しい門出を祝った。

11.9 (1961年)
ブライアン・エプスタイン、キャヴァーン・クラブでビートルズを初めて観る

61年10月28日、「マイ・ボニー」についてレイモンド・ジョーンズに訊かれてビートルズに興味を持ったブライアン・エプスタインは、11月9日、キャヴァーン・クラブを訪れた。キャヴァーン・クラブはNEMSから200メートルしか離れていない場所にあり、側近のアリステア・テイラーを伴って中に足を踏み入れたものの、スーツ姿で身だしなみのいいエプスタインは、明らかに場違いだった。そうした環境の中、ロックンロールに興味のないエプスタインの心をとらえたのは、革ジャンを着て汗まみれで演奏する4人の姿だった。ライヴが終わり、楽屋で両者は初めて顔を合わせた。最初に会ったのはジョージで、「エプスタイン氏がこんなところに何しにきたんだ？」と皮肉っぽい口調で言い放ったという。4人は以前からNEMSでレコードを試聴していたため、エプスタインのことを知っていたのだ。店を出たエプスタインは「ビートルズのマネージャーをやろうと思う」とテイラーに興奮気味に話し、これ以後、キャヴァーン・クラブに頻繁に足を運ぶようになった。3週間後の11月29日、意を決して4人にマネージャーの打診をしたエプスタインは、12月1日にEMIとデッカへのレコーディング契約の売り込みを始め、10日に正式にマネージャーとなった（契約は62年1月24日）。

11.10 (1967年)
「ハロー・グッドバイ」のMVをサヴィル・シアターで撮影

67年11月24日に発売されるシングル「ハロー・グッドバイ」のMVが、ブライアン・エプスタインの所有していたサヴィル・シアターで11月10日に撮影された。映画『マジカル・ミステリー・ツアー』での経験で自

信を得たポールが、自ら申し出て監督を務めた。4人は、アイドル時代の襟なし服を着たり、"ペパー軍曹のバンド"に扮したりするなど、エプスタインへの追悼の意を込めたかのように、"過去への思い出"を偲ばせた映像作品として仕上げた。4種類作られたが、66年6月以降に強化された、テレビでの疑似演奏を禁止するというイギリスのミュージシャンズ・ユニオンの規定に反したという理由で、MVは当時は一度も放送されずに終わった。今では『ザ・ビートルズ1』の映像集などで観られる。

● ポールの問題点は、あいつがなんでもやりたがることだ。（ジョン／71年）

11.11 （1975年）
ウイングス初の日本公演中止

　75年11月19日から21日まで、ウイングス初の日本公演が日本武道館で行なわれる予定だったが、公演初日が1週間前に迫った11月11日、入国許可が突如取り消された。理由は、72年にスコットランドの農場で大麻を栽培していたのを摘発され、100ポンドの罰金に処せられた前科によるものだった。日本政府からの入国拒否の知らせを、オーストラリア・ツアー中のブリスベンで聞いたポールは、動揺を隠せず、その後「過去のわずかな罪を理由に入国拒否するなんて、日本政府は間違っていると思う。妻と3人の子どもに囲まれて普通の人間として生きている僕が、日本に行ってどのような害をもたらすというんだ」というコメントを発表した。11月30日には、日本公演中止の知らせを受けてTBSが60分のウイングス緊急特番を組み、ポールの"謝罪コメント"と「ブルーバード」の弾き語りをまじえ、オーストラリア公演の映像を流した。

11.11 （2013年）
『オン・エア〜ライヴ・アット・ザ・BBC Vol.2』発売

『ザ・ビートルズ・ライヴ‼ アット・ザ・BBC』の続編『オン・エア〜ライヴ・アット・ザ・BBC Vol.2』が2013年11月11日に発売され、イギリス12位、アメリカ7位を記録した。こちらも前作に続いて62年から65年にかけて出演したBBCラジオでの音源をまとめたもので、「213曲」以外の曲も含め、4人の息の合った演奏が存分に楽しめる。

ビートルズ『オン・エア〜ライヴ・アット・ザ・BBC Vol.2』（2013年）

11.12 (1979年)
ジョン、遺言状を書く

　79年11月12日、ジョンは遺言状を残した。内容は遺産の半分をヨーコが相続し、残りの半分はいったん信託されたのちにジュリアンに渡されるというもの。遺言状の最後には、こんな言葉が記してあった——「もし、この配分に文句のあるものは、その瞬間に一銭も受け取る資格を失うと思え」。ジョンのユーモア・センスはここでも発揮されていた。しかし、この1年後にこの世を去ってしまうとは、この時は誰も考えていなかった。

11.12 (2001年)
ポールとリンゴ、病床のジョージを見舞う

「新作の発売予定日」だとジョージが伝えていた2001年11月25日、イギリスの大衆紙『サンデー・ピープル』に、ジョージの"余命は1週間足らず"という記事が掲載された。ポールとリンゴは、ジョージが11月29日に亡くなる直前の12日に、病床の"弟分"を見舞った。2003年の来日時のインタビューでポールは、その時の様子をこう振り返っている——「リンゴとは別に行き、3時間か4時間、思い出を語り合った。その時、僕は、ジョージと初めて手を握り合ったことに気づいたんだ」

　またリンゴも、ジョージを見舞った時のことについて、ジョージの自伝的映画『リヴィング・イン・ザ・マテリアル・ワールド』(2011年) でこう振り返っている——「ジョージは最期までユーモアを忘れず、むしろ悲しんでいる周りの人を勇気づけてくれた」。そしてリンゴは、涙を浮かべながらこう続けた——「ここを離れたくないけど、娘の結婚式があるので、もう行かなくちゃいけないんだ」と言ったら、ジョージにこう言われたんだ。「一人で大丈夫かい？　一緒に行こうか？」と。

11.13 (1965年)
2作目の主演映画『ヘルプ!』、日本で公開

　65年11月13日に、2作目の主演映画『ヘルプ!』(邦題は『HELP! 4人はアイドル』) が、東京の有楽座でロードショー公開された。前日の朝7時30分には切符売り場にファンが並び始め、当日の朝9時30分には約1000

人の列ができたという（1回目の上映では1507人が鑑賞した）。翌14日は、朝8時の上映時にはすでに満員。10時には行列が映画館前の車道を覆い、交通が麻痺してしまった。そのため、特別機動隊が120人ほど出動し、整理にあたった。

11.13（2000年）
21世紀のベスト・アルバム『ザ・ビートルズ1』発売

2000年11月13日、ミレニアム・ベスト盤『ザ・ビートルズ1』が発売された。イギリスかアメリカで1位（または両方で1位）となった27曲が収録された、入門編としても最適な内容だったため、爆発的な売れ行きとなり、英米ほか世界中で1位を記録した。

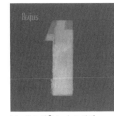

ビートルズ『ビートルズ1』
（2000年）

11.14（2003年）
『レット・イット・ビー...ネイキッド』、日本先行発売

2003年11月14日、『レット・イット・ビー...ネイキッド』が日本で先行発売された。海外では11月17日に発売され、イギリスで7位、アメリカで5位を記録した。フィル・スペクターによるオーケストラや女性コーラスなどを加えた大仰なアレンジを良しとしなかったポールは、一発録りを基本とした未発表アルバム『ゲット・バック』のコンセプトに『レット・イット・ビー』を戻そうと

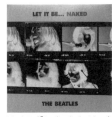

ビートルズ『レット・イット・ビー...ネイキッド』（2003年）

した。それが本作の、いわば"裸の『レット・イット・ビー』"である。そのため、『レット・イット・ビー』に含まれていた会話などはいっさい排し、スタジオ・ライヴをそのまま取り入れた骨太な内容となった。69年1月の"ゲット・バック・セッション"を22分にまとめたボーナス音源「フライ・オン・ザ・ウォール」が、別に1枚収録されている。

11.14 (2013年)
日本公演中のポール、福岡で大相撲九州場所を観戦

　2011年5月4日に"アウト・ゼアー・ツアー"と題したワールド・ツアーをブラジルから開始したポールは、10月14日にアルバム『NEW』を発表した後、11年ぶりに日本にやって来た。"アウト・ゼアー・ジャパン・ツアー"は、11月11日から21日にかけて大阪・福岡・東京の3都市計6回行なわれた。15日の福岡ヤフオク！ドーム公演の前日の14日には、福岡国際センターで行なわれていた大相撲九州場所5日目を、妻のナンシーとともに"普通に"観戦。ハーゲンダッツの抹茶のアイスを食べ、玉ノ井親方（元大関栃東）の解説に耳を傾けながら、十両の途中の取組から楽しんだ。

11.15 (1980年)
リンゴ、ジョンから「ノーバディ・トールド・ミー」の
デモ・テープを受け取る

　80年7月に開始されたリンゴのニュー・アルバム『キャント・ファイト・ライトニング』は、『リンゴ』(73年) 以来ひさしぶりに"ビートルズの4人"がレコード上で一堂に会すアルバムになるはずだった。その新作用の曲として、リンゴはジョンから79年11月に「ライフ・ビギンズ・アット・フォーティ」を提供されたのに続き、80年11月15日には「ノーバディ・トールド・ミー」のデモ・テープも受け取った。だが、80年12月8日のジョンの死によって、状況は一変。ジョンとリンゴは80年にともに40歳を迎えたが、「人生は40歳から」とリンゴがジョンの死後に歌うわけにはいかず、「ノーバディ・トールド・ミー」もレコーディングされないまま、最終的にはジョンが『ダブル・ファンタジー』のセッションでラフに演奏していたテイクがジョンの遺作『ミルク・アンド・ハニー』(84年) に収録された。リンゴの新作は、タイトルも『バラの香りを（原題は"STOP AND SMELL THE ROSES"）』に改められ、81年11月20日（アメリカは10月27日）に発売された。

11.16 (2010年)
公式213曲のインターネット配信開始

　2010年11月16日の午前10時（日本時間は17日午前0時）、全213曲のインタ

ーネット配信がiTunes Storeで開始された。現在ほど普及していなかった音楽のデジタル配信サービスについて、ポールは「かつてレコードで発表した曲がデジタルの世界でも同じように愛されるのを見るのはすばらしい」と語り、リンゴは「ビートルズのネット配信はいつなの？と訊かれなくなることが特にうれしい」と語った。配信開始24時間以内に『アビイ・ロード』や『サージェント・ペパー』など5作品がダウンロード・チャートの20位内に入った。ちなみにダウンロードの料金は、シングルは1曲1.29ドル（約108円）で、アルバムは1枚12.99ドル（約1087円）だった。

11.17 (1980年)
ジョンとヨーコのアルバム『ダブル・ファンタジー』発売

ジョンとヨーコの共作・共演による "5年ぶりの活動再開" アルバム『ダブル・ファンタジー』が、80年11月17日に発売され（アメリカは11月15日）、イギリス・アメリカともに1位を記録した。ただし、イギリスでは9位止まりだったが、ジョンの死後にチャートを上昇したという経緯がある。発売からわずか3週間（日本は4日間）で新作から遺作へと変わってしまったが、先行シングル「スターティング・

ジョン・レノン&ヨーコ・オノ『ダブル・ファンタジー』(1980年)

オーヴァー」でジョンの復活の兆しを感じたファンは多く、ヨーコとの曲を交互に並べ、対話の重要性を伝えようとした二人の思いは、ジョンの死後、さらに高まりをみせた。

11.18 (1987年)
ポール、日本の音楽番組『夜のヒットスタジオ』に生出演

87年11月18日、ポールが日本の音楽番組に生出演し、演奏を聴かせるというめったにない機会が訪れた。ポールは、11月2日に発売されたベスト盤『オール・ザ・ベスト』の宣伝の一環として、シングル「ワンス・アポン・ア・ロング・アゴー」のプロモーションも兼ねてフジテレビ系列の『夜のヒットスタジオ DELUXE』に、ロンドンからの衛星生中継で出演したのだ。ちなみに番組内で披露されたその曲は、生演奏ではなく、音に合わせただけのいわゆる口パクによるものだった。さらに

89年6月7日にも再出演して「マイ・ブレイヴ・フェイス」と「ディス・ワン」を疑似演奏したほか、90年の来日直前の出演では、番組内で"クローズド・サーキット"の告知を自ら行なった。

11.18 （2002年）
ジョージの遺作『ブレインウォッシュド』発売

ジョージ・ハリスン『ブレインウォッシュド』（2002年）

2002年11月18日、ジョージの遺作『ブレインウォッシュド』が発売され、イギリスで29位、アメリカで18位を記録した。ジョージがジム・ケルトナーと88年初頭から断続的に録音していた曲に、ジェフ・リンと息子ダニーがジョージの死後に追加録音を施して仕上げた。ジョージが亡くなった直後には、遺作のタイトルは、それ以前に伝えられていたのと同じく"PORTRAIT OF A LEG END"で、リンゴ、エリック・クラプトン、ボブ・ディラン、トム・ペティなどが参加した全25曲の2枚組になるという話が伝わっていた。諧謔・皮肉・批判・洞察・達観が表わされたジョージのアルバムは他にはないと思わされるほど、歌詞の内容は深い。洗脳社会を看破したジョージの遺言でもある。

11.19 （1995年）
映像版『ザ・ビートルズ・アンソロジー』放送

ビートルズの歴史を映像と音と書籍で振り返る"アンソロジー"・プロジェクトのドキュメンタリー映像が、95年11月19日にアメリカのABCで放送された（19日、22日、23日の午後9時から11時の計3回）。イギリスではITVで11月26日から12月31日にかけて5回に分けて放送され、日本では12月31日の午後6時から11時半までの5時間半、テレビ朝日系列を通じて一気に放送された。テレビ朝日は放映権を1億円で購入し、視聴率15％を狙ったというが、NHKの『紅白歌合戦』の放送ともかぶり、結果は3.3％だった（ビデオリサーチ・関東地区調べ）。最大の見どころは"新曲"「フリー・アズ・ア・バード」と「リアル・ラヴ」の映像版だが、それ以外にも珍しい映像が満載の充実したドキュメンタリーは、ファンの

間で大きな話題を呼んだ。その後、映像作品としてまとめられ、96年9月5日にVHSとLD、2003年3月31日にDVDが発売された。

11.20 (1995年)
未発表音源を収録したアルバム『アンソロジー1』発売

ビートルズ『アンソロジー1』
(1995年)

『アンソロジー』の映像版がアメリカで放送されたのに合わせて、新曲「フリー・アズ・ア・バード」が収録された"アンソロジー・シリーズ"の"音版"の第1弾『アンソロジー1』が95年11月20日に発売された。クォリー・メン時代の最古の音源「ザットル・ビー・ザ・デイ」と「イン・スパイト・オブ・オール・ザ・デインジャー」(58年)から『ビートルズ・フォー・セール』(64年)までの珍しい音源が、コメントも含めて全60トラック収録された。イギリスは2位、アメリカは初登場1位を記録した。

11.20 (2006年)
コラージュ・アルバム『LOVE』発売

ビートルズ『LOVE』(2006年)

2006年11月20日、ジョージ＆ジャイルズ・マーティン親子のプロデュースによる、大胆にリミックスしたコラージュ・アルバム『LOVE』が発売され、イギリスで3位、アメリカで4位を記録した。2006年6月30日にラスヴェガスで上演が開始されたカナダのサーカス／エンターテインメント集団シルク・ドゥ・ソレイユとのコラボレーション企画『LOVE』のいわばサウンドトラック盤である。ビートルズの歴史を音と体を使って表現したシルク・ドゥ・ソレイユの『LOVE』には、"213曲"の楽器や声をはじめとしたサウンドの断片が縦横無尽に盛り込まれていた。一方、アルバム『LOVE』には、1曲の中に別の曲の"音のかけら"が隠されているのを発見していくオタク的楽しみもあり、マニアの間では話題を呼んだが、曲を切り刻む大胆な手法には賛否両論が巻き起こった。

映画はすごく好きだ。でも、音楽はそれ以上に僕にとって重要だ。ドラムを演奏することもね。(リンゴ／71年)

11.21 (2013年)
日本公演中のポール、大相撲九州場所に懸賞金を出す

　2013年11月11日から"アウト・ゼアー・ジャパン・ツアー"を大阪・福岡・東京の3都市で行なっていたポールは、東京ドームでの最終公演日の21日と、22日、24日にあたる大相撲の12日目、13日目、千秋楽の3日間、懸賞金（1本6万円）を計15本出した。実際は、懸賞金に興味を持ったポールの要望を受けて日本のユニバーサル ミュージックが日本相撲協会に申し入れ、特例として実現したものだった。幕内最後の取組が始まる時に、土俵上を呼び出しが新作『NEW』の懸賞幕を持って1周した。

11.22 (1963年)
セカンド・アルバム『ウィズ・ザ・ビートルズ』発売

ビートルズ『ウィズ・ザ・ビートルズ』（1963年）

　63年11月22日に2枚目のアルバム『ウィズ・ザ・ビートルズ』がイギリスで発売された。アストリット・キルヒヘルの撮影技法の影響を受けた"ハーフ・シャドウ"のジャケット写真が印象的で、内容も、モノクロのジャケット写真の味わいに通じるR&B色の濃い曲が多い。アルバムは予約だけで30万枚を超え、デビュー・アルバム『プリーズ・プリーズ・ミー』（63年）に代わり21週連続1位を記録。2枚のアルバムでほぼ1年間イギリスのアルバム・チャートの1位を独占するという偉業を成し遂げた。ちなみに日本でこのイギリス盤と同じ曲目で構成されたレコードは、66年5月30日に来日記念盤として発売された『ステレオ！これがビートルズ Vol.2』だった。ただし曲順やジャケットはイギリス盤とは異なっていた。

11.22 (1968年)
9枚目のオリジナル・アルバム『ザ・ビートルズ』発売

　68年11月22日、9枚目のオリジナル・アルバム『ザ・ビートルズ』が発売され（アメリカは11月25日発売）、イギリス・アメリカともに1位を記録した。初のアップルからの発売であり、30曲収録の初の2枚組ともなった。リチ

ャード・ハミルトンは、写真も文字もない真っ白なデザインに、エンボス加工により"The BEATLES"の文字を浮き立たせ、その下にシリアル・ナンバーを入れるという斬新なデザインを手掛けた。その見映えから、"ホワイト・アルバム"の愛称で知られている。また、ジェレミー・バンクスが手掛けた折込ポスターの裏には全曲の歌詞が印刷され、表のコラージュには、ロード・マネージャーのニール・アスピノールとマル・エヴァンスが持っていたデビュー前の革ジャン姿のジョンとポールの写真などもあしらわれている。バンドの枠を超えて自由奔放に作られた『ザ・ビートルズ』収録の30曲には、4人の"素顔"がはっきり映し出されている。

11.23（1965年）
初のプロモーション・フィルムを制作

　65年11月23日、初めてのプロモーション・フィルムの撮影が、トゥイッケナム・フィルム・スタジオで行なわれた。この頃になると、シングルを発表するたびにテレビ番組に出演することに4人とも嫌気がさしており、自分たちで映像を作成し、テレビ局に配給しようと考えるようになっていた。制作されたのは、12月3日に発売される新曲「デイ・トリッパー」（3種類）と「恋を抱きしめよう」（3種類）、65年のシングル「ヘルプ」（1種類）と「涙の乗車券（ティケット・トゥ・ライド）」（1種類）、それに64年のシングル「アイ・フィール・ファイン」（2種類）の計10本。そのうちの9本が当時テレビ放送された。

11.24（1941年）
ピート・ベスト生まれる

　ピート・ベストは1941年11月24日、海軍勤務の父ジョン・ベストと赤十字の看護婦の母モナ・ベストの長男として、インドのマドラス（現チェンナイ）で生まれた。60年8月、ビートルズがドイツ、ハンブルクへのツアーに向かう時にポールに誘われてバンドに加入。62年8月16日、ビートルズのデビュー直前に解雇された。その後、ブライアン・エプスタインの計らいにより、リー・カーティス・アンド・ジ・オールスターズへの参加（62年）をきっかけに、ピート・ベスト・アンド・ジ・オールスターズを結成（63年）。デッカとのレコード契約後、ピート・ベスト・フォーに改めてデビューするがヒットせず。さらにピート・ベスト・コン

ポとして4枚のシングルと1枚のアルバムを発表。65年には音楽活動をやめてリヴァプールで公務員の職に就く。88年にビートルズ・コンヴェンションへの出演を機に、実弟ローグ（母モナとニール・アスピノールの実子）とピート・ベスト・バンドを結成し、95年と2013年には来日公演を行なった。

11.24 (1966年)
ライヴ活動休止後、5ヵ月ぶりにスタジオに集結

　66年8月29日にサンフランシスコのキャンドルスティック・パークで最後のコンサートを終えてから3ヵ月が経った11月24日、『リボルバー』に続く新しいアルバムの制作が開始された。EMIスタジオに4人が顔を揃えるのは5ヵ月ぶりのことだった。この日は、ジョンが映画『ジョン・レノンの僕の戦争』の撮影でスペインのアルメリアにいる時に書いた「ストロベリー・フィールズ・フォーエバー」がレコーディングされた。スタジオでの作業に大幅な時間が費やせるようになったため、この曲も時間をかけてじっくり仕上げられ、12月22日まで、試行錯誤が繰り返され、1曲として完成した。

11.24 (1967年)
16枚目のシングル「ハロー・グッドバイ」発売

ビートルズ「ハロー・グッドバイ」
（1967年／写真は日本盤）

　16枚目のオリジナル・シングル「ハロー・グッドバイ」が67年11月24日（アメリカは11月27日）に発売され、イギリス・アメリカともに1位を記録した。覚えやすい歌詞をポップなメロディに乗せて凝った音作りで聴かせたポールの傑作、である。「これは無についての曲。黒があれば白も存在する。それが人生の驚異的なところ」とポール。66年にシングル「ペイパーバック・ライター」がA面になって以降は、一般受けするポールの曲がA面になることが多くなり、ここでもまた、ジョンの傑作「アイ・アム・ザ・ウォルラス」はB面扱いとなった。日本盤のジャケットには、67年9月25日に『ミュージック・ライフ』の星加ルミ子編集長がEMIスタジオを訪ねた時の写真が使われた。

11.25 （1969年）
ジョン、MBE勲章を返却

　69年11月25日、ジョンは、イギリスのナイジェリア・ビアフラ紛争への介入とベトナム戦争でのアメリカ支持、さらに10月24日に発表したプラスティック・オノ・バンドのセカンド・シングル「コールド・ターキー」のチャート降下を理由に、MBE勲章をエリザベス女王に返却した。返却後の記者会見でジョンは、「MBEを受け取った時、僕は魂を売ってしまったが、いまは平和のために魂を取り戻した」と語った。ジョンのこの行動に対し、ビートルズを支持してきたハロルド・ウィルソン首相が「世間知らず」とコメントしたのをはじめ、多くのマスコミは批判的な意見と罵声を浴びせた。対してリンゴはこう語った──「平和への努力としてMBEが送られ、平和への努力のひとつとして返還されたのさ」。

11.25 （2021年）
映画『ザ・ビートルズ：Get Back』、動画配信でまず公開

　世界的パンデミックの影響で公開が二転三転していた映画『ザ・ビートルズ：Get Back』が、2021年11月25日から27日にかけての3日間、ディズニー公式動画配信サービス " Disney+（ディズニープラス）" で、2時間ずつの計6時間にまとめられて配信されると、6月17日に発表された。マイケル・リンゼイ＝ホッグが撮影した69年1月の"ゲット・バック・セッション"は、映画『レット・イット・ビー』としてバンドの終焉をドキュメンタリー仕立てで伝えたが、『ロード・オブ・ザ・リング』で知られるピーター・ジャクソンは、55時間の未発表映像と140時間のほぼ未発表の音源を元に、最新技術を駆使して新たな作品として仕上げた。

11.26 （1962年）
セカンド・シングル「プリーズ・プリーズ・ミー」を録音

　デビュー曲「ラヴ・ミー・ドゥ」の発売後、まだ2ヵ月足らずではあったが、さらにチャート上位を狙うために、62年11月26日に、早くも2枚目のシングルのレコーディングが行なわれた。曲は、9月4日にリハーサルし、11日に試しに録音してみた「プリーズ・プリーズ・ミー」が選ばれた。午後7時から9時45分までのセッションで曲が仕上がった直

●ジョンとジョージとクラウスでグループを組むよ。でも、ビートルズとだけは呼ばれたくないな。（リンゴ／71年）

後、ジョージ・マーティンがトーク・バックを使って4人にこう告げた
──「初のナンバー・ワン間違いなしだ！」。

11.27（1964年）
8枚目のシングル「アイ・フィール・ファイン」発売

ビートルズ「アイ・フィール・ファイン」（1964年／写真は日本盤）

　　8枚目のオリジナル・シングル「アイ・フィール・ファイン」が64年11月27日に発売され（アメリカは11月23日発売）、イギリスでは5日間で80万枚、アメリカでは1週間で100万枚を売り上げ、ともに1位を記録した。「フィードバックを取り入れたロックはこれが初めてだった」と作者のジョンが言うファンキーな快作で、日本公演も含め、ライヴの重要なレパートリーとなった。

11.27（1966年）
ジョン、『ノット・オンリー・バット・オールソー』に出演

「ストロベリー・フィールズ・フォーエバー」のレコーディングが始ま

みんなが真似するジョンのポーズ　　　　　　©Ron Case/Keystone/Hulton Archive/Getty Images

って間もない66年11月27日、ジョンは、BBCの人気テレビ番組『ノット・オンリー・バット・オールソー』に単独で出演した（放送は12月26日）。51秒という短い時間だったが、ジョンはロンドンのオシャレなナイトクラブ「アド・ラブ」のドアマンに扮し、ピーター・クック演じるアメリカのテレビ制作者から入場料をせしめるのに成功するというコントを演じた。オチは、このオシャレなナイトクラブが実は男子用公衆トイレだったというもの。実際にジョンはロンドン・ソーホー地区にある公衆トイレ前に出向き、まだ人通りの少ない日曜の早朝に撮影を行なった。ちなみにこの公衆トイレもまた、"ビートルズのゆかりの地"となった。

11.27 (1967年)
アルバム『マジカル・ミステリー・ツアー』、アメリカで発売

ビートルズ『マジカル・ミステリー・ツアー』(1967年)

　67年11月27日、ビートルズが脚本・監督を手掛けたBBCテレビ用の主演映画『マジカル・ミステリー・ツアー』の公開（12月26日）に合わせて、アメリカ独自の同名編集アルバムが発売され、1位を記録した。イギリスでは最後（13枚目）のオリジナルEPとして、6曲入りの"まともなサウンドトラック盤"が12月8日に発売されたが、アメリカではそのEP収録曲と、67年に発売された全3枚のシングル曲を加えた全11曲という構成となった。87年のオリジナル・アルバムのCD化に際し、このアメリカ編集のLPがオリジナル盤に"昇格"した。

11.28 (1974年)
ジョン、エルトン・ジョンのライヴに飛び入り出演

　74年11月28日にニューヨークのマディソン・スクエア・ガーデンで行なわれたエルトン・ジョンのコンサートにジョンが飛び入りで出演し、「アイ・ソー・ハー・スタンディング・ゼア」「ルーシー・イン・ザ・スカイ・ウィズ・ダイアモンズ」「真夜中を突っ走れ」の3曲で共演した。ジョンがステージに上がると"スタンディング・オヴェイション"が10分間も続いたという。このコンサートの出演は、74年10月4日

● 僕にとって音楽とは、行なう価値のある唯一のもので、人々の心と触れ合う手段なんだ。（ジョン／73年）

エルトン・ジョン&ジョン・レノン「アイ・ソー・ハー・スタンディング・ゼア」(1981年／写真はイギリス盤)

(アメリカは9月23日) に発売されたジョンのニュー・シングル「真夜中を突っ走れ」がチャートの1位になったらエルトン・ジョンのコンサートに出るという二人の"賭け"の結果で決まったものだった。ジョンは「1位になんてなりっこない」と思っていたそうだが、11月16日に1位を記録。ヨーコが来ていることは知らずにステージに上がったジョンは、終演後にヨーコと楽屋で再会。これを機に、翌75年2月にジョンはダコタ・ハウスでヨーコと再び暮らし始めた。ただし、「失われた週末」をジョンと過ごしたメイ・パンは、「ジョンも私もヨーコが来ることを知っていて、席も私たちが準備したの」と言っている。ジョンが飛び入りしたこの3曲は、ジョンの死後の81年3月13日に発売されたEP「アイ・ソー・ハー・スタンディング・ゼア」や、エルトン・ジョンの『ヒア・アンド・ゼア〜ライブ・イン・ロンドン&N.Y.』(76年) のリマスター盤 (95年) などに収録された。

11.29 (1963年)
5枚目のシングル「抱きしめたい」発売

ビートルズ「抱きしめたい」(1964年／写真は日本盤)

　5枚目のオリジナル・シングル「抱きしめたい」が、63年11月29日にイギリスで発売された。予約だけで100万枚を記録、発売前から1位を確約される大ヒットとなった。ポールの恋人ジェーン・アッシャーの自宅の地下室で「ポールと睨み合わんばかりに鼻をくっつけあって作った」とジョンが言う共作曲で、日本やアメリカをはじめ、ビートルズの名前を世界的に知らしめる1曲となった。

11.29 (1968年)
ジョンとヨーコの初共同作『トゥー・ヴァージンズ』発売

『ザ・ビートルズ』のレコーディングが始まる直前の68年5月19日に制

作されたジョンとヨーコの初の共同作品『未完成作品第1番「トゥー・ヴァージンズ」』が、11月29日に発売された（アメリカは11月11日発売）。『ザ・ビートルズ』に収録された、同じく二人が中心になってレコーディングしたアヴァンギャルドな「レボリューション9」に比べると、サウンドのメリハリのない実験音楽だが、むしろ二人の最初の"遊び心"に大きな意味がある。二人の全裸ジャケットは当然のように物議を醸し、EMIはジャケット

ジョン・レノン&ヨーコ・オノ『未完成作品第1番「トゥー・ヴァージンズ」』（1968年）

を変えない限りアルバムは発売できないとジョンに宣告。対してジョンは、EMIのジョセフ・ロックウッド会長に「これはアートだ」と直訴するも納得してもらえず、最終的な妥協案として、アップルはふたつのインディー・レーベルと契約を結び、ヨーロッパではザ・フーの作ったトラック・レコード、アメリカではテトラグラモトンから発売されることになった。とはいえ、全裸のジャケットがそのまま店頭に並ぶことはなく、茶色い外袋が被せられた。アメリカのニュージャージー州では、地元の警察により猥褻物として3万枚が押収されたという。

11.29 （2001年）
ジョージ逝去

　2001年11月29日午後1時半（日本時間11月30日午前6時半）。ジョージが、静養先のロサンゼルスの友人宅で、58歳でこの世を去ったと発表された。ジョージが97年8月に咽頭がんの手術を受けていたと最初に報じられたのは、翌98年6月のことだった。ジョージは病床で、自身の死後の手順を決めていたとも伝えられ、オリヴィアとダニーに病室で自分の死後の希望をメモさせていたそうだ。メモには、英国の自宅には帰らない、病院では死にたくない、死後10〜12時間は秘密にし火葬を済ませる、などが書かれてあったという。

11.29 （2002年）
ジョージ追悼の"コンサート・フォー・ジョージ"開催

　ジョージの一周忌となる2002年11月29日に、弟分のエリック・クラ

● 僕らミュージシャンは、クリエイティヴな人間なんだ。ビジネスマンじゃない。（リンゴ／74年）

ヴァリアス・アーティスツ『コンサート・フォー・ジョージ』(2002年)

ブトンの提唱により、ロンドンのロイヤル・アルバート・ホールで、ジョージの追悼コンサート"コンサート・フォー・ジョージ"が開催された。ポール、リンゴ、クラプトン、オリヴィア、ダニーのほかに、ラヴィ・シャンカール、ビリー・プレストン、クラウス・フォアマン、ジム・ケルトナー、ジョー・ブラウン、ジェフ・リン、トム・ペティ&ザ・ハートブレイカーズ、ジュールズ・ホランド、そしてモンティ・パイソンなど、ジョージの作品には欠かせない顔ぶれが一堂に会した。リンゴが「想い出のフォトグラフ」と「ハニー・ドント」を披露したのに続き、ポールは「フォー・ユー・ブルー」「サムシング」「オール・シングス・マスト・パス」「ホワイル・マイ・ギター・ジェントリー・ウィープス」の4曲を、曲によってはエリック・クラプトンもフィーチャーしながら演奏した。ライヴの模様は、2003年11月17日にCDとDVD『コンサート・フォー・ジョージ』として発売された。

11.30 (1960年)
放火の疑いでジョン、ポール、スチュ、ピート逮捕

　60年11月30日、ハンブルクでカイザーケラーに出演していたビートルズの、トップ・テン・クラブへの新たな出演が決まった。住んでいた部屋を移ることになり、ポールとピートは、寝泊まりしていた映画館"バンビ・キーノ"に荷物を取りに戻り、見つけたコンドームを廊下の壁に釘で刺してライターで火をつけた (いたずらでとか、灯りの代わりにしたなどの諸説あり)。壁に焼け焦げの跡ができたが、カイザーケラーのオーナーのブルーノ・コシュミダーは放火の疑いで警察に通報。トップ・テン・クラブに向かっている途中でポールとピートは警察署に連れて行かれ、ジョンとスチュも留置所に閉じ込められた。コシュミダーはこの事件のついでにジョージが未成年 (17歳以下は就労禁止) であることまで当局に報告。結果、ジョージは国外追放処分となってしまった。この一件は、ビートルズのトップ・テン・クラブへの出演をコシュミダーが快く思っていなかったことが原因でもあった。その後トップ・テン・クラブへの出演は、61年4月1日からの2度目のハンブルク遠征時にようやく実現した。

11.30（1970年）
ジョージのソロ・アルバム
『オール・シングス・マスト・パス』発売

　ジョージの実質的なファースト・ソロ・アルバム『オール・シングス・マスト・パス』が、70年11月30日（アメリカは11月27日）に発売された。フィル・スペクターとの共同プロデュースにより、レコーディングは5月26日に始まった。7月7日に母ルイーズが亡くなるなど、作業の中断を経て、発売までに半年も要した。だが、その甲斐あって、3

ジョージ・ハリスン『オール・シングス・マスト・パス』（1970年）

枚組の大作にもかかわらず、イギリスで4位、アメリカで7週連続1位を記録する大ヒット・アルバムとなった。シングル「マイ・スウィート・ロード」も1位を獲得、70年代ロックの幕開けを飾るにふさわしい名盤として高い評価を得た。2001年、ジョージが存命中に発売30周年記念盤が出たのに続き、2021年には息子ダニーとポール・ヒックスが手掛けた50周年記念盤が発売された。

11.30（1994年）
『ザ・ビートルズ・ライヴ!! アット・ザ・BBC』発売

　94年11月30日、4人が最も多く出演したイギリスBBCラジオでの演奏曲をまとめたスタジオ・ライヴ・アルバム『ザ・ビートルズ・ライヴ!! アット・ザ・BBC』が発売された。63年3月から65年6月まで計52回出演したBBCラジオ音源全92曲270以上のテイクからジョージ・マーティンが選曲した56曲が収録されており、オフィシャルの"213曲"以外も多数楽しめる。ジョンの有無を言

ビートルズ『ザ・ビートルズ・ライヴ!! アット・ザ・BBC』（1994年）

わせぬヴォーカルやポールのシャウト、ジョージの溌剌さ、そしてリンゴのドラミング──選曲の幅広さだけでなく、4人の魅力が存分に味わえるスタジオ・ライヴの秀作である。英米1位を記録。

● ぜひジョンと曲を作りたい。才能のある人と一緒に仕事がしたいんだ。（ポール／74年）

12 December

1
- ●リンゴ、扁桃腺切除のため入院 (1964)
- ●『ザ・ビートルズ・ブック』の最終号 (77号) 刊行 (1969)
- ●ポール、ジョージ、リンゴ、ヨーコ、ロンドンでアップルについての会合 (1983)
- ★ジョージの日本公演が実現 (1991)

2
- ★『モーカム・アンド・ワイズ・ショー』に出演 (1963)
- ★ジョージ、デラニー&ボニーのツアーでステージに復帰 (1969)

3
- ★『ラバー・ソウル』発売 (1965)
- ★11枚目のシングル「デイ・トリッパー／恋を抱きしめよう」発売 (1965)
- ●最後のイギリス・ツアーを開始 (1965)
- ●ポールとジェーン、スコットランドの農場で過ごす (〜20日) (1967)

4
- ★4枚目のアルバム『ビートルズ・フォー・セール』発売 (1964)

5
- ★リヴァプールのエンパイア劇場で、故郷での最後の公演 (1965)
- ★アップル・ブティックの開店をジョンとジョージが祝う (1967)
- ●リンゴ、ロンドンのハムステッドの家 (ラウンドヒル) に転居 (1969)

6
- ★ファンクラブの会員に初のクリスマス・レコードを配布 (1963)
- ●EP「ビートルズ・ミリオン・セラーズ」発売 (1965)

7
- ★ベイカー・ストリートにアップル・ブティック開店 (1967)
- ●リンゴが出演した映画『キャンディ』の撮影開始 (1967)
- ●ウイングスのアルバム『ウイングス・ワイルド・ライフ』発売 (1971)

8
- ★2枚組EP「マジカル・ミステリー・ツアー」発売 (1967)
- ★ジョン、凶弾に倒れる (1980)

9
- ★初のベスト・アルバム『オールディーズ』発売 (1966)
- ●リンゴ、ロック・オペラ『トミー』に出演 (19/2)

10
- ★ジョンとヨーコ、ローリング・ストーンズの『ロックンロール・サーカス』に出演 (1968)
- ●ジョンとヨーコ、"ジョン・シンクレア支援コンサート"に出演 (1971)

11
- ●リンゴの出演映画『マジック・クリスチャン』のワールド・プレミア開催。リンゴとジョンが出席 (1969)
- ★ジョンの初のソロ・アルバム『ジョンの魂』発売 (1970)

12
- ★ジョージ・マーティン、キャヴァーン・クラブでビートルズを観る (1962)
- ●トロントでのライヴを収めたプラスティック・オノ・バンドのアルバム『平和の祈りを込めて』発売 (1969)

13
- ★デッカのマイク・スミス、キャヴァーン・クラブでビートルズを観る (1961)
- ●3作目の主演映画『ア・タレント・フォー・ラヴィング』の脚本を却下 (1965)

14
- ★ポール、キャヴァーン・クラブで36年ぶりにライヴ (1999)

15
- ●アメリカ編集盤『ビートルズ'65』発売 (1965)
- ★プラスティック・オノ・バンド主催の"ピース・フォー・クリスマス"開催 (1969)

16
- ★ジョンとヨーコ、世界の主要11都市に広告看板を掲げる (1969)
- ★ポールのロンドン公演にリンゴとロン・ウッドが飛び入り (2018)

17
- ★アルバート・マリオンによる初の公式フォト・セッション (1961)
- ●ジョンとヨーコ、アポロ劇場でのアッティカ州刑務所支援公演に出演 (1971)
- ●未発表音源集『THE BEATLES BOOTLEG RECORDINGS 1963』配信で発売 (2013)

18
- ★最後 (5度目) のハンブルク遠征。スター・クラブで演奏 (1962)
- ●BBCラジオの特番『フロム・アス・トゥ・ユー』の1回目を収録 (1963)
- ★ファンクラブの会員に最後のクリスマス・レコード配布 (1970)

19
- ★ポールとジョージ、解散の法的合意書にサイン (1974)

20
- ★『コンサート・フォー・バングラデシュ』発売 (1971)
- ★ジョージ、アメリカ公演の最終日にジョンとポールと再会 (1974)

21
- ★テレビ映画『マジカル・ミステリー・ツアー』完成記念の仮装パーティ開催 (1967)

22
- ●『マージー・ビート』の読者投票でビートルズが1位、ハリケーンズが4位に選出 (62年1月4日号に掲載) (1961)
- ★「ストロベリー・フィールズ・フォーエバー」完成 (1966)

23
- ★アップルのクリスマス・パーティにジョンとヨーコ参加 (1968)
- ●ジョンとヨーコ、カナダのトルドー首相と会談 (1969)

24
- ★"ザ・ビートルズ・クリスマス・ショー"で役者デビュー (1963)
- ★"アナザー・ビートルズ・クリスマス・ショー"開幕 (1964)

25
- ★ポール、ジェーン・アッシャーとの婚約を発表 (1967)

26
- ★アメリカでデビュー・シングル「抱きしめたい」緊急発売 (1963)
- ★テレビ映画『マジカル・ミステリー・ツアー』、BBCで放送 (1967)

27
- ★リザーランド・タウンホールで最初の"ビートルズ旋風" (1960)
- ●病欠のピートに代わり、リンゴがビートルズの臨時ドラマーを務める (1961)

28
- ★ジョン、『ハード・デイズ・ナイト』を観て「アイム・ザ・グレーテスト」の着想を得る (1970)
- ●ロンドンのイタリアン・レストランでポールとリンゴが会食 (2011)

29
- ★ジョン、ビートルズの解散書類に最後に署名 (1974)
- ★ウイングス、"カンボジア難民救済コンサート"に出演 (1979)

30
- ●リンゴがハリケーンズを脱退し、ハンブルクへ向かう (1961)
- ●モーリン・コックス逝去 (1994)
- ★ジョージ、自宅に侵入した暴漢に襲われ、負傷 (1999)

31
- ★ポール、ビートルズの法的解散を求めて訴訟を起こす (1970)

※カッコ内の数字は西暦
★は本文で詳述した出来事

12.1 （1991年）
ジョージの日本公演が実現

　奇跡の、と言ってもいいジョージの日本公演が、91年12月1日の横浜アリーナから始まった。公演は12月17日まで横浜・大阪・名古屋・広島・福岡・東京の6都市で計12回開催され、バックはエリック・クラプトンと彼のバンドが務めた。ジョージにとっては74年11月の北米ツアー以来17年ぶりのコンサートとなった。11月29日には、ビートルズの来日時と同じくキャピトル東急ホテル（旧ヒルトンホテル）の紅真珠の間で記者会見が行なわれた。日本公演の模様は、『ライヴ・イン・ジャパン』として翌92年7月13日に発売された。

12.2 （1963年）
『モーカム・アンド・ワイズ・ショー』に出演

　63年12月2日、コメディ・デュオ、エリック・モーカムとアーニー・ワイズが司会を務める番組『モーカム・アンド・ワイズ・ショー』に出演（放送は64年4月18日）。4人は最新シングル「抱きしめたい」など計3曲を演奏したほか、モーカム、ワイズと「ムーンライト・ベイ」をコミカルに歌った。「ムーンライト・ベイ」を含む3曲が、『アンソロジー 1』に収録された。

12.2 （1969年）
ジョージ、デラニー＆ボニーのツアーでステージに復帰

　69年12月2日、ブリストルのコールストン・ホールで行なわれたデラニー＆ボニーのツアーに、ジョージは"無名のギタリスト"として参加した。ジョージにとって、66年8月以来、久しぶりのステージだった。前日の夜にロイヤル・アルバート・ホールでデラニー＆ボニーのライヴに足を運んだジョージは、バックを務めたエリック・クラプトンに声をかけられ、12日までの6夜（1日2公演）、バック・バンドの一人として演奏に参加。67年にデイヴ・メイスンを介してデラニー・ブラムレットと知り合ったジョージは、68年に発表した彼らのアルバム『ホーム』を気に入り、セカンド・アルバム『オリジナル・デラニー＆ボニー』をアップルからイギリスで発売しようと力を入れていたが、実現せずに終わった。

12.3（1965年）
6枚目のオリジナル・アルバム『ラバー・ソウル』発売

65年12月3日に6枚目のオリジナル・アルバム『ラバー・ソウル』がイギリスで発売され、12週連続1位を記録した。予約だけで50万枚を超え、初回出荷枚数は75万枚。年内までに100万枚を売り上げた。『リボルバー』と並ぶ中期の代表作で、「ドライヴ・マイ・カー」「ノルウェーの森」「ひとりぼっちのあいつ」「ガール」「ミッシェル」「イン・マイ・ライフ」をはじめ、名曲が満載である。ア

ビートルズ『ラバー・ソウル』
（1965年）

メリカ盤は、ジャケットは同じだが（ロゴの色は異なる）、前作『ヘルプ！』からの2曲（「夢の人」と「イッツ・オンリー・ラヴ」）が収録され、代わりに1曲目の「ドライヴ・マイ・カー」ほか4曲がカットされた独自の内容となった（12月6日の発売後9日間で120万枚を売り上げ、6週連続1位を記録）。

12.3（1965年）
11枚目のシングル
「デイ・トリッパー／恋を抱きしめよう」発売

両A面扱いとなった11枚目のシングル「デイ・トリッパー／恋を抱きしめよう」が65年12月3日（アメリカは12月6日）に発売され、イギリスで1位を記録した。アメリカでは、楽観的なポールと悲観的なジョンの対比が明確な「恋を抱きしめよう」は1位になったが、イギリスでは、ギター・リフが印象的な「デイ・トリッパー」は5位止まりだった。

ビートルズ「デイ・トリッパー／
恋を抱きしめよう」（1965年／写
真は日本盤）

12.4（1964年）
4枚目のアルバム『ビートルズ・フォー・セール』発売

65年12月4日に4枚目のオリジナル・アルバム『ビートルズ・フォー・セール』がイギリスで発売され、11週連続1位を記録した。クリスマ

ビートルズ『ビートルズ・フォー・セール』（1964年）

ス・シーズンに向けてコンサート活動の合間を縫って制作されたため、最初の2作と同じくオリジナル8曲、カヴァー6曲の構成となった。アメリカ市場を意識した、よりカントリー／ロカビリー・フォーク色の強い内容で、ジョンは「今まで僕らがやってきたこととは違う、ビートルズのカントリー・アンド・ウェスタン・アルバムだ」と語っている。アメリカでは、このアルバムの収録曲は『ビートルズ'65』『ビートルズVI』の2枚に分けてキャピトルから発売された。ちなみにロンドンのハイド・パークでのジャケット撮影時に4人が首に巻いたマフラーは、アストリットに編んでもらったものだという。

12.5 （1965年）
リヴァプールのエンパイア劇場で、故郷での最後の公演

65年12月3日、シングル「デイ・トリッパー／恋を抱きしめよう」とアルバム『ラバー・ソウル』の発売日に、グラスゴーのオデオン・シネマから小規模のイギリス・ツアーが開始された。12日までの10日間で8都市9会場、1会場につき2公演が行なわれ、故郷リヴァプールでの公演も5日に行なわれた。そのリヴァプール・エンパイア・シアターでの公演では、収容数2250人に対して2回の公演に4万人の申し込みがあった。このツアーの音源はほとんど公表されていないが、「イエスタデイ」をポールはオルガンの伴奏入りで演奏したという。結果的にこれがビートルズにとって最後のイギリス・ツアーとなった。

12.5 （1967年）
アップル・ブティックの開店をジョンとジョージが祝う

67年12月5日、ロンドンのベイカー・ストリート94番地に開店したアップル・ブティックの記念パーティに、ジョンとジョージがシラ・ブラックらと出席し、"アップル・ジュース"で乾杯した。ポールはスコットランドに休暇中で、リンゴは映画『キャンディ』の撮影でイタリアに滞在中だった。

12.6（1963年）
ファンクラブの会員に初のクリスマス・レコードを配布

　63年12月6日、初のクリスマス・レコードがファンクラブの会員に配布された。クリスマス・レコードは、63年8月1日に創刊された『ザ・ビートルズ・ブック』と同じく、ビートルズの売り出し戦略の一環として69年までの7年間制作されたもので、会員には、毎年クリスマスの時期にソノシートがニュース・レターと合わせて送られた。63年版の録音は、10月17日に「抱きしめたい」と「ジス・ボーイ」のシングル・セッションの後に行なわれた。

12.7（1967年）
ベイカー・ストリートにアップル・ブティック開店

　67年12月7日、開店記念パーティの2日後に、4人の共同出資によるアップル・ブティックが正式にオープンした。洗練された人が洗練されたものを買うという理想を掲げたアップル・ブティックは、小物や衣類、家具、アクセサリーなど、他にはない品揃えで小売業に新たな風を吹かせようと意気込んで企画された。「愛こそはすべて」の衛星生中継の時に衣装を担当したデザイナー集団

開店で賑わうアップル・ブティック
©Mike Barnes/Fox Photos/
Getty Images

261

ザ・フールが、外装や内装など店のデザインを任された。ザ・フールは、外装にサイケデリックな壁画を施したが、周囲から「外観を損なう」との苦情が殺到し、あっという間に白く塗り替えられた。

12.8（1967年）
2枚組EP「マジカル・ミステリー・ツアー」発売

ビートルズ「マジカル・ミステリー・ツアー」（1967年）

　ビートルズが脚本・監督を手掛けたテレビ映画『マジカル・ミステリー・ツアー』のサウンドトラック盤が、イギリスでは最後（13枚目）のオリジナルEPとして67年12月8日に発売され、2位を記録した。LPとして出たアメリカ編集盤とは内容が異なり、こちらは6曲収録の純然たるサウンドトラック盤となっている。

12.8（1980年）
ジョン、凶弾に倒れる

　80年12月8日午後10時50分（日本時間12月9日午後12時50分）、ダコタ・ハウスに戻ったジョンは、ハワイ出身の25歳のマーク・デヴィッド・

ジョンを悼むファンで埋め尽くされた80年12月9日のダコタ・ハウス
©Keystone/Getty Images

チャップマンに玄関前で撃たれて40歳で亡くなった。レコード・プラント・スタジオでヨーコのニュー・シングル「ウォーキング・オン・シン・アイス」のリミックスを終えて家に戻るところだった。ジョンの再始動に対して若者への影響力の大きさを恐れるCIAによって暗殺されたとする説も根強く、皮肉にもジョンの再出発がその悲劇の引き金となってしまった。9日午前0時30分頃に部屋に戻ったヨーコは、ジュリアン、伯母ミミ、そしてポールに直接電話でジョンの死を伝え、3時30分に最初の声明を出した――「ジョンは人を愛し、人びとのために祈っていました。どうか、同じように彼のために祈ってください」。

12.9 (1966年)
初のベスト・アルバム『オールディーズ』発売

　66年12月10日、初のベスト・アルバム『オールディーズ』が発売された。EMIとの1年2枚のアルバム発売が実現できなくなったため、その代わりに、「フロム・ミー・トゥ・ユー」から最新シングル「ペイパーバック・ライター」までのヒット曲に、イギリスでは未発表だった「バッド・ボーイ」を加えた全16曲のベスト・アルバムが企画された。

ビートルズ『オールディーズ』
(1966年)

ジャケットにあしらわれたサイケデリックなイラストはスウィンギング・ロンドンを代表するデザイナーだったデヴィッド・クリスチャンによるもの。クリスマス商戦を狙って発売されたものの、6位までしか上がらなかった。ジャケット裏にはロバート・ウィタカーが東京ヒルトンホテルで撮影した写真が使われたが、ポールの「壽」の文字を見ればわかるように、左右逆版で印刷されていた（日本盤は修正された）。

12.10 (1968年)
ジョンとヨーコ、ローリング・ストーンズの
『ロックンロール・サーカス』に出演

　68年12月10日、ジョンとヨーコは、トゥイッケナム・フィルム・スタジオで撮影されたローリング・ストーンズのテレビ映画『ロックンロー

『ロックンロール・サーカス』出演時の（右から）ビル・ワイマン、チャーリー・ワッツ、ブライアン・ジョーンズ、ミック・ジャガー、キース・リチャーズ、ヨーコ・オノ、ジョン・レノン、ピート・タウンゼント
©Mirrorpix/Getty Images

ル・サーカス』に出演した。この作品は、ストーンズが『マジカル・ミステリー・ツアー』に触発されて企画したもので、監督は、「ペイパーバック・ライター」や「ヘイ・ジュード」などを手掛けたマイケル・リンゼイ＝ホッグ。スタジオにサーカス小屋のセットを組み、ミュージシャンたちはサーカス団員の衣装を身につけ、招かれたファンを前に演奏するというもので、出演者はストーンズのほかにザ・フー、ジェスロ・タル、マリアンヌ・フェイスフルなど。ジョンは、キース・リチャーズ、エリック・クラプトン、ミッチ・ミッチェル（ジミ・ヘンドリックス・エクスペリエンス）を従えた即席のスーパー・バンド"ダーティ・マック"を結成し、「ヤー・ブルース」を演奏。さらにヨーコとクラシックのヴァイオリニスト、イヴリー・ギトリスをフィーチャーした「ホール・ロッタ・ヨーコ」も披露し

た。だが、ミックが仕上がりに満足せずお蔵入りとなった。96年10月14日にようやくCDとヴィデオ作品として発売され、2019年7月には、「レボリューション」のリハーサル音源を新たに収録した新装版が発売された。

12.11 (1970年)
ジョンの初のソロ・アルバム『ジョンの魂』発売

70年12月11日、ジョンの初のソロ・アルバム『ジョンの魂』が発売され、イギリスで11位、アメリカで6位を記録した。アーサー・ヤノフ博士のプライマル療法（精神的なダメージの根本的な原因がどこにあるかを過去へ過去へと探っていき、"叫ぶこと"によってその傷を癒すという治療法）の影響を受けて書かれた曲が収められたアルバムで、中でも「ゴッド」の「ビートルズを信じない」という一節がファンに大きな衝撃を与えた。

ジョン・レノン『ジョンの魂』
（1970年）

12.12 (1962年)
ジョージ・マーティン、キャヴァーンでビートルズを観る

62年12月12日（9日説も）、ジョージ・マーティンが、のちに再婚するEMIのジュディ・ロックハート・スミスを連れてキャヴァーン・クラブに姿をみせた。目的は、ビートルズのデビュー・アルバムをキャヴァーンでライヴ録音できないか、それを見極めるためだった。だが、クラブ内は異常に湿度が高く、蒸し暑いため、機材に悪影響を与えると判断し、その案は取りやめとなった。そこでマーティンは、キャヴァーンでのライヴの熱気をスタジオで再現できないかという案を思いつき、その結果、デビュー・アルバム『プリーズ・プリーズ・ミー』は63年2月11日に、1日かけてほぼ一発録りでレコーディングされることになった。

12.13 (1961年)
デッカのマイク・スミス、キャヴァーンでビートルズを観る

61年12月13日、キャヴァーン・クラブの夜のステージを観に、デッカ

のマイク・スミスがやって来た。きっかけは、"ディスカー"というペンネームで『リヴァプール・エコー』などでレコード評を書いていたトニー・バーロウだった。トニーがデッカのレコードの解説文も請け負っていたことを耳にしたブライアン・エプスタインは、デッカの人間をトニーに紹介してもらい、その結果、マイク・スミスがロンドンからリヴァプールまでビートルズを観に来ることになったのだ。4人のステージを観たスミスは、すぐに契約を結びたいとは思わなかったものの、好感を持ち、ロンドンのスタジオでオーディションを行なう価値はあると判断した。「力強い演奏と地元ファンの熱狂ぶりに、私はためらいもなくオーディションをしようとに申し出た」(スミス)。こうして舞台は整い、オーディションの日にちは62年1月1日に決まった。

12.14 (1999年)
ポール、キャヴァーン・クラブで36年ぶりにライヴ

　99年10月4日にロックンロール・アルバム『ラン・デヴィル・ラン』を発表したポールは、その宣伝も兼ねて、12月14日にキャヴァーン・ク

36年ぶりにキャヴァーン・クラブのステージに立つポール。(左から)デイヴ・ギルモア(ギター)、ポール(ベース)、イアン・ペイス(ドラムス)、ピート・ウィングフィールド(キーボード)、ミック・グリーン(ギター)
©Denis O'Regan/Getty Images

ラブで300人の観客を前にライヴを行なった。この模様は、当時としては珍しくインターネットでも生配信され、5000万以上のアクセスがあり、300万人が視聴した。63年8月3日以来、36年ぶりにキャヴァーンのステージに立ったポールは、ピンク・フロイドのデイヴ・ギルモアやディープ・パープルのイアン・ペイスらをバックに、思い出の地でノリの良いパワフルな演奏を披露した。

12.15（1969年）
プラスティック・オノ・バンド主催の"ピース・フォー・クリスマス"開催

　69年12月15日、ロンドンのライシアムでユニセフのチャリティ・コンサート"ピース・フォー・クリスマス"が開催された。ジョンとヨーコの声掛けで集まったジョージ、エリック・クラプトン、ビリー・プレストン、キース・ムーン、デラニー＆ボニーなどの豪華ミュージシャンによるプラスティック・オノ・スーパーグループがその場で結成された。ジョンとジョージがロンドンで同じ舞台に立つのは、66年5月1日に開催された『NME』誌主催のポール・ウィナーズ・コンサート以来のことだった。演奏された2曲（「コールド・ターキー」と「ドント・ウォリー・キョーコ」）はジョンの希望ですべて録音され、当初は単体のライヴ・アルバムとして発売される予定だったが、最終的に72年9月15日（アメリカは6月12日）発売の『サムタイム・イン・ニューヨーク・シティ』にボーナス・アルバムとして収められた。

12.16（1969年）
ジョンとヨーコ、世界の主要11都市に広告看板を掲げる

　69年12月16日、ジョンとヨーコからのクリスマス・メッセージとして、「WAR IS OVER!（If You Want It）Happy Christmas from John & Yoko」と書かれたポスターや広告看板が、ニューヨーク、ロサンゼルス、ロンドン、東京、パリ、ローマ、ベルリン、アムステルダム、アテネ、トロント、モントリオールの世界11都市に掲げられた。"戦争は終わる（あなたが望むなら）"という思いを元に、二人は71年11月24日にシングル「ハッピー・クリスマス（戦争は終わった）」を発表した。

12.16 （2018年）
ポールのロンドン公演にリンゴとロン・ウッドが飛び入り

　アルバム『エジプト・ステーション』を引っ提げて、"フレッシュン・アップ・ツアー"を2018年9月17日に開始したポールは、11月5日の両国国技館公演で日本のファンを楽しませたあと、11月28日からヨーロッパ・ツアーを行なった。その最終日となる12月16日、ロンドンのO2アリーナ公演では、アンコールにリンゴとロン・ウッドが登場し、「ゲット・バック」を演奏。予期せぬ驚きに会場はどよめいた。

12.17 （1961年）
アルバート・マリオンによる初の公式フォト・セッション

　61年12月17日、初の宣伝用公式写真が撮影された。1週間前にマネージャーになったばかりのブライアン・エプスタインは、リヴァプールの著名なカメラマン、アルバート・マリオンに声をかけた。マリオンはロ

革ジャンが似合う4人。左からジョン、ジョージ、ポール、ピート
©Mark and Colleen Hayward/Redferns/Getty Images

ック・バンドの撮影に乗り気ではなかったものの、エプスタインの弟クライヴの結婚式の写真を撮った縁で、仕方なく引き受けたという。撮影はマリオンのスタジオで行なわれた。「むさくるしい恰好をしているが、おとなしい少年だ」とマリオンは前もって知らされていたが、撮影中の4人の態度は不真面目そのもので、ジョンとポールは常にジョークを言い合っていたという。全部で30枚ほどの写真が撮影されたが、使用可能な写真は17枚。ほかのカットはすべて捨ててしまったという。その中の1枚は、62年1月の『マージー・ビート』誌の人気投票号の表紙を飾った。革ジャン時代のビートルズを象徴する貴重な写真である。

12.18 (1962年)
最後 (5度目) のハンブルク遠征。スター・クラブで演奏

　レコード・デビュー後ではあったが、契約の関係で、最後となる5回目のハンブルク遠征が、62年4月1日に新たにオープンしたスター・クラブで12月18日から31日まで行なわれた。幸運にも、クラブのステージ・マネージャーが12月25日、28日、31日のステージを家庭用テープレコーダーで録音し、その音源が77年4月に『デビュー！ ビートルズ・ライヴ'62』のタイトルで発売された。ビートルズ側は発売を差し止めようと裁判を起こしたものの、歴史的価値が認められ敗訴した。発売前のオリジナル曲「アイ・ソー・ハー・スタンディング・ゼア」と「アスク・ミー・ホワイ」や、録音前の「ミスター・ムーンライト」と「ロング・トール・サリー」をはじめ、貴重な演奏が目白押し。ジョンの嫌いな「蜜の味」をポールが歌っている最中に、おしゃべりを続ける観客に向かってジョンが「黙れ！」と怒鳴る場面まで登場する。

12.18 (1970年)
ファンクラブの会員に最後のクリスマス・レコード配布

　イギリスのオフィシャル・ファン・クラブの会員のために、ビートルズが63年から69年まで贈ったソノシートが1枚のレコードとしてまとめられ、70年12月18日に"解散記念"の最後のクリスマス・プレゼントとして配布された。タイトルは、イギリスは『フロム・ゼン・トゥ・ユー』で、アメリカは『ザ・ビートルズ・クリスマス・アルバム』。2017年に『クリスマス・レコード・ボックス』のタイトルでCD化された。

● 愛というのは、昼夜、上下、内外、貧富、白黒、そんな二面性に満ちている。ただ一つではないってこと。(ジョージ/74年)

ちなみに、63年から67年まではアルバム・セッションの合間に4人が揃って寸劇やアドリブ曲などを披露し、68年と69年は（「サムシング」のMVと同じく）4人が揃うことはなく、各自が別々に収録したものをケニー・エヴェレットが編集してまとめた。

ビートルズ『フロム・ゼン・トゥ・ユー』（1970年）

12.19（1974年）
ポールとジョージ、解散の法的合意書にサイン

74年12月19日、ニューヨークのプラザホテルでポールとジョージがビートルズの法的解散合意書に署名をした。この貴重な場面は、ジョージの伝記映画『リヴィング・イン・ザ・マテリアル・ワールド』（2011年）にも登場した。71年以降、元ビートルズの4人が稼いだレコード売上の印税のすべては、裁判所が任命した保全管財人によって管理される共同預金口座に振り込まれており、4人が合意に達しない限り、彼らの印税はその預金口座に流れていた。11月になってようやく相互の合意が見られ、署名の場が用意された。リンゴはロンドンで署名を済ませていた。だが、3人の集合時間になってもジョンの姿が見えず、一向に来る気配のないことに怒ったジョージはジョンに電話をかけ、「クソったれなサングラスを外してこっちへ来い！」と怒鳴りつけたが、ジョンは「この風船を聞け」と言って、ホテルに風船を届けてきたという。ジョンは占星術師に「日が良くない」と言われたことを理由に挙げたが、真の理由は、合意したら、アメリカ政府に100万ドル以上の税金を払わなければならなくなるからだったという。この日の夜のジョージのマディソン・スクエア・ガーデン公演にジョンは飛び入りする予定もあったが、このやりとりでご破算になった。

12.20（1971年）
『コンサート・フォー・バングラデシュ』発売

71年8月1日にジョージの呼びかけで実現したチャリティ・コンサートの実況録音盤『コンサート・フォー・バングラデシュ』が、71年12月

20日にアメリカで発売された（イギリスは72年1月10日発売）。当初は10月の発売予定で、映画もクリスマスまでには公開される流れだったが、ジョージとアラン・クラインがチャリティの収益に対して免税申請をせず、収益が課税対象になってしまうなど、金銭的に多くの支障をきたすことになったため、発売がずれ込んだ。しかも利益の全額を寄付することにキャピトルが難色を示し、最終的にアメリカでは（ボブ・ディランが契約を結んでいる）

ヴァリアス・アーティスツ『コンサート・フォー・バングラデシュ』（1971年）

CBSからの発売になった。『オール・シングス・マスト・パス』に続くジョージ関連の3枚組の大作は、イギリスで1位、アメリカで2位を記録する大ヒットとなった。2005年10月24日に新装版が発売され、その際にアーティスト表記は"ジョージ・ハリスン＆フレンズ"となった。

12.20 (1974年)
ジョージ、アメリカ公演の最終日にジョンとポールと再会

　ジョージの全米ツアーの最終日となった74年12月20日のマディソン・スクエア・ガーデンでのコンサートに、ポールとリンダが変装して会場に姿を現した。ジョンも誘われていたが、前日の諍いが原因で、この日の公演には、クリスマス休暇で遊びに来ていた息子ジュリアンを代わりに観に行かせた。その際ジュリアンは、ジョージから「すべて水に流そう。今夜のパーティに来てほしい」というメッセージを受け取ったという。そして終演後の打ち上げにはジョンとメイ・パンも顔を出し、解散後初めて、ジョン、ポール、ジョージの再会が実現した。ジョンとジョージは、翌21日にもニューヨークのラジオに二人揃って出演した。

12.21 (1967年)
テレビ映画『マジカル・ミステリー・ツアー』完成記念の仮装パーティ開催

　67年12月21日、ロンドンのロイヤル・ランカスター・ホテルで、テレビ映画『マジカル・ミステリー・ツアー』のプレミア上映を兼ねた完成記念パーティが開催された。参加者は全員、仮装することが条件で、

● もっとも心が休まるものは、静けさ。それにピアノだね。（ジョン／75年）

仮装パーティに姿を見せた（左から）モーリン、リンゴ、（一人おいて）ジョン、ポール、ジェーン
©Ian Tyas/Getty Images

4人とも、妻や恋人とともに"おめかし"してやって来た。エルヴィス調のテディ・ボーイ・スタイルで姿を現わしたジョンは、シンシアによると、父フレッドを招いて二人で泥酔し、シンシア以外の女性に手当たり次第にちょっかいを出して女性歌手ルルに怒鳴られたという。

12.22（1966年）
「ストロベリー・フィールズ・フォーエバー」完成

　66年11月24日にレコーディングが開始された「ストロベリー・フィールズ・フォーエバー」が、12月22日に完成した。全くタイプの異なる2種類のヴァージョンのどちらも使いたがったジョンは、ジョージ・マーティンに「両方を繋げてもらえるか」と要請。キーもテンポも違っていたために不可能と言われたが、マーティンとジェフ・エメリックは、ジョンの意に叶うように、この日の午後7時から11時30分までスタジオに籠り、作業を続けた。テイク7の速度を上げ、テイク26の速度を落としたところ、テンポとキーが奇跡的に一致。ジョンの難題を何とか解決した。

12.23 (1968年)
アップルのクリスマス・パーティにジョンとヨーコ参加

68年12月23日にアップル・ビルでクリスマス・パーティが開かれた。ポールとジョージは不在だったが、リンゴの一家やジョンとヨーコも参加。サンタクロースに扮したジョンとヨーコの横にはメリー・ホプキンも寄り添っていた。『ミュージック・ライフ』の星加ルミ子編集長もアップルのロン・キャスから招かれて参加し、リンゴの息子にご飯をあげたり、「日本から届く手紙は私の悪口ばかりなので、やめてほしい」とヨーコに言われたりしたという。

12.24 (1963年)
"ザ・ビートルズ・クリスマス・ショー"で役者デビュー

63年12月24日から、"ザ・ビートルズ・クリスマス・ショー"がロンドンのアストリア・シネマで開幕した。このショーは、ブライアン・エプスタインの企画・主催による、寸劇やコメディ、パントマイム、音楽をひとつにした"出し物"で、NEMS所属のアーティストも多数出演。64年1月11日まで開催された。30ステージ分の10万枚のチケットは10月21日に売り出され、11月16日までにすべて完売したという。寸劇『ホワット・ア・シェイム！』ではジョンは黒づくめの衣装で悪役、ジョージは誘拐されるヒロイン、ポールは少女を助ける男役、リンゴはセリフのない雪の役を演じた。ビートルズはこのショーで「ロール・オーバー・ベートーヴェン」「アイ・ウォナ・ビー・ユア・マン」「抱きしめたい」「マネー」など全9曲を演奏した。

12.24 (1964年)
"アナザー・ビートルズ・クリスマス・ショー"開幕

64年12月24日、ロンドンのハマースミス・オデオンで"アナザー・ビートルズ・クリスマス・ショー"が開幕した。63年の"ザ・ビートルズ・クリスマス・ショー"に続いてブライアン・エプスタインが企画したイヴェントで、内容も同じくバンド演奏やパントマイム、喜劇が繰り広げられた。寸劇は、4人が北極探検家に扮して雪男を探しにいくというもので、エスキモー服に身を包んだ写真が広く公開された。エスキモー服を着た理由についてリンゴはこう答えた――「今年行かなかった場

所はエスキモーの地くらいだったから」。1日2回公演を3週間、延べ38
公演が行なわれ、計13万人を動員した。4人はふたつの寸劇を演じたほ
か、通常の11曲で構成されるライヴも披露した。共演はフレディ&ザ・
ドリーマーズ、ヤードバーズ（ギタリストはエリック・クラプトン）など。ショー
は翌年1月16日まで20夜にわたり続いた。

12.25 (1967年)
ポール、ジェーン・アッシャーとの婚約を発表

　ポールがジェーン・アッシャーと4年間の交際期間を経て、67年12月
25日（クリスマス）に婚約を発表した。ポールはエメラルドとダイヤの指
輪をジェーンに贈った。「2年前に結婚を申し込んだ時、彼女は女優に打
ち込んでいたし、僕も忙しかったので、延期することになった。今は生
活も落ち着いて、結婚の時期だと思う」と言うポールに対して、ジェー
ンは「仕事を辞めようと思いますが、ポールは続けた方がいいと言って
いるので当分やっていくかもしれません」と答えた。だが、翌68年7月
20日、ポールはジェーンから一方的に婚約を破棄された。

12.26 (1963年)
アメリカでデビュー・シングル「抱きしめたい」緊急発売

ビートルズ「抱きしめたい」
（1963年／写真はアメリカ盤）

　「抱きしめたい」のイギリスでの大ヒットを受
けて、アメリカの大手キャピトルは、ビートル
ズがようやく「商売になる」と判断。レコード
発売権の独占契約を交わし、第1弾シングル
「抱きしめたい」の発売を、当初の64年1月13日
から63年12月26日に繰り上げた。その結果、
発売3日後に25万枚、1週間余りで100万枚を
売り上げ、発売3週目の2月1日付全米チャート
で初の1位を獲得する大ヒットとなった。

12.26 (1967年)
テレビ映画『マジカル・ミステリー・ツアー』、BBCで放送

　ビートルズが主演・脚本・監督を務めたテレビ映画『マジカル・ミス

テリー・ツアー』が、67年12月26日の午後8時35分からBBCで放送された。視聴率75%、1500万の視聴者が観たが、脈略のない旅に付き合わされたファンやマスコミからは非難囂々で、ビートルズ初の失敗作とまで言われた。白黒での放映も火に油を注いでしまい、翌日ポールはテレビ番組『フロスト・プログラム』に出演し、火消しに努めてこう語った——「視聴者に何か変わったものをプレゼントしようとしたんだけど、新聞によるとそうはならなかったみたいだね。ただ退屈なだけよりは、いろいろ言われたほうがいいんじゃないかな」。翌68年1月5日にカラーで再放送されたが、評価は変わらず、アメリカNBCは、予定していた放映を取りやめた。

12.27（1960年）
リザーランド・タウンホールで最初の"ビートルズ旋風"

60年11月30日にハンブルクから"強制送還"されたビートルズは、12月17日にカスバ・クラブで"凱旋記念公演"を行なった。そして12月27日に、1500人というそれまでで最も規模の大きいリザーランド・タウンホールに出演した。「ハンブルクから直撃！」と告知した派手な宣伝により、ドイツのバンドの渡英公演だと思った観客に向かってポールが「ロング・トール・サリー」を歌い始めた。すると、ステージに観客が押し寄せ、凄まじい熱狂の中での演奏になったという。ハンブルクで腕を磨き、見違えるような演奏力をつけたビートルズに熱狂する"ビートルマニア"誕生の瞬間だった。

12.28（1970年）
ジョン、『ハード・デイズ・ナイト』を観て
「アイム・ザ・グレーテスト」の着想を得る

70年12月28日の午後4時5分から、BBCテレビで映画『ハード・デイズ・ナイト』が放映された。アスコットの自宅でこの放送を観て新曲の着想を得たジョンは、モハメド・アリのキャッチ・フレーズを借用して「アイム・ザ・グレーテスト」を書いた。ジョンは翌29日に即座に最初のデモ・テープを制作。71年7月にも再度デモ・レコーディングを行なったが、「俺は偉大だ」なんて自分で歌ったらそのまま受け取られかねないと思い、リンゴに提供。73年11月9日に発売されたリンゴのアルバ

ム『リンゴ』のセッションにジョージ、ビリー・プレストン、クラウス・フォアマンらと参加し、自らピアノを弾いた。

12.29 (1974年)
ジョン、ビートルズの解散書類に最後に署名

　74年12月19日にニューヨークのプラザホテルに姿を現わさず、ビートルズの法的解散合意書に署名をせずにジョージを怒らせたジョンは、20日のポール、ジョージとの会合に続き、メイ・パン、ジュリアンと3人でフロリダのディズニー・ワールドにクリスマス休暇に向かった。そして、ハワイアン・ヴィレッジ・ホテルに滞在中の12月29日、ジョンは、アップルの弁護士から届いたビートルズのパートナーシップを解消する書類にようやくサインをした。

12.29 (1979年)
ウイングス、"カンボジア難民救済コンサート"に出演

　79年12月29日、ロンドンのハマースミス・オデオンで行なわれたユニセフ主催の"カンボジア難民救済コンサート"にウイングスがトリで

ウイングスでのポールの最後の"晴れ姿"
©Shutterstock/アフロ

出演。このコンサートは、カンボジアの難民を救済するための資金集めを目的に、ワルトハイム国連事務総長とポールが呼びかけたもの。このコンサートではスーパー・バンド"ロケストラ"が披露され、ピート・タウンゼント、ロバート・プラント、ジョン・ボーナムなどの豪華メンバーがステージ上に揃った。アンコールに登場したスーパー・バンドは「ロケストラのテーマ」を演奏。最後にポールが「ハッピー・ニュー・イヤー！」と叫んでコンサートは終わりを告げた。だが、ポール版"バングラデシュ・コンサート"ともいえるこのコンサートが、(80年にポールが日本で捕まったために) ウイングスの最後のライヴとなった。

12.30 (1999年)
ジョージ、自宅に侵入した暴漢に襲われ、負傷

　99年12月30日の未明に、ジョージが、ヘンリー・オン・テムズの自宅に侵入した暴漢に刃物で襲われるという事件が起きた。ジョージの伝記映画『リヴィング・イン・ザ・マテリアル・ワールド』(2011年) で妻オリヴィアがその時の状況について詳しく語っているが、ジョージをかばうために男の頭を卓上ランプで殴りつけ、致命傷には至らずに済んだ。ジョージは胸を4ヵ所刺され、オリヴィアも頭部を負傷して入院したが、2000年の元日に退院した。

12.31 (1970年)
ポール、ビートルズの法的解散を求めて訴訟を起こす

　70年4月10日の"ポール脱退報道"後、泥沼化していった"3対1"の関係は、70年12月31日にポールがジョン、ジョージ、リンゴを訴えるという最悪の事態を迎えた。この日にポールの顧問弁護士が、ロンドンの高等裁判所にビートルズの法的解散を求めて訴状を提出。そこには、原告 (ポール) と被告 (ジョン、ジョージ、リンゴ) が67年4月19日付の契約書に基づいて設立し、「ザ・ビートルズ&カンパニー」なる名称のもとで運営してきたパートナーシップの宣誓を解消し、併せてその事業を解散する、という主旨の内容などが盛り込まれていた。71年3月12日にポール側の言い分が認められ、4月26日に3人は控訴を断念。その後、最終決着をみるまでには4年の歳月がかかり、74年12月に4人が解散合意書にサインし、75年1月9日にようやくビートルズの法的解散が決まった。

● 大切なのはメッセージで、メッセンジャーじゃない。水泳と同じさ。泳ぎを習ったら、自分で泳ぐんだよ。(ジョン／80年)

プロフィール

ジョン・レノン
John Lennon

本名
John Winston Lennon

生年月日
1940年10月9日
リヴァプール生まれ（てんびん座）

サイズ
身長178cm、体重72kg
胸囲86cm、ウェスト77cm、
腰囲84cm、靴26.6cm

目と髪の色
ともにブラウン

担当楽器
リズム・ギター、ハーモニカ、
ピアノほか

性格
温厚、柔和

好きな食べもの
ステーキ、ポテトチップス、
ゼリー、コーンフレーク

好きな衣装
暗い色の服、
スエードとレザーの衣服

好きな色
黒

好きな音楽
リズム・アンド・ブルース、
ゴスペル

ポール・マッカートニー
Paul McCartney

本名
James Paul McCartney

生年月日
1942年6月18日
リヴァプール生まれ（ふたご座）

サイズ
身長178cm、体重72kg
胸囲90cm、ウェスト76cm、
腰囲95cm、靴26cm

目と髪の色
ブラウン／ダークブラウン

担当楽器
ベース・ギター、ギター、
ピアノほか

性格
陽気で頭脳明晰な社交家

好きな食べもの
クラフト・チーズ、ポテトチップス

好きな衣装
黒っぽいポロシャツ

好きな色
黒

好きな音楽
リズム・アンド・ブルース、
モダン・ジャズ

ジョージ・ハリスン
George Harrison

本名
George Harrison

生年月日
1943年2月25日
リヴァプール生まれ（うお座）

サイズ
身長178cm。体重56kg
胸囲84cm、ウェスト70cm、
腰囲92cm、靴26.6cm

目と髪の色
ヘイゼル／ダークブラウン

担当楽器
リード・ギター、シタール、
シンセサイザーほか

性格
多少神経質で芸術肌

好きな食べもの
卵、ポテトチップス

好きな衣装
自分でデザインした細いズボン、
ジーンズ

好きな色
青、黒

好きな音楽
リズム・アンド・ブルース、
カントリー

リンゴ・スター
Ringo Starr

本名
Richard Starkey

生年月日
1940年7月7日
リヴァプール生まれ（かに座）

サイズ
身長173cm、体重60kg
胸囲85cm、ウェスト76cm、
腰囲85cm、靴26cm

目と髪の色
ダークブルー／ブラウン

担当楽器
ドラムス、パーカッションほか

性格
ユーモアとウィットに富む

好きな食べもの
ステーキ、ポテトチップス

好きな衣装
オシャレなスーツとネクタイ

好きな色
黒

好きな音楽
カントリー・アンド・ウェスタン、
リズム・アンド・ブルース

リヴァプール
イラストマップ

キャヴァーン・クラブ

リヴァプール・
●インスティテュート
（現 LIPA）

リンゴが生まれた
マドリン・ストリートの家

エンプレス・パブ

カスバ・コーヒー・クラブ

ジョージが生まれた
アーノルド・グローヴの家

ストロベリー・フィールド

ペニー・レイン

ジョンが育った
メンディップスの家

ポールが育った
フォースリン・ロードの家

セント・ピーターズ教会

アビイ・ロードの横断歩道
アビイ・ロード・スタジオ

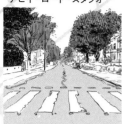

アップル・ブティック

メリルボーン駅

EMIハウス ●

ロイヤル・アルバート・ホール

HMV
オックスフォード・ストリート店

トライデント・スタジオ

アップル・ビル

プリンス・オブ・ウェールズ・シアター

インディカ・
ギャラリー

バッキンガム宮殿

ディスコグラフィー

大文字表記＝アルバム／大文字＋小文字表記＝シングル／[ ]＝EPまたはシングル

USは独自発売（1970年まで）のアルバムとシングルのみ記載（シングルはAB面入れ替えで発売されたものを含む）

UK

1962.10.5	Love Me Do/P.S. I Love You
1963.1.11	Please Please Me/Ask Me Why
1963.3.22	PLEASE PLEASE ME
1963.4.11	From Me To You/Thank You Girl
1963.8.23	She Loves You/I'll Get You
1963.11.22	WITH THE BEATLES
1963.11.29	I Want To Hold Your Hand/This Boy
1964.3.20	Can't Buy Me Love/You Can't Do That
1964.6.19	[Long Tall Sally]
1964.7.10	A Hard Day's Night/Things We Said Today
1964.7.10	A HARD DAY'S NIGHT
1964.11.27	I Feel Fine/She's A Woman
1964.12.4	BEATLES FOR SALE
1965.4.9	Ticket To Ride/Yes It Is
1965.7.23	Help!/I'm Down
1965.8.6	HELP!
1965.12.3	Day Tripper/We Can Work It Out
1965.12.3	RUBBER SOUL
1966.6.10	Paperback Writer/Rain
1966.8.5	Eleanor Rigby/Yellow Submarine
1966.8.5	REVOLVER
1966.12.10	A COLLECTION OF BEATLES OLDIES （※ Bad Boy 収録）
1967.2.17	Strawberry Fields Forever/Penny Lane
1967.6.1	SGT. PEPPER'S LONELY HEARTS CLUB BAND
1967.7.7	All You Need Is Love/Baby, You're A Rich Man
1967.11.24	Hello Goodbye/I Am The Walrus
1967.12.8	[Magical Mystery Tour]
1968.3.15	Lady Madonna/The Inner Light
1968.8.30	Hey Jude/Revolution
1968.11.22	THE BEATLES
1969.1.17	YELLOW SUBMARINE
1969.4.11	Get Back/Don't Let Me Down
1969.5.30	The Ballad Of John And Yoko/Old Brown Shoe
1969.9.26	ABBEY ROAD
1969.10.31	Something/Come Together
1969.12.12	NO ONE'S GONNA CHANGE OUR WORLD （※ Across The Universe 収録）
1970.3.6	Let It Be/You Know My Name (Look Up The Number)
1970.5.8	LET IT BE
1970.12.18	"FROM THEN TO YOU"- THE BEATLES CHRISTMAS RECORD, 1970
1973.4.19	THE BEATLES 1962-1966
1973.4.19	THE BEATLES 1967-1970
1977.5.6	THE BEATLES AT THE HOLLYWOOD BOWL （※ 2016年11月11日 に初CD化）
1982.5.24	The Beatles' Movie Medley/I'm Happy Just To Dance With You

1988.3.7	PAST MASTERS VOLUME ONE
1988.3.7	PAST MASTERS VOLUME TWO
1994.11.30	LIVE AT THE BBC
1995.3.20	[Baby It's You]
1995.11.20	ANTHOLOGY 1
1995.12.4	[Free As A Bird]
1996.3.4	[Real Love]
1996.3.18	ANTHOLOGY 2
1996.10.28	ANTHOLOGY 3
1999.9.13	YELLOW SUBMARINE SONGTRACK
2000.11.13	THE BEATLES 1
2003.11.17	LET IT BE...NAKED
2006.11.20	LOVE
2013.11.11	ON AIR - LIVE AT THE BBC VOLUME 2
2017.5.26	SGT. PEPPER'S LONELY HEARTS CLUB BAND - ANNIVERSARY EDITION
2017.12.15	HAPPY CHRISTMAS Beatle People! - THE CHRISTMAS RECORDS
2018.11.9	THE BEATLES - ANNIVERSARY EDITION
2019.9.27	ABBEY ROAD - ANNIVERSARY EDITION
2021.10.15	LET IT BE - SPECIAL EDITON

US

1963.7.22	INTRODUCING THE BEATLES
1964.1.20	MEET THE BEATLES!
1964.3.2	Twist And Shout/There's A Place
1964.3.23	Do You Want To Know A Secret/Thank You Girl
1964.4.10	THE BEATLES' SECOND ALBUM
1964.5.21	Sie Leibt Dich (She Loves You)/I'll Get You
1964.6.26	A HARD DAY'S NIGHT - ORIGINAL MOTION PICTURE SOUND TRACK
1964.7.20	I'll Cry Instead/I'm Happy Just To Dance With You
1964.7.20	And I Love Her/If I Fell
1964.7.20	SOMETHING NEW
1964.8.24	Slow Down/Matchbox
1964.11.23	THE BEATLES' STORY
1964.12.15	BEATLES '65
1965.2.15	Eight Days A Week/I Don't Want To Spoil The Party
1965.3.22	THE EARLY BEATLES
1965.6.14	BEATLES VI
1965.8.13	HELP!
1965.9.13	Act Naturally/Yesterday
1965.12.6	We Can Work It Out/Day Tripper
1965.12.6	RUBBER SOUL
1966.2.15	Nowhere Man/What Goes On
1966.6.20	"YESTERDAY"··· AND TODAY
1966.8.8	Yellow Submarine /Eleanor Rigby
1966.8.8	REVOLVER
1967.2.13	Penny Lane /Strawberry Fields Forever
1967.11.27	MAGICAL MYSTERY TOUR
1970.2.26	HEY JUDE
1970.5.11	The Long And Winding Road/For You Blue

主要参考文献

- 『ビートルズ／レコーディング・セッション』
  マーク・ルウィソーン著 (シンコー・ミュージック／1990年)
- 『ザ・ビートルズ／全記録 Vol.1 1957-1964』『同 Vol.2 1965-1970』
  マーク・ルイソン著 (プロデュース・センター出版局／1994年)
- 『ビートルズ事典 改訂・増補新版』
  香月利一編著、藤本国彦増補新版監修 (ヤマハミュージックメディア／2003年)
- 『ビートルズ365』 (CD Journal Web-Site／2006年)
- 『ビートルズ・ストーリー Vol.1〜13』
  藤本国彦編 (ファミマ・ドット・コム、音楽出版社、シーディージャーナル／2014年〜2019年)
- 『ザ・ビートルズ史 誕生 (上)』『同 (下)』
  マーク・ルイソン著 (河出書房新社／2016年)
- 『MUSIC LIFE 1960年代のビートルズ』
  フロム・ビー編 (シンコーミュージック・エンタテイメント／2020年)
- 『MUSIC LIFE 1970年代ビートルズ物語』
  フロム・ビー編 (シンコーミュージック・エンタテイメント／2017年)
- 『MUSIC LIFE ザ・ビートルズ1980年代の蘇生』
  フロム・ビー編 (シンコーミュージック・エンタテイメント／2018年)
- 『MUSIC LIFE 1990年代のビートルズ』
  フロム・ビー編 (シンコーミュージック・エンタテイメント／2019年)
- 『GET BACK...NAKED』
  藤本国彦著 (牛若丸／2017年)
- 『ビートル・アローン』
  藤本国彦著 (ミュージック・マガジン／2017年)
- 『ビートルズ語辞典』
  藤本国彦著 (誠文堂新光社／2017年)
- 『ビートルズはここで生まれた 聖地巡礼 from London to Liverpool』
  藤本国彦著 (CCCメディアハウス／2018年)
- 『ゲット・バック・ネイキッド』
  藤本国彦著 (青土社／2020年)
- 『ジョン・レノン伝 1940-1980』
  藤本国彦著 (毎日新聞出版／2020年)
- 『ビートルズ213曲全ガイド 2021年版』
  藤本国彦著 (シーディージャーナル／2021年)

おわりに

「こんな本はどう？」

編集の原田英子さんからそんな申し出があったのは、かれこれ10年近く前のこと。それ以来、あれこれ手を変え品を変え、ああでもないこうでもないと、やりくりをしていく中で、2021年に入り、扶桑社の北村尚紀さんとのご縁で、こうしてようやく、こういう形で「ビートルズの365日」が1冊にまとまった。

日にちをもとにビートルズ暦を紐解いてみると、奇しくも1月1日は1962年の「デッカのオーディション」で始まり、12月31日は1969年の「ポール・マッカートニーのビートルズ解散訴訟」で終わる。その8年の間だけをとってみても、どれだけ多くの"ビートルズ物語"が詰まっていることか。

そんな思いもあり、本書では、1日ごとで完結した「事実」を羅列するのではなく、元日から大晦日まで読み進めていく中で、ひとつの物語として読めるような工夫をできうる限りしてみた。「365日」を通して"ビートルズ物語"の面白さや奥深さが少しでも伝われば、と思う。

最後に──。今回もまた編集でお世話になった原田英子さん、いつもながらの見栄えのいいデザインを手掛けてくださった松田行正さんと杉本聖士さん、ステキなイラストを描いてくださった杉本綾子さん、そして（カレーを週7日食べるという）北村尚紀さんに御礼申し上げます。ありがとうございました。

2021年9月　藤本国彦

藤本国彦（ふじもと・くにひこ）

1961年東京生まれ。音楽情報誌『CDジャーナル』編集部（1991年～2011年）を経て2015年にフリーに。主にビートルズ関連書籍の編集・執筆やイベント・講座などを手掛ける。主な著作は『ビートルズ213曲全ガイド 2021年版』（シーディージャーナル）、『ゲット・バック・ネイキッド』（牛若丸／増補新版は青土社）、『ビートル・アローン』（ミュージック・マガジン）、『ビートルズ語辞典』（誠文堂新光社）、『ビートルズはここで生まれた』（CCCメディアハウス）、『ジョン・レノン伝 1940-1980』（毎日新聞出版）、『気がつけばビートルズ』（産業編集センター）など。映画『ジョージ・ハリスン／リヴィング・イン・ザ・マテリアル・ワールド』『ザ・ビートルズ～EIGHT DAYS A WEEK』『イエスタデイ』の字幕監修も担当。相撲とカレーと猫好き。

編集	原田英子＋藤本国彦
	北村尚紀（扶桑社　SPA！編集部）
マップイラスト	杉本綾子
写真提供	Getty Images
	アフロ
	シンコーミュージック・エンタテイメント
カバー写真	Terence Spencer/Camera Press／アフロ

365日ビートルズ　365DAYS The BEATLES

発行日　2021年11月6日　初版第1刷発行

著　者　藤本国彦

発行者　久保田榮一

発行所　株式会社扶桑社
　〒105-8070
　東京都港区芝浦1-1-1　浜松町ビルディング
　電話　03-6368-8875（編集）
　　　　03-6368-8891（郵便室）
　www.fusosha.co.jp

印刷・製本　図書印刷株式会社

装　幀　松田行正＋杉本聖士